ORCHESTER

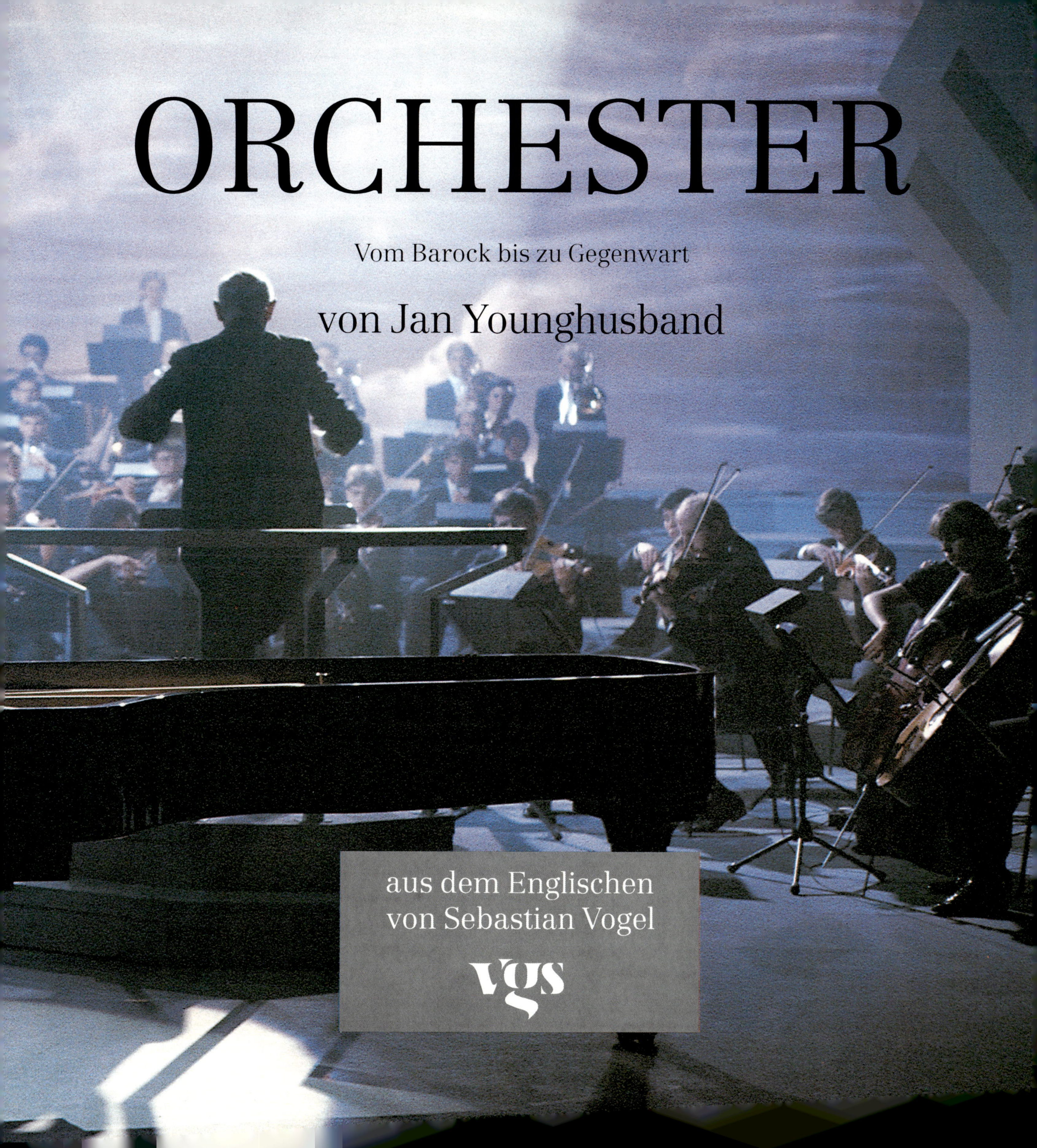

ORCHESTER

Vom Barock bis zu Gegenwart

von Jan Younghusband

aus dem Englischen
von Sebastian Vogel

vgs

CIP-Titelaufnahme der Deutschen Bibliothek

Younghusband, Jan:
Orchester : vom Barock bis zur Gegenwart / von Jan
Younghusband. Dt. von Sebastian Vogel. – Köln : vgs, 1991
Einheitssacht.: Orchestra <dt.>
ISBN 3-8025-2206-0

Erstausgabe 1991: Chatto & Windus Ltd.
20 Vauxhall Bridge Road
London SW1V 2SA

Titel der englischen Originalausgabe: ORCHESTRA!

Deutsche Ausgabe erschienen bei:
vgs verlagsgesellschaft
Breite Str. 118–120
5000 Köln 1

Fotos mit Sir Georg Solti, Dudley Moore und
Mitgliedern des Orchesters des Schleswig Holstein
Festivals stammen aus der Fernsehserie ORCHESTER.

Das Buch basiert auf der Fersehserie ORCHESTER,
die für Channel Four von Initial Film and Television Limited
produziert wurde.

Umschlaggestaltung: Fred Papen, Köln
Satz: ICS Communikations-Service GmbH, Bergisch Gladbach
Reproduktion: Scantrans Singapur (Inhalt)
Regrafo GmbH, Kempen (Schutzumschlag)
Druck + Verarbeitung: Mohndruck Graphische Betriebe GmbH, Gütersloh
Printed in Germany
ISBN 3-8025-2206-0

Inhalt

Vorwort – von Sir Georg Solti und Dudley Moore VII

Das Orchester 1

Die Barockzeit (1600–1750) 9

Die Streicher 28

Die Klassik (1750–1828) 37

Die Holzbläser 72

Die Romantik (1828–1910) 81

Die Blechbläser 112

Das 20. Jahrhundert 121

Das Schlagzeug 156

Das Klavier 165

Komponisten und das Klavier 172

Der Dirigent 189

Anhang 209

Danksagungen 212

Register 213

Vorwort

Musik ist ein Wunder der Zivilisation. Ohne sie wäre mein Leben sehr viel ärmer. Immer habe ich davon geträumt, meine Liebe zur Musik mit einem möglichst zahlreichen Publikum zu teilen, und deshalb war es für mich eine große Freude, als die Firma Initial Television mir anbot, eine Serie über das Orchester zu gestalten, in deren Zusammenhang dieses Buch gehört.

Ich habe immer gerne mit jungen Menschen gearbeitet, und deshalb habe ich das Orchester des Schleswig-Holstein-Festivals gewählt, das sich aus jungen Musikern aus über zwanzig Ländern zusammensetzt. Ich war sofort beeindruckt und bezaubert von ihrer Professionalität, ihrem guten Willen und ihrer Begeisterung – es war genau das, was wir für unser Projekt brauchten. Mein Partner sollte Dudley Moore sein, den ich als geistreichen Kopf und brillanten Jazzpianisten schon seit langem bewundere.

So wurde mein Traum wahr. Ich arbeitete mit 110 Musikern – es waren Ungarn, Russen, Italiener, Franzosen, Deutsche, Japaner, Brasilianer –, und wir spielten das Beste, was die Musik von Bach bis Lutoslawski zu bieten hat. Gibt es einen schöneren Weg, um Harmonie und Frieden zu schaffen?

Die Arbeit mit Dudley war ein Vergnügen. Wir hatten viel Spaß zusammen und wurden Freunde. Gemeinsam erlebten wir, welche Inspiration von dem hervorragenden jungen Orchester ausging, und ich zweifle nicht daran, daß Sie ebenso belohnt werden, wenn Sie uns auf dieser großartigen musikalischen Reise begleiten.

Dabei ist das vorliegende Buch ein ausgezeichneter Reiseführer. Mein besonderer Dank gilt Jan Younghusband, die uns als musikalische Beraterin zur Seite stand und allen, die an der Reihe mitgearbeitet haben, eine enorme Hilfe war.

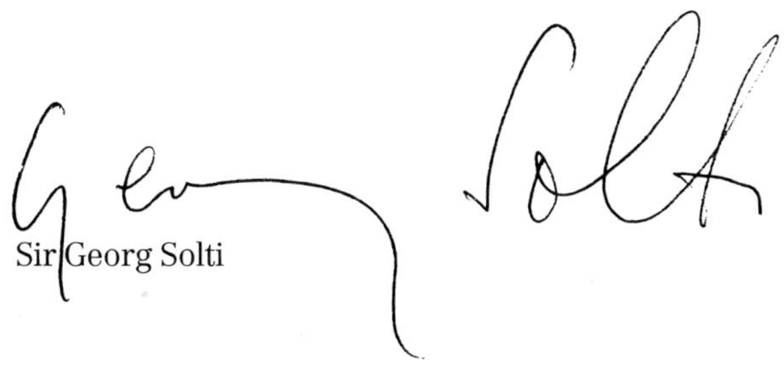

Sir Georg Solti

Dieses Buch, von Jan Younghusband höchst unterhaltsam geschrieben, setzt fort, was wir uns mit der Fernsehserie „Orchester" vorgenommen haben.

Alle, die daran mitgewirkt haben, hatten den starken Wunsch, die Idee des Orchesters auch den Augen und Ohren eines Publikums zugänglich zu machen, das bisher mit dem besonderen Reiz dieses großen Musikerensembles nicht in Berührung gekommen war. Das Orchester kann uns Klangerlebnisse verschaffen, wie sie durch keine andere musikalische Bemühung zu erreichen sind.

Ich selbst hatte den Wunsch, diese Freuden mit allen Menschen zu teilen, seit meine Eltern, meine Schwester Barbara und ich uns in unserem Hinterzimmer in Dagenham um das Radio drängten und die „Promenade" und andere Musikstücke mitsummten, die aus dem magischen Kasten mit den zwei Röhren drangen. Vielleicht war es dieses gemeinschaftliche Erleben schöner Dinge, das mich so geprägt hat, daß ich wohl nur auf eine einzige Art leicht Gefühle zusammen mit anderen erfahren kann, nämlich durch die Harmonie der Musik und der Seelen; nach ihr habe ich immer gestrebt, und es war gleichzeitig schmerzlich und schön, darüber nachzudenken.

Ich werde nie vergessen, welche Freude es machte, zum ersten Mal dem Doppelkonzert für zwei Violinen von Bach, dem Klavierkonzert von Schumann oder den leidenschaftlichen Ausbrüchen einer Brahms-Symphonie zu lauschen. Hier ist nun eine Gelegenheit, diese Freuden zu teilen, sie Ihnen anzubieten, die Sie in dieses Wunderland vielleicht nicht mit der gleichen Leichtigkeit eindringen konnten, die mir ganz unbewußt in meiner Jugend zuteil wurde.

Ein Anliegen war Sir Georg und mir bei der Vorbereitung unseres Vorhabens besonders wichtig: Musik muß immer das Ergebnis hervorragender Fähigkeiten sein, hervorragend in Aufführung und Interpretation. So betrachtet könnte musikalische Tätigkeit, insbesondere die des Orchesters, als exklusive und schwierige Beschäftigung erscheinen, die dem Amateur verschlossen ist. Aber das stimmt nicht. So, wie man auf anderen Gebieten die Fachleute mit Vergnügen beobachten kann, sollte man auch das Orchester mit Dankbarkeit sehen und hören; wir werfen den Gedanken der Exklusivität über Bord, weil wir das Orchester vorzeigen und seine Schätze zugänglich machen wollen, damit auch andere Menschen in seine gar nicht so geheimen

Geheimnisse eindringen können. Wir wünschen uns mehr Begleiter auf unseren Reisen in dieses Land voller Schönheiten; mehr Menschen sollen verstehen, wie und warum das Orchester entstanden ist. Aus welcher Absicht heraus wurde das Orchester geschaffen, diese Quelle der Freude und der sanften Unterordnung, der Schönheit und der Leidenschaft, diese kleine Welt von Freunden?

Ich hoffe, Sie haben Spaß an dem Buch von Jan Younghusband. Es ist das bemerkenswerte Ergebnis ihrer eigenen Begeisterung.

Dudley Moore

Das Orchester

Orchestermusik ist eine der höchsten Kulturleistungen unserer Welt, aber erstaunlich viele Menschen fühlen sich nicht zu ihr hingezogen. Sie glauben, wie auch bei anderer klassischer Musik, sie sei abschreckend, zu ernst und zu schwierig, als daß man Spaß daran haben könnte. Und selbst wer das Gefühl hat, er würde sie gern anhören und verstehen, der weiß oft nicht, wo er anfangen soll.

Wir wollen mit diesem Buch versuchen, das Thema Orchestermusik in seiner Kraft und mit seinem Zauber einfach und verständlich aufzubereiten. Als eine Art Leitfaden dient dabei die Beschäftigung mit den Instrumentenfamilien, ihrer Verwendung im Orchester und ihrer Geschichte, und zwar anhand ausgewählter Werke großer Komponisten – von Bach am Anfang des 18. Jahrhunderts bis zu dem Zeitgenossen Lutoslawski. Wir versuchen darzustellen, wie sich die Instrumentalmusik entwickelt hat, von einer kleinen, um ein Tasteninstrument gedrängten Musikergruppe bis zum modernen Symphonieorchester mit seinen mehr als 100 Instrumentalisten.

Nichts ist schöner als gute Musik.

Sir Georg Solti

Sir Georg Solti – ein Maestro, der die bedeutendsten Orchester der Welt dirigiert – und Dudley Moore, ein Star der Bühne, der Witze und der Tasten, wurden für die Fernsehserie, zu der dieses Buch entstanden ist, eingeladen, denn beide vereinigen in sich großartigen Humor, eine ernsthafte Ausbildung in klassischer Musik und große Virtuosität. Junge Musiker, die aus der ganzen Welt zusammenkamen, bildeten das Orchester des Schleswig-Holstein-Festivals.

Für Sir Georg Solti Klavier zu spielen ist ein Traum, der wahr wird.

Dudley Moore

Die Sendungen beschäftigen sich auch mit einem Instrument, das erst spät zum Orchester hinzugekommen ist: dem Klavier; der Grund: sowohl Dudley Moore als auch Sir Georg spielen es gerne.

Die Orchestermusik ist heute eine internationale Angelegenheit. Es ist eine völlig normale Angelegenheit, daß ein ungarischer, in England lebender Dirigent nach Deutschland reist, um dort zehn Tage lang mit einem englischen Pianisten aus Los Angeles und über 100 Musikern aus 20 verschiedenen Ländern zu arbeiten und gemeinsam mit ihnen einige der großartigsten Musikstücke zu spielen, die je geschrieben wurden.

Wenn man ihnen ein Stück Musik vorlegt, den Franzosen, Deutschen, Italienern, Österreichern, Polen, Russen, Schweden oder Spaniern, dann wissen sie alle, was sie tun müssen, ungeachtet ihrer Sprache oder Nationalität.

Wie kommt das?

Die Menschen hatten immer das Bestreben, Musik zu machen, zu singen, zu tanzen und Instrumente zu spielen. Es ist ein körperlicher Vorgang. Musikalische Klänge können dazu führen, daß wir uns glücklich, traurig, verzaubert oder nachdenklich fühlen: Musik berührt alle menschlichen Empfindungen. Und letztlich werden wir alle mit einem Musikinstrument geboren, das einen Teil unseres Körpers bildet: unserer Stimme.

Musikinstrumente hat es gegeben, seit der Mensch zum ersten Mal aus einer Höhle trat und auf einem Tierknochen blies. Seither wurden buchstäblich Tausende von Instrumenten erfunden.

Die Heilwirkung der Musik

Nach Ansicht des englischen Geistlichen Robert Burton (1577–1640) kann Musik Depressionen heilen. Er schreibt in seinem Werk *Die Anatomie der Melancholie:*

> Musik ist Arznei für die bekümmerte Seele, eine machtvolle Waffe gegen die Melancholie, die das Gemüt aufrichtet und wiederbelebt. Sie wirkt nicht nur durch die Ohren, sondern bis hinein in die Adern, bis in die tiefsten Lebensgeister. Sie richtet den Verstand auf und macht ihn beweglich. Eure Fürsten, Kaiser und alle Höhergestellten pflegen sie an ihren Höfen; es gibt keine Fröhlichkeit ohne Musik.

Ein Musikinstrument zu beherrschen, ist etwas höchst Befriedigendes. Schlechtes Spielen kann eine der frustrierendsten Erfahrungen im Leben sein und Verletztheitsgefühle, Angst und Verzweiflung hervorrufen. Viele Musiker haben Kindheitserinnerungen an ein Zimmer, in das sie zum Üben eingesperrt wurden. Aber das sind eher die Bedrängnisse derjenigen, die Musiker von Beruf sind, nicht die der Musikliebhaber und Hörer.

Weshalb sollte Orchestermusik also etwas Beängstigendes sein? Liegt es daran, daß wir uns davor fürchten, natürlich auf sie zu reagieren? Oder waren unsere ersten Erfahrungen mit ihr einfach nur befremdlich oder verwirrend?

Klassische Komponisten erscheinen manchem vielleicht als eine Horde alter Männer mit gepuderten Perücken und seltsamen Namen, die alle schon tot sind. Die Vorstellung, daß ihr Genie irgendeine verrückte Laune der Natur war, flößt uns vielleicht eine gewisse Scheu ein und gibt uns das Gefühl, ihre Musik sei so gescheit oder so schwierig, daß man sie nicht verstehen könne. Dabei vergessen wir, daß sie sie einfach deshalb geschrieben haben, weil sie das Publikum ihrer Zeit unterhalten wollten.

Auch die heute lebenden „ernsten" Komponisten werden leicht mißverstanden, und zwar wegen ehrfurchtgebietender Worte wie „experimentell", „atonal" oder „Avantgarde", die solche Musik als unmelodiös und unverständlich erscheinen lassen.

In ein Konzert zu gehen und dort klassische Musik zu hören, ist nicht immer ein angenehmes Erlebnis. Da ist man vielleicht aufgebrochen mit der gespannten Erwartung, zum ersten Mal ein leibhaftiges Orchester spielen zu hören, und dann sitzt man irgendwo mitten in einer Reihe, und wenn man sich langweilt, hat man nichts zu lesen außer den Programmzettel. Nicht einmal eine Handlung gibt es, die man verfolgen könnte. Wenn man zappelt, hustet oder mit seinem Begleiter flüstert, erntet man mit Sicherheit den Unmut der Umsitzenden, die offenbar alle Experten für klassische Musik sind und Übung darin haben, stillzusitzen und ihre Seelen von den Klängen entführen zu lassen.

Das Konzert ist die höfliche Form einer selbstauferlegten Folter.

Henry Miller,
Wendekreis des Krebses,
1934

Es ist eine relativ neue Erscheinung, daß Musik auf diese Weise verehrt wird. Zur Zeit Mozarts und Haydns hätten die Zuhörer wahrscheinlich gegessen, getrunken und sich unterhalten, oder sie wären eingeschlafen und erst wieder aufgewacht, wenn ihr Lieblingssänger oder -spieler auftrat.

Vielleicht ist es einfacher, zu Hause Musik zu hören, denn dann kann man zu den Brandenburgischen Konzerten im Wohnzimmer herumtanzen, wenn einem danach zumute ist. Der Impuls, das zu tun, ist keineswegs unnatürlich: Die meiste Musik, die wir heute hören, bewegungslos sitzend in abgezirkelten Reihen, wurde ursprünglich zum Tanzen geschrieben oder als Hintergrundmusik für gesellschaftliche Anlässe, und sie wurde in Privathäusern gespielt.

Die Geschichte der klassischen Musik ist genau beschrieben worden, und nach dem Vorbild der Kunst und Literatur hat man ihre Epochen mit verschiedenen Namen belegt; so ergeben sich überschaubare Zeitabschnitte wie die Renaissance, das Barock, die Klassik und die Romantik.

Man kann heute nicht mehr genau sagen, wann die Orchestermusik anfing, denn sie entwickelte sich im Verlauf der gesamten Geschichte von vielen verschiedenen Ursprüngen aus. Wir beginnen jedoch in diesem Buch mit der Barockzeit (1600–1750): Damals fingen die Komponisten an, besondere Musikformen nur für Instrumente zu schreiben, vor allem für die Violinenfamilie (Violine, Viola, Cello und Kontrabaß), die sich um ein Tasteninstrument gruppierte. Die Streicher bildeten das Herz der Instrumentalgruppe, und diese Stellung haben sie im Orchester noch heute.

Es gibt zwei goldene Regeln für ein Orchester: zusammen anfangen und zusammen aufhören. Was dazwischen geschieht, kümmert das Publikum einen Dreck.

Sir Thomas Beecham

Links Hogarth, *Der Chor*

Rechts Clara und Robert Schumann

Das Wort „Orchester" – Sammelbegriff für eine Gruppe von Instrumenten, die zusammenspielen – stammt aus dem antiken Griechenland und bedeutet ursprünglich „Tanzplatz".

Natürlich kann dieses Buch nicht die gesamte Geschichte der Orchestermusik wiedergeben; deshalb haben wir lediglich das ausgewählt, was wir faszinierend und wichtig fanden – über die Komponisten, ihr Leben, ihre Musik und die Instrumente, und das Ganze haben wir mit den persönlichen Ansichten Dudley's, Sir Georgs und der Spieler angereichert. Das Buch hat das Ziel, unsere Erfahrungen mit dieser Musik mit Ihnen, den Lesern, zu teilen und Ihnen einen Eindruck davon zu vermitteln, welch reiche Schätze die Orchestermusik zu bieten hat.

Musikalische Haus- und Lebensregeln von Robert Schumann, 1848

Eine Auswahl:

1 Fürchte dich nicht vor den Worten: Theorie, Generalbaß, Contrapunkt etc.; sie kommen dir freundlich entgegen, wenn du dasselbe tust.
2 Von Sängern und Sängerinnen läßt sich manches lernen, doch glaube ihnen auch nicht alles.
3 Singe fleißig im Chor mit, namentlich Mittelstimmen. Dies macht dich musikalisch.
4 Gute Opern zu hören, versäume nie.
5 Ehre das Alte hoch, bringe aber auch dem Neuen ein warmes Herz entgegen. Gegen dir unbekannte Namen hege kein Vorurteil.

6 Urteile nicht nach dem Erstenmalhören über eine Komposition; was dir im ersten Augenblick gefällt, ist nicht immer das Beste. Meister wollen studiert sein. Vieles wird dir erst im höchsten Alter klar werden.
7 Sieh dich tüchtig im Leben um, wie auch in anderen Künsten und Wissenschaften.
8 Wenn alle erste Violine spielen wollten, würden wir kein Orchester zusammen bekommen. Achte daher jeden Musiker an seiner Stelle.
9 Du mußt es so weit bringen, daß du eine Musik auf dem Papier verstehst.
10 Wenn du größer wirst, verkehre mehr mit Partituren als mit Virtuosen.

Epochen der klassischen Musik

Die Jahreszahlen sind nur ungefähre Angaben, denn alle Musikepochen überschneiden sich.

Die Zeit bis zum Mittelalter	bis ca. 1500
Die Renaissance	ca. 1500–1600
Die Barockzeit	ca. 1600–1750
Die Klassik	ca. 1750–1828
Die Romantik	ca. 1828–1910
Das 20. Jahrhundert	seit 1900

Die Barockzeit

1600–1750

Dieses Kapitel beschäftigt sich mit der Frage, warum Musik nur für Instrumente – also ohne Beteiligung von Gesangsstimmen – zu entstehen begann. Es konzentriert sich auf die Entwicklung der Streicherfamilie, die Instrumentalmusik dieser Epoche und die Komponisten, die sie schrieben und damit die ersten Grundlagen für die Orchestermusik legten, wie wir sie heute kennen.

Das Orchester, wie wir es heute kennen, hat sich im Laufe der letzten 400 Jahre entwickelt. Davor schrieben die Komponisten meistens Musik für Singstimmen – für Kirchenchöre oder die höfische Unterhaltung; so übernahmen sie zum Beispiel die musikalische Ausgestaltung des neuesten Werkes eines gerade beliebten Dichters.

Um von ihrer Musik leben zu können, mußten die Komponisten als Abhängige bei einem reichen Herrn arbeiten, der entweder der Kirche oder dem Adel angehörte. Sie mußten zwar hart arbeiten, um die manchmal sehr einengenden Ansprüche ihrer Gönner zu befriedigen, aber der Dienstherr hatte keine Kontrolle über die grundsätzliche Qualität ihrer musikalischen Fähigkeiten. Immerhin war es oft eine dauerhafte Stelle, und die Komponisten hatten die Garantie, daß ihre Werke von einer ortsansässigen Musikergruppe regelmäßig aufgeführt wurden. Wie groß dieses Orchester war, hing von den finanziellen Verhältnissen des Dienstherrn ab.

Musik muß vom König und von Fürsten unterstützt werden, denn die Aufrechterhaltung der Künste ist ebenso ihre Pflicht wie die Aufrechterhaltung der Gesetze.

Martin Luther, 1566

Wenn der Gönner ein Musikliebhaber war, stellte er die besten musikalischen Möglichkeiten zur Verfügung, die für Geld zu haben waren. Als Gegenleistung war der Komponist verpflichtet, für Unterhaltung zu sorgen: Er mußte alles mögliche schreiben, von der Tanzmusik für eine Abendgesellschaft bis zu ernsthafter Kirchenmusik für den Sonntagsgottesdienst. Außerdem gehörten zu seinen Pflichten die Leitung der Musiker und der Musikunterricht für den Dienstherrn, seine Familie und die Mitglieder des Hofes.

Man kann heute unmöglich sagen, wie viele Musiker an den Höfen beschäftigt waren, denn sie wurden gewöhnlich auf der allgemeinen Liste des Haushaltspersonals geführt und hatten oft auch noch andere Aufgaben; zum Beispiel als Gärtner. Außerdem spielte jeder Musiker mehrere Instrumente; das war praktischer und wirtschaftlicher, denn an den Höfen überall in Europa wurden bei Festgesellschaften und zum Tanzen vielerlei verschiedene Instrumente benutzt. Sie wurden auch im Theater gespielt, um das Publikum einzustimmen, bevor die eigentliche Vorstellung begann. In der Kirche benutzte man Blas- und Streichinstrumente, um den Chorklang und die Orgel im Gottesdienst zu verstärken. In der Anfangszeit übernahmen Instrumentalisten gern Gesangsstücke, die das Publikum bereits kannte, und zeigten ihr Können durch raffinierte Verzierungen der Grundmelodie. Nun war es nur noch eine Frage der Zeit, bis die Instrumentalmusik auf dem Konzertpodium ein Eigenleben zu führen begann.

Verzierung: Töne, die als Ausschmückung zusätzlich zur Hauptmelodie gespielt werden.

Melodie: Eine Reihe einzelner Töne, die in musikalisch ausdrucksvoller Weise angeordnet sind; von Mozart poetischer beschrieben als „die eigentliche Essenz der Musik. Wenn ich mir eine schöne Melodie vorstelle, denke ich an ein schönes Rennpferd."

Anfang des 17. Jahrhunderts war es zunächst die Oper, bei der die Instrumente eine eigene Gruppe bildeten, um die Singstimmen zu begleiten. Gegen Ende des 16. Jahrhunderts gab es in Florenz eine kleine Gruppe gebildeter Amateure, die Florentiner Camerata; sie hatten sich vorgenommen, den altgriechischen Stil des Sologesangs wiederzubeleben. Die Oper entstand aus solchen Ideen und den überbordenden höfischen Unterhaltungen der „Intermedien", die sich aus Musik, Schauspiel, Tanz und Rede zusammensetzten. Das erste Opernhaus wurde 1637 in Venedig eröffnet.

In den ersten Opern drückte jedes Lied eine einzige Empfindung aus, zum Beispiel Glück, Trauer, Schmerz oder Liebe. Immer stärker dienten auch Instrumente dazu, die Bedeutung der Worte zu unterstreichen. Wenn ein junges Mädchen von ihrer Trauer über den Tod des geliebten Helden sang, spiegelten Melodie und Instrumentalbegleitung ihre Stimmung wider. Dies bezeichnete man als „Wortmalerei".

Bis zu jener Zeit galten alle Stimmen oder Instrumente eines Ensembles als gleich wichtig. Aber nun entstand ein neues

Wortmalerei:
Die musikalische Ausdeutung der Wortbedeutung in der Vokalmusik, besonders der eigentlichen Bedeutung einzelner Worte oder Sätze. Wortmalerei war vor allem ein Merkmal der Renaissance- und Barockmusik, aber Beispiele dafür gibt es aus allen Epochen. Im einfachsten Fall werden Naturgeräusche wie Vogelstimmen, Donner, Seufzen und Schluchzen nachgeahmt. Die Form der Melodielinie kann die Worte verdeutlichen, und mit Dissonanzen wird Schmerz dargestellt. Im Jahr 1625 teilte Joachim Thuringus Worte, die „ausgedrückt und gemalt" werden können, in drei Gruppen ein:

1. „Worte des Gefühlszustands" wie Freude, Lachen oder der Gesang eines Vogels
2. „Worte von Bewegung und Ort" wie stehen, laufen, springen, Himmel, Hölle, Berg
3. „Adverbien von Zeit und Zahl" wie schnell, langsam, zweimal, oft, selten.

Ideal: Eine klare Melodie wurde von einem starken Baß (dem „basso continuo") begleitet, und die Mittelstimmen wurden oft auf einem Tasteninstrument improvisiert. Dabei benutzte man Zahlen (den „bezifferten Baß"), die anzeigten, welche Akkorde gespielt werden sollten, ganz ähnlich wie bei der heutigen Gitarrenmusik.

Die ersten Opernorchester bestanden hauptsächlich aus Streichern; gelegentlich kamen Holz- und Blechbläsergruppen hinzu, und ein Cembalo oder zwei Lauten und Harfen lieferten die Akkorde. Diese Musikergruppe war oftmals hinter der Bühne versteckt und spielte gewöhnlich Hintergrundmusik, Tanzmelodien und die Begleitung der Singstimmen. Später saßen die Musiker sichtbar in einem Graben vor der Bühne; das machte das Zusammenspiel leichter, denn nun konnte der musikalische Leiter sehen, was auf der Bühne vorging, und seine Musiker entsprechend dirigieren.

Eine der frühesten Opern, die heute noch auf der Bühne gespielt werden, ist der *Orfeo* von Monteverdi (1607). Claudio Monteverdi wurde in Cremona zu der Zeit geboren, als dort Stradivarius und andere die Kunst des Geigenbaus zur Vollendung führten. Er begann seine musikalische Laufbahn als Gambenspieler und Madrigalkomponist, und in dieser Eigenschaft stand er um 1591 in den Diensten des wohlhabenden Herzogs von Mantua. Man nannte ihn den „Schöpfer der modernen Musik", denn er war der erste, der den neuen, von der Florentiner Camerata vorgeschlagenen Stil übernahm. Als Kapellmeister (ab 1601) an einem der reichsten Fürstenhöfe Norditaliens konnte er über unbegrenzte Geldmittel verfügen. Im *Orfeo* setzte Monteverdi nicht nur eine Streichergruppe ein, sondern auch andere Instrumente, darunter Flöten, Kornette und Posaunen, alles in allem etwa 40 Musiker. Sie begleiteten nicht nur die Singstimmen, sondern sie trugen auch mit rein instrumentalen Tanzmelodien zum dramatischen Ablauf bei.

An der Tatsache, daß Monteverdi so viele Musiker bezahlen konnte, läßt sich ablesen, wieviel Geld zu jener Zeit in Italien für die Musik zur Verfügung stand. Von unserem heutigen Standpunkt aus erscheint es höchst bedeutsam, daß diese Musiker-

Basso continuo: Der rhythmische Baß, auch Generalbaß oder Basso continuo genannt, war das charakteristische Kennzeichen der Barockmusik. Ein tiefes Streichinstrument übernahm die unterste, am stärksten vom Rhythmus bestimmte musikalische Linie, und ein Tasteninstrument – Orgel oder Cembalo – spielte die gleiche Linie mit begleitenden Akkorden. Damit der Musiker am Tasteninstrument die richtigen Akkorde spielte, waren die Töne der Baßlinie mit entsprechenden Zahlen versehen („bezifferter Baß").

Cembalo: Eines von mehreren Tasteninstrumenten, die in der Barockzeit in Gebrauch waren. Es ist ähnlich geformt wie ein Flügel, nur kleiner, und die Töne werden von Federkielen erzeugt, welche die waagerecht in einem Holzgehäuse gespannten Saiten anreißen.

Gambe: Ein frühes Streichinstrument, das mit einem Bogen gespielt wurde. Es gab Gamben in vielen Größen. Manche waren nicht größer als die heutige Violine, andere ähnelten dem Cello, aber da sie keinen Stützstachel hatten, mußte der Musiker sie beim Spielen zwischen den Knien festhalten.

gruppe schon stark dem Orchester ähnelte, wie wir es heute kennen.

Francesco Cavalli (1602–1676), ein anderer italienischer Komponist und Zeitgenosse Monteverdis, brachte die italienische Oper ungefähr 1660 nach Paris. Aber die Franzosen mochten sie nicht. Zwar gab es enge Verbindungen zwischen Italien und Frankreich, weil zwei französische Könige Töchter der italienischen Medici-Familie geheiratet hatten, aber die Franzosen waren dabei, einen eigenen Musikstil zu entwickeln, der sich dem italienischen Einfluß mehr als 100 Jahre lang widersetzte.

Der wichtigste musikalische Gönner in Frankreich war Ludwig XIV. (1643–1715); sein Hof in Paris wurde zum Zentrum des musikalischen Fortschritts, besonders bei Oper und Ballett. Ironischerweise war der Komponist, der am meisten dazu beitrug, daß sich der französische Stil durchsetzte, ein Italiener namens Giovanni Battista Lulli (1632–1687). Er war in Florenz geboren, zog aber mit 14 Jahren nach Paris und war zunächst nur Küchenjunge bei einem französischen Adligen; dort änderte er seinen Namen und nannte sich Jean-Baptiste Lully.

Er war ein guter Tänzer und Schauspieler, spielte Geige, Cembalo und Gitarre und war enorm ehrgeizig. So fand er in Ludwig XIV. bald eine verwandte Seele, und der König machte ihn 1653 zum Hofkomponisten. Beide Männer waren fanatische Zuchtmeister: Nach ihrer Ansicht mußte alles, auch die Musik, perfekt organisiert und höchst geschmackvoll sein, um den Glanz des französischen Hofes zu zeigen. Beide waren leidenschaftliche Tänzer, und deshalb ist es nicht verwunderlich, daß es in Lullys Opern viele rein instrumentale Ballettmusiken gibt. Gemeinsam hatten die beiden eine Macht, die man als regelrechte musikalische Diktatur bezeichnen könnte.

Ich schreibe nichts zufällig.
Claudio Monteverdi, 1605

Unten Eine Musikgesellschaft um 1770

Lully wurde zu einem sehr einflußreichen Mann; das zeigte sich daran, daß er die alleinigen Rechte an allen Darbietungen mit Gesang erhielt und so alle Opernaufführungen kontrollieren konnte. Theaterunterhaltung war in Frankreich groß in Mode. Lully bot prächtige Opern- und Ballettabende, und daraus entstand ein eigenständiger französischer Opernstil, der sich von dem der Italiener unterschied: Man bevorzugte in Frankreich kurze, einfache Lieder statt überladener Arien, und es gab viel mehr Tanz. Lullys Ballettmusiken waren sehr populär und wurden später auch allein in Konzerten als Instrumentalsuiten gespielt; dadurch wurden Tanzrhythmen zu einem wichtigen Element des französischen Stils.

Ludwig XIV. hatte ein großes Instumentalensemble, die „vierundzwanzig Geiger des Königs", und eine kleinere Gruppe, die natürlich als die „kleinen Geiger des Königs" bezeichnet wurden und deren musikalischer Leiter Lully war. Lully war besessen von der Verfeinerung des Orchesters. Er bestand darauf, den Musikern und Sängern genaue Anweisungen zu erteilen, wie sie spielen und singen sollten, und so konnte die Musik perfekt dargeboten werden, mit einem eng zusammenwirkenden Ensemble und großer rhythmischer Genauigkeit. Keine Einzelheit wurde vergessen. Beim Orchester sorgte er dafür, daß alle Musiker die gleiche Kleidung trugen und wie eine uniformierte Truppe aussahen. Außerdem führte er eine neue Technik zum Streichen der Saiteninstrumente ein: Sämtliche Musiker strichen nun in der gleichen Richtung auf und ab, eine Praxis, die auch heute noch auf allen Konzertpodien üblich ist.

Einer der „vierundzwanzig Geiger des Königs" bei Ludwig XIV.

Lully war es auch, der in einem Wutanfall den Holzbläsern das Spielen von Krummhörnern und Schalmeien in geschlossenen Räumen verbot, weil sie so schreckliche Töne hervorbrächten. Die betroffenen Musiker wußten, daß sie nur dann in die Säle zurückkehren durften, wenn sie sich völlig umstellten. Jean Hotteterre, der aus einer Familie französischer Holzblasinstrumentenbauer, Musiker und Komponisten stammte, ging zusammen mit seinem Kollegen Michel Philidor daran, die ganze Instrumentenfamilie neu zu konstruieren: Er machte neue Pläne für Block- und Querflöten, Fagotte und Oboen. Lully freute

Jean-Baptiste Lully

sich über den verbesserten Klang der Instrumente und setzte sie nun wieder in allen seinen Opernpartituren ein.

Um die Instrumentalgruppe zu leiten, schlug Lully den Takt mit einem langen Stab laut auf den Boden. Das war in Frankreich damals allgemein üblich, aber bei Lully erwies es sich als tödlich. Er war für seine Wutausbrüche bekannt, bei denen er das Orchester anschrie, und bei einer solchen Gelegenheit verletzte er sich in einem Augenblick leidenschaftlicher Raserei mit dem Stab am Fuß. Aus der Verletzung entwickelte sich ein Wundbrand, an dem er starb.

Die englischen Komponisten hatten früher, in der elisabethanischen Zeit, ihre Blüte erlebt; in der Barockzeit waren die Möglichkeiten stark eingeschränkt, denn während des Bürgerkrieges (1648–1660) war Musik in der Öffentlichkeit verboten, und das machte ihre Entwicklung äußerst schwierig.

Charles II. von England (1630–1685), der während des Bürgerkrieges nach Frankreich geflohen war, hatte bei einem Aufenthalt auf dem Landsitz Ludwigs XIV. in Versailles die „vierundzwanzig Geiger des Königs" gehört. Nach dem Krieg, als die Monarchie in England wiederhergestellt wurde, kehrte Charles zurück und brachte französische Mode, Musik und Musiker mit; er war entschlossen, selbst ein ähnliches Orchester zu besitzen. Die Engländer waren nach der kriegsbedingten musikalischen Durststrecke bereit, den neuen Stil zu übernehmen, und so ging in die englische Instrumentalmusik sehr schnell der französische Klang ein, mit einer zentralen Streichergruppe und zusätzlichen Holzbläsern. Während der Vorbereitung seiner Krönung in Westminster Abbey stellte Charles Musiker ein. Die vierundzwanzig Instrumentalisten spielten bei Hofzeremonien, aber sie hatten zunächst keinen Zugang zur Chapel Royal, dem königlichen Kirchenmusik-Kollegium – das wäre denn doch zu weit gegangen. Aber schließlich setzte Charles auch das durch. Im Jahr 1663 wurden zwölf Musiker ausgewählt: Sie sollten „eine besondere Instrumentalgruppe bilden, die auf uns, den König, wartet, falls irgendwann eine Gelegenheit für Musik sich bieten sollte".

Charles zahlte gewöhnlich sehr zögernd – manchmal dauerte

Links Ein Hofkonzert Ende des 18. Jahrhunderts

Rechts unten Antonio Vivaldi; Karikatur von Ghezzi und das einzige verbürgte Bild des Komponisten

es sieben Jahre, bis Musiker ihr Honorar erhielten. Als 1660 die Londoner Theater wieder öffneten, beeilten sich deshalb die freiberuflichen königlichen Geiger, dort Arbeit zu suchen. Gewöhnlich spielten sie Ouvertüren im französischen Stil, bevor das Schauspiel begann, und eine Melodie nach jedem Akt. Bezahlt wurden sie meist nach dem Zeitaufwand.

Oboen (aus Frankreich importiert) gab es in London etwa seit 1685; Fagotte kamen ungefähr 1690 hinzu. Für aufwendigere Theaterinszenierungen stand den englischen Komponisten nun ein fast ebenso großartiges Orchester zur Verfügung wie bei Lully.

Kammermusik: Die Musik, die in den Häusern des Adels gespielt wurde, bezeichnete man als Kammermusik; den Begriff verwendet man noch heute für Stücke, an denen nur wenige Spieler beteiligt sind.

Henry Purcell (1659–1695) war ein Meister der schönen Melodien und des musikalischen Gefühlsausdrucks; das wird besonders in seiner Oper *Dido und Aeneas* von 1689 deutlich, die er für eine Mädchenschule in Chelsea schrieb. An der Ouvertüre und den Tanzrhythmen zeigte sich dabei der Einfluß der französischen Komponisten.

Aber zurück nach Italien: Dort wurde Instrumentalmusik mehr und mehr eigenständig aufgeführt, unabhängig von der Oper. Die berühmten Instrumente der großen norditalienischen Geigenbauer Amati, Stradivari und Guarneri wurden in verschiedenartigen Kompositionen benutzt, von denen sich das Concerto schließlich am stärksten durchsetzte. Es gab zwei Haupttypen: das Solokonzert und das Concerto grosso. Zwei italienische Komponisten haben nach unserem heutigen Wissen am meisten zur Entwicklung dieser Formen beigetragen: Arcangelo Corelli (1653–1713) und später Antonio Vivaldi (1675–1741).

Der Geiger und Komponist Corelli verbrachte den größten Teil seines Lebens in Rom. Er hatte drei sehr einflußreiche Mäzene, nämlich die Königin und zwei Kardinäle, und deshalb beherrschte er dort das musikalische Leben zu der Zeit, als die Instrumentalmusik gerade populär zu werden begann. Er schrieb ausschließlich Instrumentalstücke. Seine Sonaten und Concerti waren sehr bekannt, nicht nur in Italien, sondern auch in England und Deutschland. Die Concerti bestanden vorzugsweise aus vier oder fünf Sätzen mit unterschiedlichem Charakter, darunter auch Tänze; im Gegensatz dazu beschränkte sich Vivaldi meist auf drei Sätze.

Vivaldi wurde in Venedig geboren und blieb dort auch die meiste Zeit seines Lebens. Er unterrichtete Geige an einer besonderen Schule für arme und elternlose Mädchen, dem „Ospedale delle Pietà“. Vivaldis Schülerinnen beherrschten ihre Instrumente hervorragend, und ihre Konzerte waren allgemein beliebt. Es war ein Glück für ihn, daß er mit dieser eingesperrten Gruppe talentierter Musikerinnen arbeiten konnte.

Er war zwar zum Priester ausgebildet und geweiht, aber wegen seiner schwachen Gesundheit verließ er den Kirchendienst und konzentrierte sich aufs Unterrichten, Komponieren und das Geigenspiel im Markusdom, so daß er schließlich ein hochgelobter Virtuose wurde. Wegen seiner Haarfarbe nannte man ihn den „roten Priester“, und er konnte eitel und arrogant sein – vielleicht nicht die schlechtesten Eigenschaften für einen „Vorzeigegeiger“, auch wenn er sich damit bei manchen Leuten unbeliebt machte.

Heute ist Vivaldi vor allem durch seine etwa 450 Instrumentalkonzerte bekannt. Dallapiccola, ein Komponist des 20. Jahrhunderts, hat einmal gesagt: „Vivaldi hat nicht 450 Konzerte

Sonate: Ein Musikstück in mehreren (meist drei) Sätzen; der erste und dritte Satz sind schnell, der zweite ist langsam. Anfangs bezeichnete man mit dem Begriff jedes Instrumentalstück im Gegensatz zu Vokalkompositionen. Später meinte man damit ein Stück für ein Instrument.

Konzert: Das Wort „Konzert“ stammt von dem italienischen *concertare* (einen Wettstreit ausführen). In der Barockzeit gab es zwei Hauptkategorien: Das Solokonzert und das Concerto grosso. Im Concerto grosso steht eine kleine Instrumentengruppe, das „Concertino“, einer größeren Gruppe, dem „Ripieno“ gegenüber. Die beiden Gruppen nennt man auch „Solo“ (einer) und „Tutti“ (alle).

geschrieben, sondern 450mal dasselbe Konzert." Die meisten sind für eine oder mehrere Violinen, aber von Zeit zu Zeit experimentierte er auch mit allen anderen Besetzungen, die für ihn verfügbar waren: Block- und Querflöte, Oboe, Fagott, sogar die Klarinette (die erst 1690 erfunden worden war), Laute, Viola d'amore, Cello, Mandoline, Trompete und Horn.

Wichtig ist nicht, wie viele Konzerte Vivaldi geschrieben hat, sondern ihre Form, gewöhnlich mit drei Sätzen in der Reihenfolge schnell-langsam-schnell. Bach kannte Vivaldis Werke und schrieb fünf Violinkonzerte des Italieners für ein Solo-Tasteninstrument um. Vivaldi setzte die Instrumente auch ein, um besondere Klangeffekte zu erzielen, wie in seinem berühmtesten Werk, den *Vier Jahreszeiten.* Es sind vier Konzerte für Solovioline, Streicher und Basso continuo, in denen von den Jahreszeiten erzählt wird, mit Vogelstimmen, Gewittern, dem winterlichen Schlittschuhlauf, bellenden Hunden und rauschenden Blättern.

Viola d'amore: ein Streichinstrument, das ein wenig größer ist als die heutige Bratsche. Es wurde von Bach in der *Johannespassion* wunderbar eingesetzt.

Oboe d'amore: die „Liebesoboe", so genannt wegen ihres warmen Klangs. Sie war in der Barockzeit sehr beliebt, wurde aber nie zu einem ständigen Mitglied des heutigen Symphonieorchesters.

Aufgeführt wurden die Konzerte regelmäßig bei Wohltätigkeitskonzerten in der Pietà-Kirche, und obwohl ein nur aus Frauen bestehendes Orchester damals etwas Ungewöhnliches war, gab es keinen Zweifel, daß sie alle spielen konnten:

> Sie werden auf Staatskosten erzogen und einzig dazu ausgebildet, hervorragend Musik zu machen. Deshalb singen sie wie Engel, und sie spielen Violine, Flöte, Orgel, Violoncello und Fagott . . . In jedem Konzert treten ungefähr vierzig Mädchen auf. Ich versichere Ihnen, es gibt nichts Reizenderes, als eine junge, hübsche Nonne zu sehen, in weißem Gewand und mit einem Strauß aus Granatapfelblüten im Haar, die das Orchester leitet und den Takt mit aller nur denkbaren Genauigkeit angibt.

Vivaldi hatte sich aber noch mehr vorgenommen: Er wollte ein großer Opernkomponist werden. Deshalb verließ er Venedig und arbeitete in anderen Teilen Italiens und des übrigen Europa. Er schrieb ungefähr 45 Opern – nicht 94, wie er eifrig behauptete –, aber keiner davon war durchschlagender Erfolg beschieden. Im Jahr 1741 starb er schließlich verarmt in Wien.

In Deutschland hatte man in den ersten 100 Jahren der Barockzeit musikalische Vorstellungen aus dem übrigen Nordeuropa übernommen. Das Hauptproblem bestand darin, daß es hier – anders als in Frankreich und später in England – keinen zentralen, wohlhabenden Königshof gab, der mit seinem Geld die Entwicklung der Musik hätte fördern können. Und es gab auch keine reichen Herzöge wie in Italien, denn die deutschen Fürsten waren durch den Dreißigjährigen Krieg verarmt.

Der erste große Einfluß kam von Martin Luther (1483–1546), der darauf bestand, den Gottesdienst nicht auf lateinisch abzuhalten, sondern in der Sprache der einfachen Leute. Außerdem ließ er im Gottesdienst viel mehr Lieder und Choräle singen, die er vielfach selbst geschrieben hatte und die sich ebenfalls der Umgangssprache bedienten. Diese Musikstücke waren es, die in den hundert Jahren nach der Reformation den Anstoß zu anderen Kompositionen wie Orgelchorälen und Choralvorspielen gaben.

Orgel: das traditionelle Kircheninstrument. Die Geschichte der Orgel reicht 2000 Jahre weit zurück, denn schon die Römer verwendeten Orgeln, die mit Wasserdruck angetrieben wurden. Heute wird ihr Klang gewöhnlich erzeugt, indem Luftströme durch die vielen Pfeifen geblasen werden. Gesteuert wird das Ganze durch eine oder mehrere Tastaturen und Pedale. Die Pfeifen sind unterschiedlich lang und werden nach ihrer Klangfarbe benannt: Flöte, Trompete usw. Der Spieler kann die Klänge der verschiedenen Pfeifen kombinieren; dazu muß er „Register ziehen", indem er zusätzlich zu Tasten und Pedalen Knöpfe herauszieht oder hineinschiebt.

Die neuen italienischen Vorstellungen von Oper und Gesang kamen durch das Werk von Heinrich Schütz (1585–1672) nach Deutschland. Man schickte ihn als jungen Mann nach Italien, und als er nach Deutschland zurückkehrte, entwickelte er einen eigenen Stil der Melodieführung und der Instrumentierung, um den Textsinn auszudrücken. Aber die deutschen Komponisten des 17. Jahrhunderts trugen nicht viel zur Weiterentwicklung des Orchesters bei. Schütz und andere Komponisten schrieben ihre Musik zum größten Teil für die Kirche. Zwar setzten sie verschiedene Instrumente ein, aber das einzige, das sie für die Aufführungen in den Kirchen unbedingt benutzen mußten, war natürlich die Orgel. Die Kunst des Orgelbaus wurde in Deutschland zur Vollendung geführt, und dieses Instrument nahm dort in den Kompositionen eine wichtigere Position ein als in allen anderen europäischen Ländern.

Der berühmteste deutsche Komponist für Tasteninstrumente vor Bach war Dietrich Buxtehude (1637–1707). Es war damals in Deutschland üblich, in Kirchen öffentliche Konzerte zu geben. Als Bach in Arnstadt lebte, ging er 230 Meilen größtenteils zu Fuß, um Buxtehude spielen zu hören und „um zu Füßen des Meisters zu sitzen".

Zwar war das deutsche Musikleben damals verhältnismäßig

einfach, aber dennoch entstanden hier einige eigenständige Stilrichtungen, und plötzlich tauchten zwei Giganten auf, deren Werke heute nicht nur als krönender Abschluß der Barockzeit gelten, sondern sogar zur großartigsten Musik gehören, die jemals geschrieben wurde: Georg Friedrich Händel (1685– 1759) und Johann Sebastian Bach (1685–1750). Beide standen in der kirchlichen Tradition, die oft ohne Orchester auskam, und verbanden sie mit dem französischen und italienischen Stil.

Händel reiste nach Italien und lebte schließlich in England, wo er reich wurde und internationale Berühmtheit erlangte. Bach war zu Lebzeiten nie so berühmt wie Händel, man kannte ihn vor allem als hervorragenden Organisten und brillanten Improvisierer am Cembalo. Daß ihm nur eine geringere Anerkennung zuteil wurde, lag unter anderem daran, daß er immer in einem kleinen Teil Deutschlands unter Kirchen- oder Adelsherrschaft lebte. Heute stehen beide in der Geschichte nebeneinander, und beide sind gleichermaßen berühmt.

Bach wurde in eine weitverzweigte Musikerfamilie hineingeboren: Man kennt aus mehreren Generationen insgesamt über 70 Musiker dieses Namens. Johann Sebastian war einer der fruchtbarsten Komponisten, die jemals gelebt haben: Er hinterließ über 1500 Musikwerke und hatte 20 Kinder.

Bach schrieb seine Musik meistens nach dem Prinzip des „Kontrapunkts", bei dem unabhängige, aber gleichermaßen wichtige musikalische Themen miteinander verwoben werden. Er komponierte auch mehrere hundert Fugen (eine Form des Kontrapunkts), deren Themen einander imitieren und am Anfang nacheinander einsetzen wie bei einem Kanon.

Die raffinierten und sehr genau ausgearbeiteten Fugen spielten in Bachs Musik eine große Rolle, besonders in den Stücken für Tasteninstrumente.

Kontrapunkt: Der Begriff kommt von dem lateinischen *punctus contra punctum* (Punkt gegen Punkt): Mehrere gleichermaßen wichtige Melodielinien werden zu einem musikalischen Ganzen verwoben.

Unten links Johann Sebastian, der berühmteste Sproß der Musikerfamilie Bach

Unten rechts Händels Vater verbannte alle Musikinstrumente aus dem Haus, aber der kleine Georg Friedrich schmuggelte ein Clavichord auf den Dachboden und spielte nachts, wenn er glaubte, daß alle schliefen.

Sein bekanntestes Werk dieser Art ist das *Wohltemperierte Klavier,* ein Zyklus von 48 Präludien und Fugen. Bachs Laufbahn gliedert sich nach den Orten seiner Tätigkeit in drei Perioden: in die von Weimar, Köthen und Leipzig.

In Köthen (1717–1723) hatte er einen Musikliebhaber als Dienstherrn, den Prinzen Leopold von Anhalt, der die Streichinstrumente selbst gut beherrschte. Da die Kirche in Köthen „reformiert" war, hatte man dort wenig Interesse an Kirchenmusik, und deshalb wandte sich Bach der Komposition von Instrumentalstücken zu. Ihm stand dafür eine feste Gruppe von 17 Musikern zur Verfügung. Er schrieb in dieser Zeit auch nur wenig Orgelmusik, denn angeblich war die Orgel in der Köthener Kapelle nicht besonders gut; statt dessen komponierte er viele Werke für Cembalo. Als er 1718 nach Berlin reiste, um für seinen Dienstherrn ein neues Cembalo zu kaufen, lernte er den Markgrafen von Brandenburg kennen, der ihn beauftragte, eine Reihe von Konzerten (die Brandenburgischen Konzerte) zu schreiben. Der Markgraf war ein reicher Adliger, der mit Vorliebe die Werke lebender Komponisten sammelte. Er besaß ein eigenes Orchester, auf das er überaus stolz war. Trotz seines Reichtums zahlte er Bach für die Konzerte jedoch keinen Vorschuß.

Obwohl sie in demselben Jahr (1685) im Abstand von noch nicht einmal einem Monat (Händel am 23. Februar, Bach am 21. März) nur 45 Kilometer voneinander entfernt geboren wurden, begegneten sich Bach und Händel nie. Sie waren sogar Patienten bei demselben Augenarzt, der aber anscheinend beiden mehr schadete als nützte.

Bach, der vielleicht schon ahnte, welche Absichten der Markgraf verfolgte (würde er überhaupt sein Geld erhalten?), ließ sich ganz gegen seine sonstigen Gewohnheiten drei Jahre Zeit, um die Stücke abzuliefern. Es gibt keinen Hinweis, daß das Orchester des Markgrafen sie jemals gespielt hätte. Man nimmt allgemein an, daß sie irgendwann von dem Köthener Orchester aufgeführt wurden, aber wann genau, ist nicht bekannt. Als der Markgraf starb, gingen die Partituren zunächst verloren. Sie tauchten erst 1869 in einer gedruckten Ausgabe wieder auf, mehr als 100 Jahre nach Bachs Tod.

Johann Sebastian war der Vierundzwanzigste in seiner langen Abstammungslinie. Er hatte selbst zwanzig Kinder in folgender Reihenfolge: Catherina Dorothea, Wilhelm Friedemann, Maria Sophia und Johann Christoph (Zwillinge), Carl Philipp Emanuel, Johann Gottfried Bernhard, Leopold August, Christiane Sophie Henriette, Gottfried Heinrich, Christian Gottlieb, Elisabeth Juliane Friederike, Ernst Andreas, Regine Johanna, Christiana Benedicta, Christiana Dorothea, Johann Christoph Friedrich, Johann August Abraham, Johann (die Namen waren nicht etwa knapp, sondern der ältere Sohn dieses Namens war bei der Geburt gestorben), Christian, Johanna Carolina und Regine Susanna.

Die Brandenburgischen Konzerte sind für verschiedene Besetzungen geschrieben, darunter Streicher, Trompete, Blockflöten, Querflöte, Cembalo, Oboen und Gamben; sie zeigen deutlich, welchen Spaß Bach daran hatte, mit verschiedenen Instrumentenkombinationen zu experimentieren.

Die Brandenburgischen Konzerte

Nr.	Sologruppe (Concertino)	Tuttigruppe (Ripieno)
1	Violine, 3 Oboen, Fagott, 2 Hörner	Streicher und Continuo
2	Trompete, Blockflöte, Oboe, Violine	Streicher und Continuo
3	3 Violinen, 3 Bratschen, 3 Celli und Continuo als Solo und Tutti	
4	Violine, 2 Blockflöten	Streicher und Continuo
5	Violine, Querflöte, Cembalo	Streicher und Continuo
6	2 Bratschen, Cello	Bratschen, 2 Baßgamben und Continuo

Das dritte Brandenburgische Konzert ist für einzelne Streicher geschrieben – drei Violinen, drei Bratschen und drei Celli mit Basso continuo. Heute, Jahrhunderte später, spielen wir es mit einem großen Orchester – auch ich habe das getan. Ich führte es in Chicago mit einem Streichorchester von fünfzig bis sechzig Musikern auf. Inzwischen spielt man das Stück auch wieder so, wie es geschrieben wurde, mit neun Solostreichern und einem Cembalo als Basso continuo. Beides ist möglich.

Sir Georg Solti

Bach kämpfte in Leipzig ständig um mehr und bessere Musiker. In einem Brief an die Behörden nennt er seine Idealvorstellungen:

2 oder sogar 3 Violino I
2 oder sogar 3 Violino II
jeweils 2 Viola I, Viola II und Violoncello
1 Kontrabaß
2 oder 3 Oboen, je nach Bedarf
2 Querflöten
1 oder 2 Fagotte
3 Trompeten
1 Pauke

Insgesamt 24 Musiker

Johann Sebastian Bach und seine Familie beim Morgengebet

Andere wichtige Werke aus dieser Zeit sind das Konzert für zwei Violinen (das „Bach-Doppelkonzert"), dessen Originalmanuskript ebenfalls verlorenging, sowie die Orchestersuiten und die Violinkonzerte.

Dann wurde an der Thomasschule in Leipzig die Kantorenstelle frei, ein prestigeträchtiger Posten, dessen Inhaber für das Musikleben der Stadt – vor allem in der Thomas- und der Nicolaikirche – verantwortlich war. Bach hatte Glück: Er bekam die Stelle, obwohl er dafür nicht als erste Wahl galt, und blieb den Rest seines Lebens in Leipzig. Als gläubiger Christ war er froh, wieder bei der Kirche zu arbeiten, obwohl er sich mit seinen geistlichen Vorgesetzten ständig über Bezahlung und Arbeitsbedingungen stritt. In der nun folgenden Zeit schuf er die meisten seiner berühmten kirchenmusikalischen Werke, darunter die *Matthäuspassion* und die *h-Moll-Messe,* aber auch Instrumentalstücke wie die *Goldbergvariationen* und die *Kunst der Fuge.*

Zu Bachs Zeit hätte ich keine Stelle als Orchesterdirigent gehabt. Die Musik wurde vom Cembalo oder einem anderen Instrument aus geleitet; ich hätte also ein Instrumentalist sein müssen.
Sir Georg Solti

In Leipzig standen Bach nur wenige Musiker zur Verfügung, und deshalb wirkten bei der *Matthäuspassion* und der *h-Moll-Messe* auch Amateure und Schüler der Thomasschule mit, die die Stimmen verstärkten.

Zwar konnte Bach in Leipzig nicht über viele Musiker verfügen, aber aus der Komplexität seiner Musik kann man schließen, daß beispielsweise das Orchester in Köthen sehr geübt gewesen sein muß. Manchmal kommt eine virtuose Stimme für ein ausgefallenes Instrument (zum Beispiel das Horn) vor, und das ist dann gewöhnlich ein Zeichen, daß es zu dieser Zeit dort einen besonders guten Hornisten gab.

Bach ist wie Orangensaft – jeden Morgen stehe ich auf und spiele Bach.
Dudley Moore

Händel war vermutlich einer der ersten wirklich internationalen Musiker. Er nahm alle Stilrichtungen seiner Zeit auf: den deutschen Ernst, die italienische Pracht und die französische Lieblichkeit. Seine Musik ist oft sehr witzig und unterhaltsam. Die Wortmalerei in seinen Opern und besonders in Chorwerken wie dem *Messias* und *Israel in Ägypten* hat nicht ihresgleichen. In dem Oratorium *Israel in Ägypten* beschreibt Händel mit den Instrumenten zum Beispiel Fliegen und Läuse, das Teilen der Wasser im Roten Meer, das Abschlachten der Feinde, den Galopp der Pferde – alles hochdramatisch.

Händel hielt sich selbst für einen bedeutenden Opernkomponisten und reiste nach Italien, um dort den neuen Stil zu studieren. Seine erste Oper wurde 1707 in Florenz aufgeführt – damals war Händel gerade 22 Jahre alt. In Italien lernte er auch den Mann kennen, der sein ganzes weiteres Leben beeinflussen sollte, den Kurfürsten von Hannover und späteren König Georg I. von England. Er bot Händel die Stelle des Hofkapellmeisters in Hannover an, aber der freche Fünfundzwanzigjährige akzeptierte nur unter der Bedingung, daß ihm erlaubt wurde, zunächst nach London zu reisen. Dort sah er für sich die Möglichkeit, bei den Engländern die italienische Oper bekannt zu machen; schon die erste, *Rinaldo*, war sofort ein großer Erfolg. Nun kehrte er nur noch widerwillig zu seiner Stellung in Hannover zurück und erbat sich von dem Kurfürsten die Erlaubnis für einen weiteren London-Besuch. Dieser fand im Jahr 1712 statt, und nun blieb Händel für den Rest seines Lebens in England.

Als der Kurfürst unter dem Namen Georg I. König von England wurde, befürchtete Händel, er würde seine Stelle verlieren, denn der Kurfürst hatte sich über sein Fernbleiben sehr geärgert. Einmal fuhr der neue König mit einer Bootsgesellschaft auf der Themse. Man segelte mit einer Flotte von Kähnen den Fluß hinunter, aß zu Abend und fuhr dann wieder zurück. Ein Freund Händels, der ihn mit Georg I. aussöhnen wollte, überredete den König, ein zusätzliches Boot für 50 Musiker zur Verfügung zu stellen – Streicher, Holz- und Blechbläser, die Händels Musik aufführen sollten. Offenbar gefiel dem König das Stück, das später den Namen *Wassermusik* erhielt; allerdings sagt uns die Geschichtsforschung heute, daß Georg I. Händel bereits verziehen und sogar sein Gehalt erhöht hatte.

Im Jahre 1728 hatte John Gray großen Erfolg mit der *Bettleroper;* offensichtlich hatte das englische Publikum also genug von großen, auf italienisch gesungenen Opern: Man bevorzugte nun Musik mit englischen Texten und Handlungen aus dem täglichen Leben. Händels Opernfirma machte Pleite, und er verlegte sich auf das Komponieren von Oratorien, einer Art Opern in Konzertform, in denen biblische Geschichten auf englisch erzählt wurden. Sie wurden in den Londoner Theatern während

GLUCK.

Der Komponist Gluck fragte Händel um Rat beim Opernschreiben. Händel antwortete: „Sie machen sich zu viel Sorgen um Ihre Oper. Hier in England ist das glatte Zeitverschwendung. Die Engländer wollen etwas, wozu sie den Takt schlagen können und das ihnen direkt ins Trommelfell dringt."

Oben Christoph Willibald Gluck

Rechts Georg Friedrich Händel

Als Händel einmal versuchte, in sein Orchester eine Veränderung in Form eines neuen Instruments einzuführen, benutzte er ein Serpent (ein schlangenförmiges Blasinstrument). Er war von dem Klang aber so entsetzt, daß er zornig ausrief: „Was zum Teufel ist das?“ Als man ihm sagte, es sei das Instrument, das aussehe wie eine Schlange, antwortete er: „Na, das war aber nicht die Schlange, die Eva verführt hat!“

Thomas Busby, 1825

Wir sprechen von dem großartigen, brillanten Komponisten und Organisten Händel, der wie ein König lebte und starb. Das Begräbnis soll unglaublich gewesen sein. Und dann war da Bach, der bescheiden in Leipzig lebte – als er starb, war seine Musik leider schon bald vergessen.

Sir Georg Solti

Oratorium: ein Werk für Solostimmen, Chor und Instrumente, fast immer mit geistlichem Inhalt. Die Texte sind oft unmittelbar der Bibel entnommen, oder es sind Nachdichtungen biblischer Stoffe.

der Fastenzeit aufgeführt, wenn Operndarbietungen verboten waren. Die Aufführung von Oratorien war billiger als die von Opern, denn man brauchte nicht die vielen Kulissen und Kostüme. Die Oratoriendarbietungen wurden unterbrochen von rein instrumentalen Zwischenspielen, insbesondere von Orgelkonzerten und Concerti grossi.

Händel hatte nach dem Zusammenbruch seiner Opernfirma einen Schlaganfall, und bis seine Oratorien Anklang fanden, verging einige Zeit. Es trug auch nicht gerade zum Erfolg bei, daß Königin Caroline im Herbst 1737 starb und alle Theater geschlossen wurden. Aber Händel hatte einen gesunden Geschäftssinn und die feste Absicht, trotz aller Widrigkeiten weiterzumachen. Die Engländer hatten eine besondere Vorliebe für Corellis Streichorchester-Musik. Also kündigte Händel eine Gruppe von „Zwölf großen Konzerten im italienischen Stil von Corelli und Albinoni" an, die er zum Subskriptionspreis verkaufen wollte. Er versprach, den Namen des jeweiligen Käufers auf die Titelseite der Partituren zu schreiben. Auf diese Weise verschaffte er sich Geld, bevor er mit dem Komponieren begann. Die Reaktionen waren zwar nicht so begeistert, wie er gehofft hatte, aber er entschloß sich trotzdem zum Weitermachen und komponierte den ganzen Zyklus im Oktober 1739 in etwas über einem Monat.

Die Stücke sind in der typischen Form des Concerto grosso geschrieben: Zwei Streichergruppen, eine kleinere (das Concertino) und eine größere (das Ripieno) mit Cembalo (Basso continuo) stehen einander gegenüber, und meist folgen mehrere Sätze unterschiedlichen Charakters aufeinander, was den Einfluß Corellis und der französischen Ouvertüre zeigt. Die Concerti grossi wurden vom Februar 1740 an während der Oratoriensaison aufgeführt, zur gleichen Zeit, als auch *Israel in Ägypten* zum ersten Mal erklang.

Händel hatte den Ruf, ein wohltätiger Mann zu sein, der sein Geld zur Unterstützung der Armenhäuser spendete. Vielleicht war das der Grund, daß William Cavendish, der Vizekönig von Dublin, ihn 1741 einlud, sich an einer Reihe von Oratorienaufführungen zugunsten der dortigen Wohlfahrtseinrichtungen zu beteiligen.

Es hatte Gerüchte gegeben, Händel sei unzufrieden und wolle London vielleicht verlassen. Ein Freund gab ihm das Textbuch des *Messias,* um ihn zum Bleiben zu bewegen. Er nahm es freudig an und komponierte das ganze Werk in 24 Tagen, vom 22. August bis zum 12. September 1741. Er besetzte es mit Streichorchester und zwei Tompeten. (Später, für eine Aufführung in London, fügte er noch Holzbläser hinzu.) Der *Messias* wurde in Dublin am 13. April 1742 zum ersten Mal aufgeführt. Die Eintrittskarten kosteten „ein britisches Sixpence-Stück", und 400 Pfund kamen durch das Konzert für einen guten Zweck zusammen. Die Nachfrage war so groß, daß man die Damen bat, ohne Reifröcke zu kommen, und die Männer wurden aufge-

Concerto grosso: Zu Beginn spielen gewöhnlich alle Instrumente zusammen. Dann löst sich die Sologruppe heraus und spielt die technisch glanzvolleren Stimmen. Die Gesamtwirkung wird durch die Klangkontraste erreicht.

Zwölf Concerti grossi op. 6

Am 29. Oktober 1739 bot die Londoner *Daily Post* die Konzerte für zwei Guineen zur Subskription an. Händel nannte sie „Grand concertos" und nicht „Concerti grossi", denn er hoffte, die Leute würden sich von dem englischen Titel stärker angesprochen fühlen und vielleicht glauben, die Stücke seien großartiger als alles, was er zuvor geschrieben hatte. Es wurden aber nur 122 Exemplare bestellt.

Händel verlor die Beherrschung, wenn Zuhörer zu einer Aufführung zu spät kamen oder während der Aufführung redeten; manchmal sprach er die Übeltäter namentlich an und machte damit alles nur noch schlimmer. Bei solchen Gelegenheiten soll die Prinzessin von Wales gesagt haben: „Psst, Psst, Händel ist wütend."

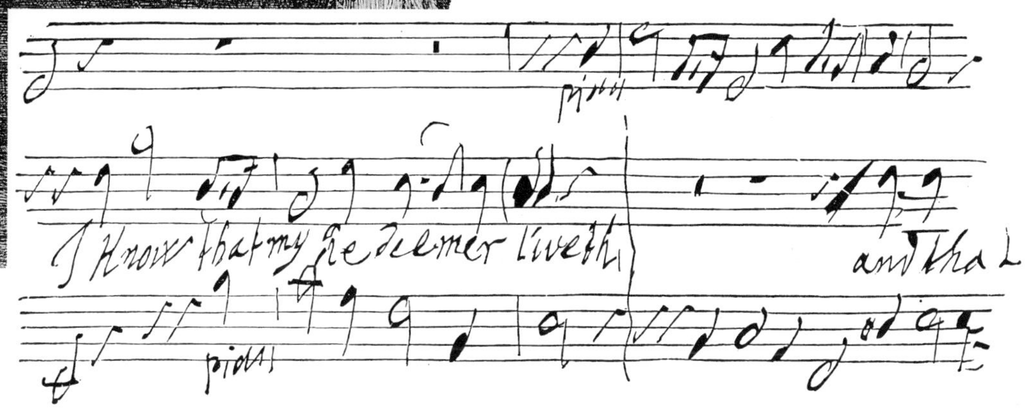

Links Händel dirigiert ein Oratorium vom Cembalo aus

Unten Ausschnitt aus der Partiturhandschrift des Stücks „I know that my redeemer liveth" (Ich weiß, daß mein Erlöser lebt) aus Händels *Messias*

Als König Georg den *Messias* in London zum ersten Mal hörte, war er so bewegt, daß er zu Beginn des „Halleluja"-Chores aufstand.
Natürlich mußten sich alle Zuhörer und Musiker ebenfalls erheben, wenn der König stand. Seither ist es in England üblich, daß das Publikum bei diesem Chor aufsteht.

fordert, den Säbel zu Hause zu lassen, damit mehr Menschen in den Konzertsaal paßten.

In den letzten ruhmreichen Jahren von Händels Leben wurde eine neue Komponistengeneration geboren, Haydn im Jahr 1732 und Mozart 1756. Mit ihnen begann der nächste wichtige Schritt in der Entwicklung des Orchesters.

Die Streicher

Vier Instrumente gehören zur Violinfamilie: die Violine oder Geige, die Viola oder Bratsche, das Violoncello (oft kurz Cello genannt), und der Kontrabaß. Zusammen stellen sie mehr als die Hälfte eines modernen Symphonieorchesters dar.

Ihre Geschichte läßt sich mehrere tausend Jahre zurückverfolgen, aber so, wie wir sie heute kennen, entstanden die Instrumente um 1520 herum durch die Arbeiten der großen Geigenbauer in Norditalien. Die fähigsten und berühmtesten Geigenbauer waren:

Andrea Amati (ca. 1511–1580),
Giovanni Paolo Maggini (ca. 1580–1632),
Nicolo Amati (1596–1684),
Antonio Stradivari (1644–1737) und
Giuseppe Bartolomeo Guarneri (1698–1744).

Vor Beginn des 16. Jahrhunderts benutzten die Musiker viele verschiedene, oftmals schrill klingende Streichinstrumente; am verbreitetsten waren die Rebec, die Lira da braccio und die Gambe. Sie alle wurden auch als „fydyl" (Fiedel) bezeichnet, und den Bogen nannte man fydylstyk.

Die Violine stammt nicht unmittelbar von einem dieser Vorläufer ab, sondern sie enthält Teile von allen, mit Ausnahme der Gambe, die meist größer war und immer, unabhängig von ihrer Größe, vom Spieler aufrecht auf oder zwischen den Knien gehalten wurde.

Nachdem zum ersten Mal ein Instrument aufgetaucht war, das man als Violine bezeichnen kann, entwickelte sich eine ganze Familie von Streichinstrumenten, die den gesamten Umfang und alle Ausdrucksmöglichkeiten der menschlichen Stimme umfaßten: Sopran (Violine), Alt (Viola), Tenor (Cello) und Baß (Kontrabaß). Es stellte sich bald heraus, wie viele Mög-

Pythagoras entdeckte, daß Saiten je nach ihrer Länge und Spannung unterschiedlich hohe Töne hervorbringen. Er stellte fest, daß zwei Saiten von 60 cm Länge, die mit der gleichen Kraft gespannt werden, den gleichen Ton erzeugen. Ist die Saite halb so lang, so klingt der Ton eine Oktave höher. Wenn die Saitenlänge gleich bleibt und sich dafür die Spannung verdoppelt, wird der Ton ebenfalls eine Oktave höher.

lichkeiten in diesen Instrumenten stecken, die das vollkommene Kernstück einer Instrumentalgruppe bilden.

Andrea Amati war vermutlich der erste, der die grundlegenden Größenverhältnisse für Violine, Viola und Cello festlegte; allerdings baute er zunächst nicht vier-, sondern dreisaitige Instrumente. Seine Söhne Antonio und Girolamo führten nach dem Tod ihres Vaters das Handwerk weiter. Aber erst Girolamos Sohn Nicolo wurde einer der berühmtesten Geigenbauer Italiens. Er war der begnadete Lehrer von Stradivari und Guarneri. Stradivaris Instrumente sind heute vielleicht am bekanntesten, und sie werden, wie die von Guarneri, auch heute noch von den Virtuosen gespielt.

Stradivari kopierte und vervollkommnete den Stil der Amati-Familie und baute die Instrumente, die 1690 als „lange Stradivari" bekannt wurden. Von 1698 an konzentrierte er sich aber mehr auf die normale, knapp 36 cm lange Violine, die ihm den größten Ruhm einbrachte. Zwischen 1666 und 1737 soll er über 1000 Instrumente hergestellt haben. Gesichert ist aber heute nur, daß 540 Violinen, 12 Bratschen und 50 Celli von ihm eigenhändig gebaut wurden. Die berühmtesten Stradivari-Violinen haben eigene Namen: Da gibt es zum Beispiel die Betts (1704), die Viotti, (1709) und die Messias (1716).

Zum Teil verdanken Stradivari und Guarneri ihren Ruf den Musikern, die ihre Instrumente spielten. Bei Stradivari war das der Geiger Viotti und bei Guarneri der Violinvirtuose Niccolò Paganini (1782–1840).

Bis heute gibt es keine Erklärung für den einzigartigen Klang der Stradivari-Instrumente, obwohl man umfangreiche wissenschaftliche Untersuchungen über den von ihm verwendeten Lack und seine Praxis, das Holz unter Wasser zu lagern, angestellt hat.

Gegen Ende des 18. Jahrhunderts hatte sich der Aufführungsstil der Orchestermusik so verändert, daß die Violine verstärkt werden mußte. Man brauchte vor allem kräftigere Saiten, die stärker gespannt wurden, um die großen Konzertsäle mit einem durchdringenderen Klang zu füllen. Stradivaris Instrumente konnten den stärkeren Zug am besten aushalten.

Mit dem Begriff „Streicher" bezeichnet man alle Instrumente, die Saiten haben und mit einem Bogen gestrichen werden. Zusammen mit Cembalo, Klavier, Harfe, Mandoline, Gitarre usw. gehören die Streicher zu den Saiteninstrumenten.

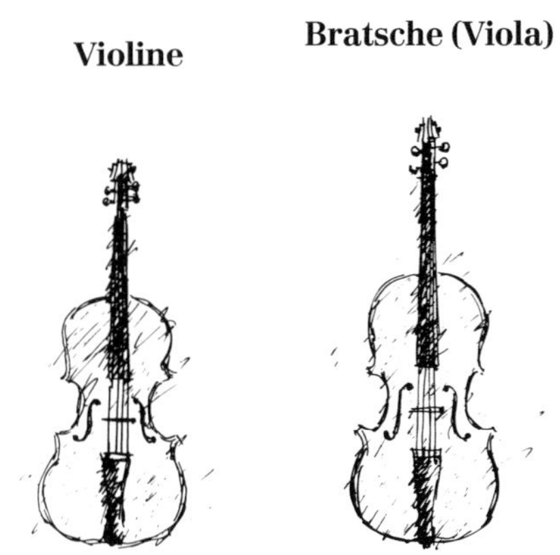

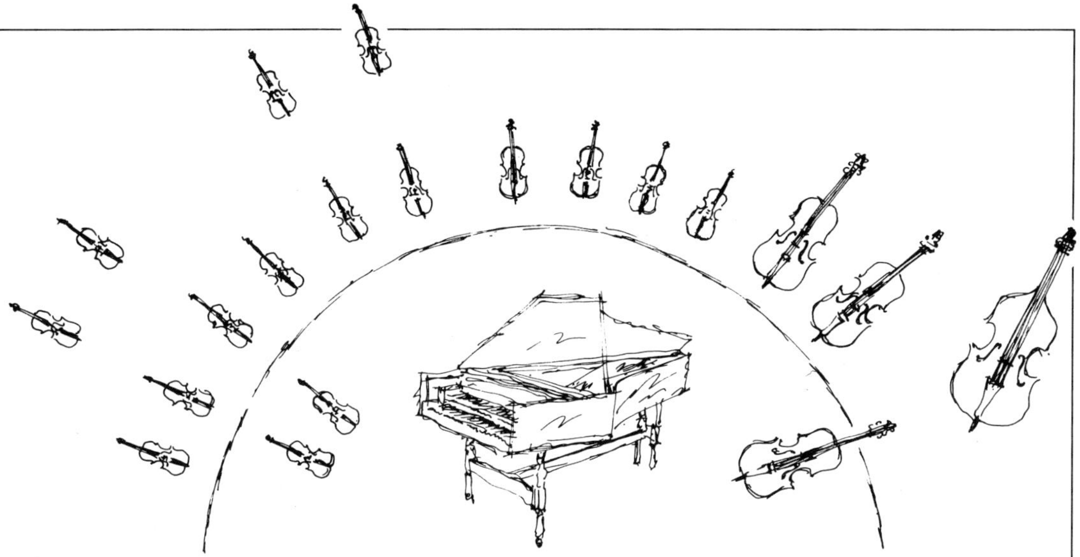

Die Aufstellung einer Instrumentalgruppe in der Barockzeit.

Violoncello (Cello)

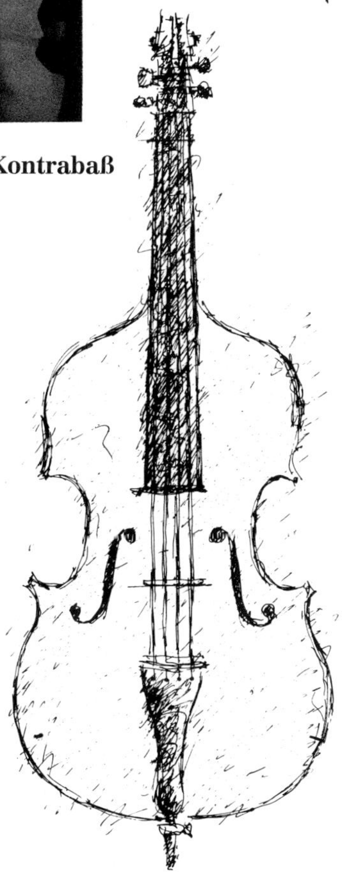

Kontrabaß

Der Ton wird bei allen Instrumenten der Streicherfamilie auf die gleiche Weise erzeugt: entweder mit einem Bogen, der über die Saiten gestrichen wird, oder durch Zupfen mit den Fingern. An der hölzernen Stange des Bogens sind Pferdehaare aufgespannt, die mit einem klebrigen Harz bestrichen werden, damit sie die Saite festhalten und zum Schwingen bringen können.

Der Bogen: Der Bogen entstand vermutlich im 9. Jahrhundert in Zentralasien, wo man sehr feine Bögen für die Jagd herstellte. Gezupfte Saiteninstrumente waren zu jener Zeit sehr verbreitet, und wahrscheinlich rieb man zunächst mit dem Jagdbogen an den Saiten, um so neue Klänge hervorzubringen. Den heutigen Bogen kann man auf vielfältige Weise einsetzen, um Klänge und Effekte zu erzielen, zum Beispiel indem man mit dem hölzernen Teil gegen die Saiten schlägt (col legno) oder über dem Steg streicht (sul ponticello).

In den letzten 300 Jahren hat sich die Violine kaum verändert. Eine geringe Größenzunahme und kleine Veränderungen in Form und Aufbau haben sie nur lauter und das Spielen angenehmer gemacht. Die moderne Violine hat vier Saiten, die in Quintabständen gestimmt sind; ihr Körper (Corpus genannt) wird aus verschiedenen Holzarten hergestellt, darunter Ahorn, Fichte, Weide und Pappel. Mit ihrem klaren Klang und ihrer Vielseitigkeit eroberte sich die Violine schnell die Führungsrolle unter den Streichern und im ganzen Orchester. Das war nur möglich, weil die Spieltechnik der Violine lange Passagen ohne Pause erlaubt – anders als beispielsweise bei einem Blechbläser, der einfach nicht so lange ununterbrochen Töne hervorbringen kann, weil er zwischendurch atmen muß.

Im modernen Orchester sind die Violinen – insgesamt meist etwa 34 Musiker – in zwei Gruppen unterteilt, die ersten und die zweiten Geigen. Das bedeutet nicht, daß die zweiten Geiger weniger gute Spieler sind als die ersten, sondern es liegt einfach daran, daß die Komponisten zwei verschiedene Violinstimmen schrieben, um eine größere Vielfalt und Klangfülle zu erreichen. Oft spielen beide Stimmen aber auch die gleiche Stimme (unisono). Der Grund, warum es im modernen Orchester oft so viele Violinen gibt, ist die Klangbalance: Sie werden nicht nur gebraucht, damit ein voluminöser Klang entsteht, sondern auch, damit er ausgeglichen ist, besonders bei leisen Stellen.

Die Bratsche oder Viola, die in der Streicherfamilie die Altstimme verkörpert, ist wie eine Geige geformt und besitzt ebenfalls vier in Quinten gestimmte Saiten. Da sie aber größer ist, klingt sie tiefer.

Lange Zeit glaubte man, die Bratsche sei älter als die Geige, denn als „Viola" bezeichnete man eine Vielzahl von Streichinstrumenten, so die „Viola da bracchia" („auf dem Arm") und die „Viola da gamba" („zwischen den Beinen"). Als man einen Namen brauchte, um die Altstimme der Violinfamilie zu bezeichnen, erschien „Viola" passend, aber die Verbindung mit „da brachia" ging nie ganz verloren – daher auch der deutsche Name „Bratsche".

Die Bratsche wird auch als das „Aschenputtel des Orchesters"

Herein kam ein Fiedler und geigte wie fünfzigmal Bauchschmerzen.

Charles Dickens,
A Christmas Carol, 1843

Nach Auskunft des Auktionshauses Sotheby's in London liegt der höchste bekannte Preis, der jemals für eine Geige bezahlt wurde, bei etwa 2,75 Millionen DM. Es handelte sich um eine Stradivari. Der höchste Preis für eine Bratsche (eine Maggini, die bei Christie's verkauft wurde) betrug 380 000 DM, für einen Bogen (Tourte) 210 000 DM und für das Stradivari-Cello „Cholmondeli", das bei Sotheby's verkauft wurde, etwa 2 Millionen DM; dies war bis vor kurzem der höchste Preis, der überhaupt jemals für ein Streichinstrument bezahlt wurde.

Niccolò Paganini in einer Daguerretypie von 1840

Die Bratsche wird gewöhnlich von unentschlossenen Geigern oder schwächlichen Bläsern gespielt, die irgendwann einmal die Geige kennengelernt haben.

Richard Wagner, 1869

bezeichnet, denn sie wurde im Laufe der Jahre häufig verachtet; einen besonderen Fürsprecher fand sie jedoch in Hector Berlioz; in seinem *Traité d'Orchestration* von 1843 schreibt er: „Ihre tiefen Saiten klingen charakteristisch heiser, während man die hohen Töne an ihrem traurigen, leidenschaftlichen Klang erkennt. Ihre Grundstimmung ist eine tiefe Melancholie."

Nach Berlioz' Ansicht wurde das Instrument deshalb zu gering geschätzt, weil die Komponisten nicht wußten, was sie damit anfangen sollten: Die Bratschenstimme füllte meist nur die mittleren Harmonien aus, oder sie lief parallel mit den Celli und Kontrabässen.

Mozart war einer der ersten, der dem Instrument in seiner Sinfonia Concertante für Violine und Viola von 1779 eine interessante Stimme schrieb. Bemerkenswerterweise verlangte er, die Viola solle dafür höher gestimmt werden als üblich, um so einen strahlenderen Klang zu erzielen.

Niccolò Paganini (1782–1840), der durch seine großartigen technischen Kunststücke auf der Violine (einer Guarneri) berühmt wurde, erhielt einmal eine Stradivari-Viola. Er war eine beängstigende Person: Seine seltsamen Blicke und die wilde Art, wie er Geige spielte, ließen die Leute fürchten, er stehe mit dem Teufel im Bunde. Eine Stradivari-Viola war tatsächlich ein seltenes Instrument, denn Stradivari hatte nur wenige Bratschen gebaut. Paganini war begierig darauf, sowohl ihre Klangfülle als auch seine Virtuosität vorzuführen. Und da er die Musik von Berlioz schon seit langem bewunderte, bat er den Komponisten, ein Stück für die Viola zu schreiben. Das erste Zusammentreffen der beiden beschreibt Berlioz so:

> Ein Mann mit langen Haaren, stechendem Blick und einem seltsamen, verwüsteten Gesichtsausdruck, ein vom Genie heimgesuchtes Wesen, ein Titan unter Giganten, den ich nie zuvor gesehen hatte . . . Er hielt mich im Durchgang auf, drückte meine Hand und murmelte glühende Lobreden, die mich zutiefst begeisterten und bewegten. Es war Paganini.

Berlioz komponierte daraufhin *Harold in Italien* (1833), ein

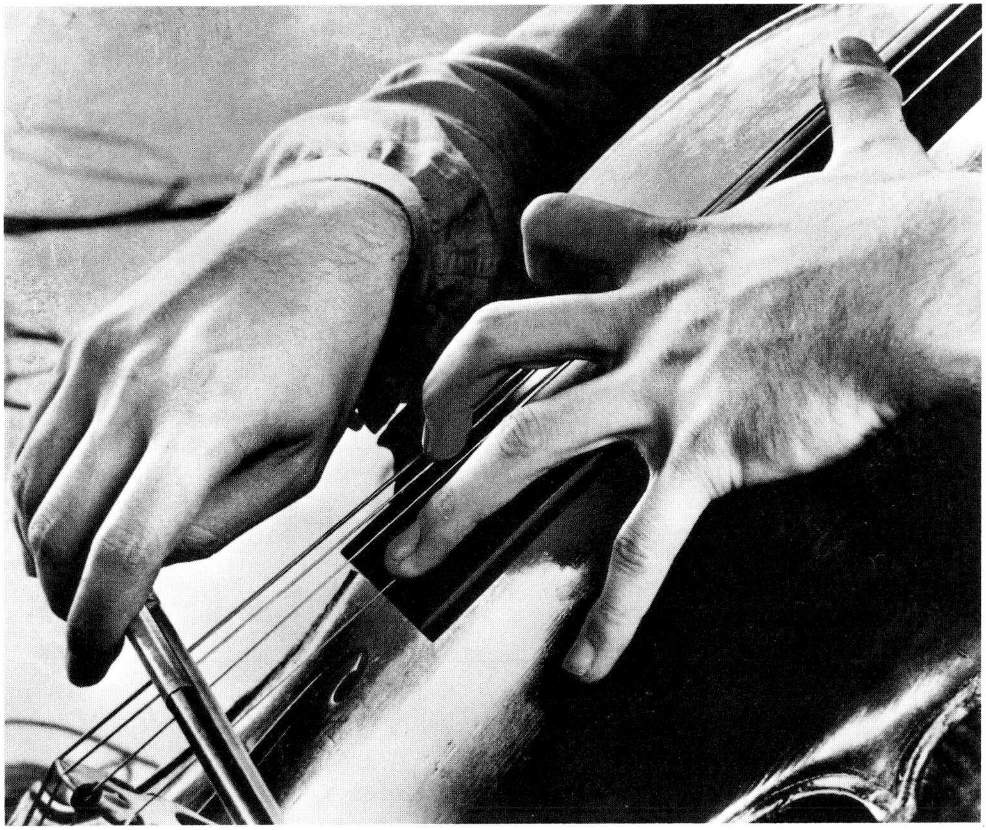

Die Hände von Mstislav Rostropowitsch, einem der größten Cellisten unseres Jahrhunderts.

Stück, in dem die Viola den Helden Harold charakterisiert. Aber Paganini war nicht sehr beeindruckt, vermutlich weil das Stück eine Symphonie war und kein Konzert, in dem er seine Virtuosität in vollem Umfang hätte ausspielen können. Er bezahlte Berlioz für die Komposition, aber er spielte sie nie.

Das dritte Instrument der Streicherfamilie, das Cello, erlitt zunächst das gleiche Schicksal wie die Viola: Es war der Violine untergeordnet, nur mit dem Unterschied, daß das Cello in der Barockmusik die Baßstimme spielte, die für die musikalische Struktur genauso wichtig ist wie der Violinpart. Auch hier halfen Komponisten, die gleichzeitig selbst spielten, seine Bedeutung auszuweiten: Vivaldi schrieb schon Anfang des 18. Jahrhunderts Solostücke für Cello, und Haydn komponierte später in demselben Jahrhundert zwei Cellokonzerte. Beethoven gab ihm dann einen wichtigen Part in seinem Tripelkonzert; außerdem schrieb er Cellosonaten und war auch einer der ersten, die dem Cello im Orchester häufiger Solopassagen übertrugen. Der

Harold in Italien ist eine Symphonie in vier Sätzen, die etwa 42 Minuten dauert. Als Berlioz sie schrieb, erklärte er: „Ich fügte die Viola in meine poetischen Erinnerungen an meine Wanderungen in den Abruzzen ein, denn ich wollte das Instrument zu einer Art musikalischem Träumer machen, im Stil des *Childe Harold* von Byron. (Ein „Childe" war ein junger Mann von hohem Rang.) Die Komponisten haben immer die Worte der bewunderten Dichter ihrer Zeit vertont.

höchst ausdrucksvolle, weite, singende Klang des Instruments gefiel besonders den Komponisten der Romantik (1828–1900), die sich in das Cello geradezu verliebten. Seit dieser Zeit wurden viele Sonaten und Konzerte für Cello geschrieben; es entstand ein vielseitiges Solorepertoire, das durch die Auftritte großer Cellisten sehr populär wurde.

Das Cello ist wie eine schöne Frau, die mit der Zeit nicht älter wird, sondern jünger, schlanker, raffinierter und anmutiger.

Pablo Casals, 1957

Auch beim letzten und größten Instrument der Streicherfamilie, dem Kontrabaß, dauerte es länger, bis es zu einem ständigen Mitglied des Orchesters wurde. Das lag vor allem daran, daß es neben dem Kontrabaß noch lange seinen dreisaitigen Vorläufer gab, die Violone, deren Klang feiner war als bei den ersten Kontrabässen. Um 1800 hatten sich beide Instrumente vermischt: Erhalten blieben die abfallenden Schultern der Violone, aber die Bünde verschwanden.

Zu Beethovens Zeit war der Kontrabaß noch ein dreisaitiges Instrument; es wurde unter anderem von dem berühmten venezianischen Virtuosen Domenico Dragonetti (1763–1846) bei Konzerten in London gespielt. Wie bedeutend er war, kann man daran erkennen, daß er die gleichen Gagen erhielt wie die besten Sänger. Beethoven übertrug den Kontrabässen wichtige Melodien, besonders in seiner neunten Symphonie, wo sie das Hauptthema des letzten Satzes tragen.

Heute hat der Kontrabaß vier oder manchmal fünf Saiten und ist eine Oktave tiefer gestimmt als das Cello. Er spielt einige der tiefsten Töne im Orchester und gibt damit der Musik eine rhythmische Linie. Der Klang seines leichten Pizzicato (Zupfen) eignet sich ideal für den Jazz, und dort spielt er auch improvisierte Solopassagen (die „Breaks").

Man hat den Kontrabaß als „gefährlichen Spitzbuben und Elefanten" bezeichnet. Eines seiner berühmtesten Solos ist denn auch der Elefant im „Karneval der Tiere" von Saint-Saëns. Wegen seiner Größe und seines Klangcharakters haben die Instrumentenbauer versucht, noch gewaltigere Instrumente zu konstruieren. Das größte war John Goyers „Großbaß" von 1888: Er war über viereinhalb Meter hoch und mußte von zwei Musikern gespielt werden.

Die Klassik

1750–1828

Nachdem die Instrumentalmusik als eigenständige Gattung etabliert war, wurde das Orchester zu einer einheitlichen Musikergruppe mit den Holzbläsern als festem Bestandteil. Es entwickelten sich eigene Musikformen für Orchester, besonders Symphonien und Konzerte, und das Orchester bekam eine neue Wirkungsstätte: den Konzertsaal. Nachdem es möglich wurde, ein größeres Publikum anzusprechen, nahmen manche Komponisten die Gelegenheit wahr, als freie Unternehmer tätig zu werden; sie wollten von ihrer Musik leben, ohne sich von kirchlichen oder adligen Herren einschränken zu lassen.

Das Wort „klassisch“, mit dem man die Musikepoche von 1750 bis 1828 bezeichnet, läßt einen an erhabene Einfachheit und hervorragendes Können denken. Die Musik dieser Zeit veranschaulicht solche Vorstellungen; ihre Tendenz geht dabei mehr zu formaler Symmetrie als zu gefühlvollem Ausdruck.

Das Zeitalter war kosmopolitisch: Es gab französische Herrscher in Italien, deutsche Könige in England und italienische Dichter, die am deutschen Kaiserhof in Wien arbeiteten; sie alle trugen dazu bei, nationale Stilrichtungen zu verbreiten. J. J. Quantz faßte die neuen „internationalen“ Ideale zusammen: „Eine Musik, die angenommen und als gut angesehen wird, nicht nur in einem Land, sondern von vielen Völkern, muß jenseits aller Dispute die beste sein.“ In Europa entstand ein Gefühl weltweiter Brüderlichkeit, dem Beethoven später im letzten Satz seiner neunten Symphonie lebhaften Ausdruck verlieh. Diesen neuen Geist der Freiheit drückte Rousseau mit den Worten aus: „Der Mensch ist frei geboren und lebt doch überall in Fesseln.“

Es war das Zeitalter der Aufklärung; dieser Begriff bezeichnet eine vielschichtige philosophische Bewegung des 18. Jahrhunderts, deren Ziel es war, „einer möglichst großen Zahl von Menschen ein möglichst großes Maß an Glück zu verschaffen“, und zwar durch „die Freude an dem inneren Ich“.

Diese neue Denkweise war der Ausgangspunkt für viele theoretische Veröffentlichungen über Wissenschaft, Menschheitsgeschichte und Musik. Zwischen 1751 und 1772 schrieb Diderot eine achtundzwanzigbändige Enzyklopädie, die er als die umfassende Darstellung des damaligen menschlichen Wissens betrachtete. Im Jahr 1767 verfaßte Henri Rousseau ein *Wörterbuch der Musik,* und 1789 hatte Charles Burney seine erste *Geschichte der Musik* vollendet; darin schrieb er: „Musik ist ein unschuldiger Luxus, unnötig für unsere nackte Existenz, aber ein großer Fortschritt und ein Genuß für das Gehör.“

Musik zu verlegen, wurde zu einem großen Geschäft; man druckte Lehrbücher, aus denen einfache Leute lernen konnten, Flöte, Violine oder Klavier zu spielen oder ihre Lieblingsmelodien aus Opern zu singen. Ein Instrument zu spielen, wurde zu einer gesellschaftlichen Verpflichtung, und im Jahr 1753

Konzerte gab es schon im 6. Jahrhundert v. Chr. in Babylon; Nebukadnezars Orchester bestand damals aus Hörnern, Trompeten, Pfeifen, Leiern, Harfen und Schlaginstrumenten. Ein weiterer Meilenstein ist die Musikakademie in Bologna, die im Jahr 1482 Konzerte gab. In England fanden von 1672 an Konzerte in den Hinterzimmern von Wirtshäusern statt. Der Kohlenhändler Thomas Britten machte aus einem Speicherraum einen Konzertsaal und nahm einen Eintritt von einem Schilling für ein Konzert. Seit 1700 waren öffentliche Konzertreihen beliebt, wie z. B. in Paris von 1725 bis 1784 die Reihe der „Concerts spirituels“, für die Haydn sechs Symphonien schrieb. Es folgten Konzerte in Boston, New York und London, die zur Gründung vieler wichtiger Orchester führten.

George III. spielt Violine im Buckingham-Palast (1793).

schrieb Carl Philipp Emanuel Bach (1714–1788), ein Sohn von Johann Sebastian, einen *Versuch über die wahre Art das Clavier zu spielen.*

Als Unterhaltung eine öffentliche Angelegenheit wurde, entwickelten sich Komponisten zu Unternehmern, die öffentliche Konzerte gaben, um damit Geld zu verdienen. Bei solchen Gelegenheiten wurden die Berufsmusiker manchmal von Liebhabermusikern unterstützt. Die Virtuosen reisten von Stadt zu Stadt und gaben Konzerte. Die Komponisten, die bei Hof oft schlecht bezahlt worden waren, konnten nun ihre Musik in klingende Münze umsetzen, auch wenn das Leben des freischaffenden Künstlers selbst für ein Genie wie Mozart höchst unsicher war. Berufsmäßig ausgeführte Konzerte setzten sich ab 1750 sehr schnell durch, und in den folgenden 150 Jahren entstanden viele der heute noch führenden Orchester. Man baute neue Konzertsäle, und die vorhandenen Gebäude wurden den Bedürfnissen der Orchester und ihres wachsenden Publikums angepaßt.

Mitte des 18. Jahrhunderts gab es Opernhäuser in Italien, Deutschland und vielen anderen Teilen Europas. Die italienische Oper, in der virtuose Sänger für gewaltige Gagen reich verzierte „Da-Capo-Arien" zum besten gaben, war nicht mehr in Mode. In diesen Opern nahm die Instrumentalmusik hinter der Bühnenhandlung nur den zweiten Platz ein.

Die „Da-capo-Arie" war zu jener Zeit das wichtigste Merkmal der italienischen Oper; sie diente den Sängern dazu, ihre Virtuosität zu zeigen. Nachdem der Sänger die Arie einmal von Anfang bis Ende gesungen hatte, wiederholte er sie noch einmal, aber diesmal mit vielen Verzierungen und großem technischem Können. Wenn es in einer Oper mehrere solche Arien gab, kam der dramatische Ablauf völlig zum Stillstand.

Christoph Willibald Gluck (1714–1787) wollte das dramatische Gleichgewicht in der Oper wiederherstellen und ersetzte deshalb die langen, virtuosen Arien durch einfacheren Sologesang; außerdem koppelte er die einzelnen Musiknummern so, wie es dem Fortgang der dramatischen Handlung entsprach. Seine Ansichten legte er im Vorwort zu seiner Oper *Alceste* (1767) dar: Er wollte „die Musik auf ihre wahre Aufgabe beschränken, der Dichtung zu dienen und die Situationen der Handlung darzustellen". Die Instrumente sollten je nach Stärke und Leidenschaft der Worte eingesetzt werden – nicht nach der Geschicklichkeit ihrer Spieler, sondern danach, ob ihr Klang zum dramatischen Ablauf paßte.

Gluck übertrug dem Orchester in seinen Opern eine wichtigere Rolle und setzte es für viele verschiedene Wirkungen ein. Die Streicher müssen Tremolo spielen und die Saiten zupfen (Pizzicato); ihre Stimmen enthalten Tonleiter- und Arpeggiofiguren, und die Bratschen haben einen eigenständigen Part. Oboe, Flöte und Fagott haben interessantere Aufgaben, nur die Klarinetten spielen meist die gleiche Stimme wie die Oboen. Verstärkt werden die Harmonien durch Hörner und Posaunen.

Tremolo: schnelle Tonwiederholungen, die so rasch wie möglich gespielt werden; dient der dramatischen Wirkung.

Pizzicato: Bezeichnung für eine Spielweise der Streichinstrumente, bei der die Saiten mit den Fingern gezupft werden.

Aber was geschah mit der reinen Instrumentalmusik? Besonders populär war die Kammermusik in Form von Solosonaten (vor allem für Klavier), Streichquartetten und Liedern. Die Komponisten arbeiteten Instrumentalmusik zu Gesangsstücken um, indem sie vorhandenen Melodien einen Text unterlegten. Solche „Parodien" wurden zum ersten Mal Anfang des 18. Jahrhunderts von Carl Philipp Emanuel Bach und Quantz geschrieben und als Lieder bezeichnet. Zunächst waren es Melodien mit

Die Holzbläsergruppe des Orchesters: 2 Flöten, 2 Oboen, 2 Klarinetten und 2 Fagotte

Die längste Symphonie, die jemals geschrieben wurde, ist „Victory at sea" von Richard Rogers; sie dauert 13 Stunden. Nicht immer müssen in einer Symphonie Streicher vorkommen. John Cage schrieb 1964 eine Symphonie für zehn Blasinstrumente. Mozarts Vater komponierte eine für vier Hörner, Schrotflinte und Streicher. Und Eliott Carter schrieb 1976 eine Symphonie für drei Orchester.

einer einfachen Begleitung, aber hundert Jahre später hatte Schubert daraus höchst ausdrucksvolle Gesangsstücke mit anschaulicher Klavierbegleitung gemacht.

Das Concerto grosso, das in der Barockzeit sehr verbreitet gewesen war, machte nun der Symphonie und dem Solokonzert Platz, die zu den wichtigsten Formen der Orchestermusik wurden. Zur Entwicklung der Symphonie trugen viele Komponisten bei, und gleichzeitig wurde das Orchester zu einer einheitlichen Instrumentalgruppe.

Der Begriff „Symphonie" kommt aus dem Griechischen und bedeutet „Zusammenklang". Die Symphonie ist eine Art Sonate für Orchester, und sie entstand aus mehreren bereits vorhandenen Formen: der Opernouvertüre, der „sinfonia" für Instrumente und dem Concerto grosso. In der klassischen Periode bedeuteten die Begriffe Ouvertüre, Symphonie und Konzert nicht mehr das gleiche, sondern bezeichneten eigenständige Ausdrucksformen. Zwischen 1720 und 1810 sollen über 16 000

Die Sonatenhauptsatzform

Bezeichnung für die musikalische Struktur innerhalb eines Satzes. Der erste Satz klassischer Symphonien ist oft in dieser Form geschrieben.

Exposition: Der Eröffnungsteil; der Komponist führt die Themen ein, die er verwenden will. Er erfindet zwei Themen, denen manchmal eine langsame Einleitung vorausgeht.

Erstes Thema: Das Hauptthema in der Grundtonart (Tonika).

Überleitung: Eine kurze Passage, die sich aus dem ersten Thema entwickelt und durch einen Tonartwechsel hinführt zum

zweiten Thema: Es bildet einen Gegensatz zum ersten Thema und steht in der Dominanttonart.

Coda: ein kurzer Abschnitt, der die Exposition abschließt.

Die Exposition wird normalerweise wiederholt. Danach folgt die

Durchführung: Der Komponist verarbeitet die beiden Themen und entwickelt sie weiter – ein Abenteuer für den Zuhörer.

Reprise: Die große Wiederholung der beiden Themen in der Anfangsform; jetzt stehen beide Themen in der Grundtonart (Tonika).

Coda: Meist länger als der erste Abschlußteil, beschließt diesmal den Satz.

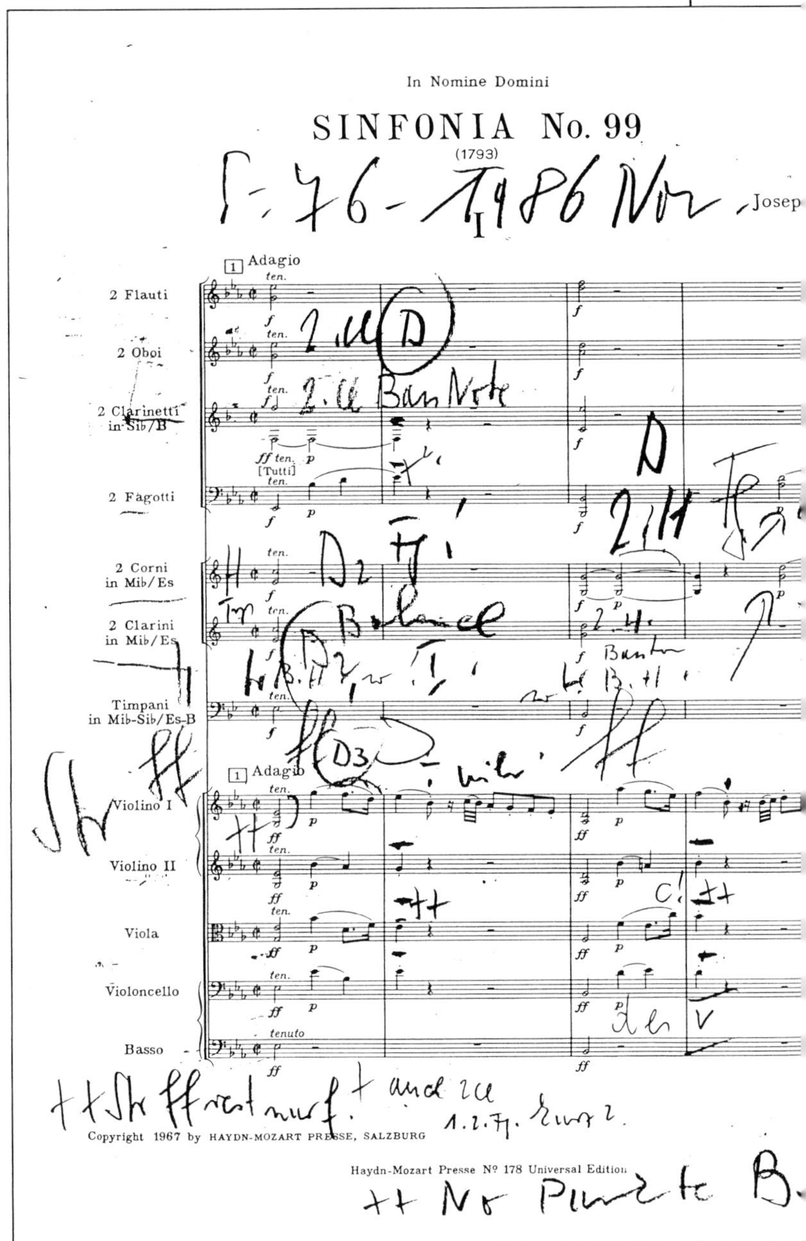

Rechts Die erste Seite aus Sir Georg Soltis Dirigierpartitur der Symphonie Nr. 99 von Haydn

Symphonien geschrieben worden sein. In den ersten Jahren der Klassik übertrugen die Komponisten dabei oft den Streichern den wichtigsten musikalischen Anteil; die Bläser dienten vor allem dazu, durch Füllharmonien die Streicher zu verstärken. Als aber die Holzblasinstrumente nach und nach verbessert wurden, erhielten sie in den Symphonien immer öfter auch wichtige Solopassagen.

Zum Mannheimer Orchester gehörten je zwei Holzbläser, darunter auch die damals ganz neuen Klarinetten. Im Jahr 1756 umfaßte das Orchester 20 Violinen, 4 Bratschen, 4 Celli, 4 Kontrabässe, 2 Flöten, 2 Oboen, 2 Klarinetten, 2 Fagotte, 4 Hörner, eine Trompete und 2 Pauken. Komponisten wie Mozart staunten über die Arbeit dieses Orchesters, besonders darüber, daß Klarinetten ständig dazugehörten.

Daß das Orchester zu einer stets mehr oder weniger gleichen Musikergruppe wurde, war zum Teil das Verdienst des Mannheimers Johann Wenzel Stamitz (1717–1757). Das Orchester des Kurfürsten Carl Theodor von der Pfalz, der in Mannheim residierte, galt damals als das beste in Europa. Der Herrscher war ein äußerst wohlhabender Musikfreund. Er engagierte den jungen Stamitz als ersten Geiger, und 1750 ernannte er ihn zum Hofkapellmeister. Mit der Unterstützung seines Dienstherrn stellte Stamitz ein Orchester aus einzelnen Virtuosen zusammen, die zum größten Teil auch selbst komponierten. Gemeinsam gingen sie daran, das Orchester als einheitlichen Klangkörper weiterzuentwickeln. Ihr Spiel war so perfekt, daß der Engländer Dr. Burney nach einem Konzert einmal im Scherz bemerkte, sie seien „eine Armee von Generälen, die einen Kampf ebensogut planen wie ausführen können". Andere bewunderten das *forte* des Orchesters als Donner, sein *crescendo* als Wasserfall, das *diminuendo* als Murmeln eines Baches und das *piano* als das „Knistern des Frühlings". All das trug dazu bei, daß die Orchestermusik interessanter und unterhaltsamer wurde.

Das Mannheimer Orchester trug viel dazu bei, daß die Qualität des Instrumentalspiels sich in ganz Europa verbesserte, und in Mannheim begann man auch, die Symphonie von drei auf vier Sätze zu erweitern. Stamitz selbst schrieb über 50 Symphonien, die zusammen mit den Kompositionen seiner Musikerkollegen in London, Paris und Amsterdam veröffentlicht wurden.

Unter allen Musikern der damaligen Zeit ragen aber zwei Komponisten hervor, die zu Beginn der klassischen Epoche geboren wurden; ihre Bedeutung liegt sowohl in ihrer musikalischen Genialität als auch in dem Beitrag, den sie zur Entwicklung der Orchestermusik geleistet haben.

Haydn und Mozart erblickten in Österreich das Licht der Welt, Haydn 1732 in Wien und Mozart 24 Jahre später, also 1756, in Salzburg. Mozarts kurze Lebensspanne liegt in der Mitte von Haydns langer und ruhmreicher Karriere.

Haydn (1732–1809) verbrachte den größten Teil seines Lebens als Angestellter am Hof der ungarischen Fürsten Esterházy; später verließ er jedoch seinen Dienstherrn und gab in London öffentliche Konzerte. Mehr als jeder andere entwickelte er die Symphonie zu einer beliebten Form der musikalischen Unterhaltung und das Streichquartett als Form der Kammermusik. Haydn wird oft als „Vater der Symphonie" bezeichnet. Man glaubt heute, daß er 106 Symphonien geschrieben hat (früher kannte man nur 104), aber die Musikwissenschaftler finden immer noch neue Manuskripte.

Seinen Erfindungsreichtum schrieb Haydn der Tatsache zu, daß er am Hof der Fürsten Esterházy beschäftigt war. Er sagte: „Ich war von der Welt abgesondert, und so mußte ich original werden."

Prinz Anton stellte Haydn ein ständiges Orchester von etwa 25 Musikern zur Verfügung, und der Komponist hatte jeden Mittag beim Fürsten zu erscheinen, um Anweisungen entgegenzunehmen:

> Mein Fürst war mit allen meinen Arbeiten zufrieden, ich erhielt Beifall, ich konnte als Chef eines Orchesters Versuche machen, beobachten, was den Eindruck hervorbringt und was ihn schwächt, also verbessern, zusetzen, wegschneiden, wagen.

Prinz Anton starb ein Jahr, nachdem Haydn in seine Dienste getreten war. Nun übernahm Nikolaus den Hof, ein Bruder Antons und ebenfalls ein Musikliebhaber. Als er von einer Reise nach Versailles zurückkam, entschloß er sich, selbst einen Palast im gleichen Stil zu bauen, und so wurde für eine Summe, die heute sechs Millionen DM entsprechen würde, das Schloß Esterháza errichtet. Es sollte ursprünglich eine Sommerresidenz sein, aber der Prinz und sein ganzer Hof verbrachten dort nach und nach immer mehr Zeit. Das Schloß hatte eine große Bibliothek, eine

Symphonie No. 45, die „Abschiedssymphonie": Haydn wollte seinem Dienstherrn klarmachen, daß die Sommerbelustigungen vorüber waren und man in die Stadt zurückkehren solle. Die Musiker wollten ihre Familien wiedersehen, nachdem sie den ganzen Sommer auf dem Land verbracht hatten. Im letzten Satz dieser Symphonie weist Haydn die Musiker an, die Kerzen an ihren Notenständern auszublasen und das Podium zu verlassen, sobald sie zu Ende gespielt haben. So wird die Zahl der Instrumente immer kleiner, bis zuletzt nur noch zwei Violinen auf der Bühne zurückbleiben. Fürst Esterházy verstand den Wink sofort.

Rechts Die Flöte

Kunstgalerie, ein Theater- und Opernhaus, einen Konzertsaal und 126 Gästezimmer.

Haydn führte in dem Schloß ein angenehmes, aber auch arbeitsreiches Leben. Sein Orchester gab zweimal wöchentlich ein zweistündiges Konzert, und dafür schrieb der Komponist in den ersten vier Jahren seiner Anstellung 20 Symphonien. Die Stücke enthalten viele kunstvoll gestaltete Solopartien für die einzelnen Musiker, die so die Gelegenheit hatten, dem Prinzen ihre musikalischen Fähigkeiten zu zeigen. Haydn gab sich bei seiner Arbeit viel Mühe und wurde allgemein sehr respektiert. Aus diesem Grund gab man ihm auch den Spitznamen „Papa Haydn".

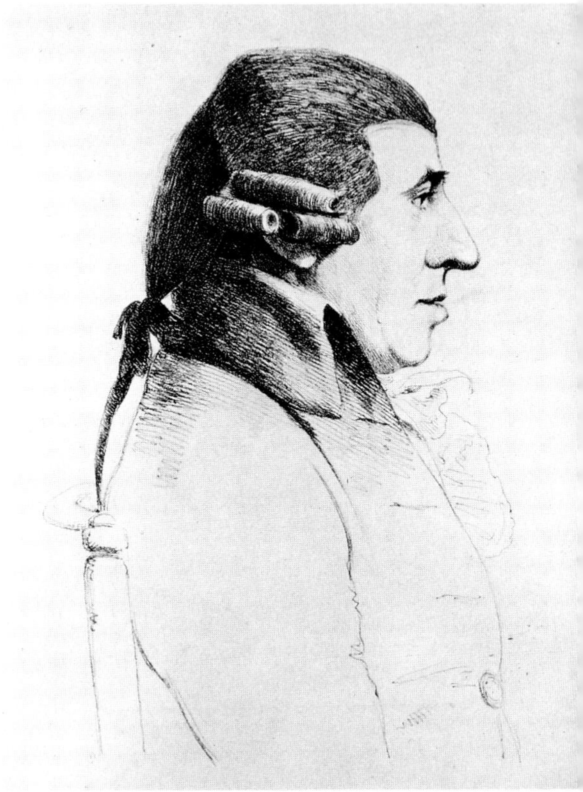

Joseph Haydn

Auch viele seiner Kompositionen erhielten im Laufe der Jahre Spitznamen; manche davon stammen vom Komponisten selbst, aber andere wurden auch später hinzugefügt, weil das Stück irgendeine besondere Eigenheit hatte oder weil mit seiner Komposition ein außergewöhnliches Ereignis verbunden war.

Das beste Beispiel dafür sind Haydns Symphonien: Sie tragen Namen wie „Abschiedssymphonie", „Der Schulmeister", „Oxforder Symphonie", „Symphonie mit dem Paukenschlag", „Die Uhr" und „Symphonie mit dem Paukenwirbel". Haydn schrieb alle seine Symphonien mit Ausnahme der letzten zwölf in den Jahren zwischen 1760 und 1788 am Esterházy-Hof; das dortige Orchester bestand aus Streichern, einer Flöte, zwei Oboen, zwei Fagotten, zwei Hörnern und einem Cembalo. Gelegentlich kamen Trompeten und Pauken hinzu. Das Cembalo hat vor allem in den ersten 40 Symphonien eine wichtige Funktion, und Haydn dirigierte während der ganzen Zeit im Hause Esterházy von dort aus das Orchester. Später in London saß er dabei am Klavier, das damals ein ganz neues Instrument war. Von seinen 104 Symphonien schrieb er die Nummern 82 bis 87 für eine besondere Konzertsaison in Paris, und deshalb sind diese Stücke auch als „Pariser Symphonien" bekannt. Nummer 92, die „Oxforder Symphonie", schrieb er für die Universität Oxford, als ihm dort 1791 die Ehrendoktorwürde verliehen wurde. Die Nummern 93 bis 104 schließlich, „Londoner" oder „Salomon-Symphonien" genannt, gab der Geiger und Konzertveranstalter

Johann Peter Salomon zwischen 1791 und 1795 für Konzerte in London in Auftrag.

Die ersten wichtigen Symphonien sind die Nummern 6, 7 und 8, denen Haydn die Namen „Le Matin“ (Der Morgen), „Le Midi“ (Der Mittag) und „Le Soir“ (Der Abend) gab. „Le Matin“ beschreibt den Sonnenaufgang, und in „Le Soir“ wird ein Sturm nachempfunden. Haydn schrieb in diesen Symphonien besondere Solopassagen für Violine und Cello, wobei manchmal ein ganzer Satz einem dieser Instrumente gewidmet ist. Auch den Holzbläsern übertrug er ausgefeiltere Solostellen; Haydn übernahm solche Passagen von den Holzbläserdivertimenti, die im Freien gespielt wurden, und fügte sie in seine Symphonie ein. Außerdem führte er zum ersten Mal das Menuett ein, das sich später in allen seinen Symphonien findet, und er gab sich viel Mühe, jedem Stück seinen eigenen, unverwechselbaren Charakter zu verleihen.

Divertimenti oder Serenaden
Es handelte sich um Instrumentalstücke für private Anlässe wie Hochzeiten, Geburtstagsfeiern oder Gartenfeste, und man verwendete dazu Streich- und Blasinstrumente. Die Holzbläser waren dafür besonders geeignet, weil sie im Freien besser klangen. Mozart komponierte viele Divertimenti. Das bekannteste trägt den Titel *Eine kleine Nachtmusik* (KV 525) und wurde ursprünglich für Streichquartett geschrieben; heute wird es meist von einem kleinen Streichorchester gespielt.

Haydn schrieb seine Symphonien meist in vier Sätzen: Am Beginn steht zuerst ein schneller und dann ein langsamer Satz, dann folgt ein Menuett mit Trio (in einem Satz), und den Schluß bildet ein schnelles Finale. In den späteren Symphonien beginnt der erste Satz fast immer mit einer langsamen Einleitung. Der erste Satz mit seinen zwei Themen folgt der „Sonatenhauptsatzform“. Haydn schrieb seine Symphonien zur Unterhaltung, und die Reihenfolge der Sätze hatte den Zweck, die Zuhörer auf eine Reise mitzunehmen – der musikalisch ernstere Aspekt sollte in den beiden ersten Sätzen dargeboten werden, auf die dann ein entspannendes, leichtfüßiges Menuett und ein mitreißendes Finale folgten. Dies sind die Hauptmerkmale der klassischen Symphonie.

In den Jahren 1771 bis 1774 wurden Haydns Symphonien düsterer und dramatischer, angeregt durch die Literaturepoche des „Sturm und Drang“, die sich aus der Philosophie der Aufklärung entwickelte. Diese Symphonien sind auch länger als ihre Vorgänger und enthalten besondere Wirkungen, zum Beispiel unerwartete Übergänge von laut nach leise.

Haydn wußte sehr genau, wie er die Menschen unterhalten konnte, und er hatte einen ausgeprägten Sinn für Humor. So

wußte er auch, daß die Zuhörer während der langsamen Sätze häufig einschliefen. Die Symphonie Nummer 94 ist heute als die „Symphonie mit dem Paukenschlag“ oder auch als „Überraschungs-Symphonie“ bekannt, weil bei ihr in einer leisen, zarten Passage mitten im langsamen Satz plötzlich ein lauter Akkord mit einem Paukenschlag erklingt. Haydn, der möglicherweise fürchtete, seine Zuhörer zu beleidigen, bestritt allerdings energisch, er habe diesen Akkord geschrieben, um das Londoner Publikum aufzuwecken.

Haydns Streichquartette sind ebenso wichtig wie seine Symphonien. Das Streichquartett ist eine Kammermusikgruppe aus zwei Violinen, Viola und Violoncello. In den Quartetten erfand Haydn einen weiteren Scherz, die falsche Reprise. Er foppte sein Publikum, indem er so tat, als komme nun die Wiederholung des Hauptthemas, die den Schluß des Satzes einleitet; dann aber

Oben Haydn spielt in einem Streichquartett

Rechts Mozart im Alter von sechs Jahren

überlegte er es sich anders und variierte die anderen Themen noch weiter, bevor die wirkliche Reprise einsetzte.

Wolfgang Amadeus Mozart (1756–1791) hatte ein wesentlich schwereres Leben als Haydn. Er war ein Wunderkind und reiste mit seinem Vater und seiner Schwester durch ganz Europa, um Konzerte zu geben. Kurze Zeit war er bei einem Dienstherrn, dem Erzbischof von Salzburg, angestellt, aber dann ging er als freischaffender Komponist nach Wien. Er starb bereits mit 35 Jahren und ließ seine Familie in Armut zurück; erst später feierte man ihn als einen der größten Komponisten aller Zeiten. Sein hervorragendes Können umfaßte alle Formen der Musik, besonders aber Konzerte und Sonaten für Klavier, Streichquartette, Symphonien und Opern. Er schrieb, soweit wir heute wissen, 41 Symphonien, aber auch hier meinen manche Historiker, es seien möglicherweise bis zu 50 gewesen.

Mozart begann schon in sehr jungen Jahren mit dem Komponieren. Auf einer Konzertreise in den 60er Jahren des 18. Jahrhunderts wurde sein Vater krank und verbot das Spielen von Musikinstrumenten im Haus, weil er Ruhe und Erholung brauchte; Mozart begann statt dessen, zu komponieren. Mit der Hilfe von J. S. Bachs Sohn Johann Christian, der damals in London lebte, schrieb Mozart seine ersten drei Symphonien; bei der ersten war er erst acht Jahre alt. Als Achtzehnjähriger hatte er bereits 29 Symphonien komponiert. Die ersten 30 sind meist sehr kurz, manche dauern nur zehn Minuten. Die drei letzten (Nummer 39, 40 und 41), die viel länger und ausgereifter sind, schrieb er 1788 in bemerkenswert kurzer Zeit.

Mozart hatte Schwierigkeiten, eine Anstellung zu finden, vielleicht weil er für Führungspositionen zu jung und für Nachwuchsstellen zu qualifiziert war. Als er 21 Jahre alt war, nahm seine Mutter ihn mit auf eine Reise nach München, Mannheim (wo er zum ersten Mal das Orchester von Stamitz kennenlernte) und Paris, um Arbeit zu suchen. Aber sie hatten nirgendwo Erfolg. In Paris schrieb er eine Symphonie „im französischen Stil", wohl in der Hoffnung, das dortige Publikum anzusprechen, aber man war nicht so beeindruckt, daß man ihm eine Stelle gegeben hätte.

Als seine Mutter starb, kehrte Mozart nach Salzburg zurück, und dort verschaffte ihm sein Vater 1779 eine Stellung am Hof des Erzbischofs. Im folgenden Jahr gab ihm die Münchner Hofoper den Auftrag, eine Oper zu schreiben, und der Erzbischof entband ihn von seinen Salzburger Verpflichtungen, damit er nach München gehen und die Oper auf die Bühne bringen konnte. Es war der *Idomeneo.* Das Verhältnis zwischen Mozart und dem Erzbischof war problematisch. Während der Arbeit am *Idomeneo* wurde Mozart nach Wien gerufen, wo er dem Erzbischof, der dort gerade zu Besuch war, Gesellschaft leisten sollte. Der junge Komponist mischte sich zwar unter die feine Gesellschaft, aber zum Abendessen mußte er bei den Dienstboten sitzen; das ärgerte ihn derart, daß er seinen Abschied einreichte. Der Erzbischof nahm an.

Mozart entschloß sich, in Wien zu bleiben; er wollte versuchen, sich seinen Lebensunterhalt als freischaffender Komponist zu verdienen. Dazu nutzte er alle Möglichkeiten des gerade in Gebrauch gekommenen Klaviers: Um Geld zu verdienen, schrieb er Sonaten und Konzerte und führte sie öffentlich auf. Er komponierte Stücke auf Bestellung oder für besondere Gelegenheiten. Zwischen 1784 und 1786 schrieb er zwölf Klavierkonzerte, und in den Kreisen der Wiener Aristokratie war er als Pianist sehr gefragt.

Mozarts Konzerte sind, was die Behandlung des Orchesters angeht, ebenso wichtig wie seine Symphonien und Opern. Er setzte die klassische Konzertform durch, besonders in seinen 27 Klavierkonzerten. Das Klavier ist darin eine gleichberechtigte Stimme, welche die anderen Instrumente des Orchesters und vor allem die Holzbläser ergänzt. Diese Werke zeigen aber auch Mozarts hervorragenden Erfindungsreichtum.

Einer von Mozarts größten Beiträgen zur Instrumentalmusik war sein geniales Geschick, wunderbare Melodien zu schreiben, in denen die Gesangsqualität der Instrumente zur Geltung kommt. Wenn man solche Melodien hört, kann man sich leicht vorstellen, daß er beim Komponieren einen Sänger im Sinn hatte. Ein Beispiel dafür ist das Klarinettenkonzert. Mozart soll gesagt haben: „Melodie ist die eigentliche Essenz der Musik.

Wenn ich mir eine schöne Melodie vorstelle, denke ich an ein schönes Rennpferd."

Als Mozart zum ersten Mal mit Haydn zusammentraf, hatte er gerade in Wien einige Erfolge gehabt. Es war im Jahr 1781: Haydn war 50 Jahre alt, und Mozart war 25; sie wurden sofort Freunde und bewunderten gegenseitig ihre Werke. Mozart war von Haydns Streichquartetten op. 33 so begeistert, daß er selbst einen Zyklus von sechs Streichquartetten schrieb, die er Haydn widmete; drei davon führte er 1785 bei einem privaten Konzert in Wien auf. Haydn hörte zu und schrieb anschließend an Mozarts Vater:

> Ich sage Ihnen vor Gott als ein ehrlicher Mann, Ihr Sohn ist der größte Komponist, den ich von Person und dem Namen nach kenne.

Mozart, seine Schwester und der Vater Leopold reisten oft gemeinsam durch Europa, um öffentlich aufzutreten. Leopold war selbst Komponist und sehr darauf bedacht, seinen Sohn zu einem hervorragenden Musiker zu machen; er schrieb ihm schon in jungen Jahren einen strengen Zeitplan für die Konzerte vor.

Im Jahr 1786 bot die Wiener Hofoper Mozart einen Auftrag für die Komposition einer weiteren Oper an. Mozart wollte eine komische Oper schreiben und ging auf die Suche nach einem geeigneten Stoff; dabei lernte er den Dichter Lorenzo da Ponte kennen, der später die Libretti für viele seiner Opern schrieb. Sie wählten ein Werk von Beaumarchais mit dem Titel *Die Hochzeit des Figaro* aus.

Das Theaterstück war verboten worden, weil man es als eine Satire über den Adel betrachtete, aber wie alles Verbotene erlangte es dadurch nur um so größere Bekanntheit. Mozart und da Ponte überzeugten den Kaiser Joseph II., daß eine Oper mit diesem Inhalt niemanden beleidigen würde. Nachdem sie die Erlaubnis zum Weitermachen erhalten hatten, schrieben sie die gesamte Oper in sechs Wochen. Sie wurde ein großer Erfolg. Nachdem Haydn *Die Hochzeit des Figaro* gehört hatte, entschloß er sich, keine Opern mehr zu schreiben, denn er wußte, daß er den Glanz von Mozarts Werken nicht erreichen konnte. Als er 1787 gebeten wurde, für Prag eine Oper zu komponieren, schrieb Haydn eine ablehnende Bemerkung an die Direktion des dortigen Theaters und empfahl ihr dringend, Mozart den Auftrag zu geben:

Im Jahr 1782 heiratete Mozart Konstanze Weber. Sie hatten sechs Kinder, von denen aber nur zwei am Leben blieben. Konstanze selbst war oft krank und fuhr regelmäßig zur Kur nach Baden bei Wien. Wegen dieser häufigen Reisen wirft man ihr oft vor, sie habe ihren Mann vernachlässigt, aber aus den Briefen der beiden kann man nur ablesen, daß sie einander sehr zugetan waren.

Liebstes Weibchen!
Unterdessen der Fürst im Pferde-Handel begriffen ist, ergreif ich mit Vergnügen diese Gelegenheit um Dir, Herzensweibchen, ein paar Worte zu schreiben. Wie geht es Dir? Denkst Du wohl auch so oft auf mich, wie ich auf Dich? Alle Augenblicke betrachte ich Dein Portrait und weine halb aus Freude, halb aus Leide! Erhalt mir Deine mir so werte Gesundheit und lebe wohl, Liebe! Habe keine Sorgen meinetwegen, denn auf dieser Reise weiß ich nichts von Ungemach, von Verdrüßlichkeit . . . Adieu, ich küsse Dich Millionen Mal auf das zärtlichste und bin ewig Dein

stu-stu-Mozart

Mozart schrieb am 13. November 1777 einen Brief an seinen Vater, in dem er sich beschwerte, daß man ihm als Bezahlung nicht Geld, sondern Uhren gab:

Auf der Reise braucht man Geld. Nun habe ich mit dero Erlaubnis fünf Uhren. Ich habe auch kräftig im Sinn mir an jeder Hosen noch ein Uhrtäschel machen zu lassen, und wenn ich zu einem großen Herrn komme, beide Uhren zu tragen, damit nur keinem mehr einfällt, mir eine Uhr zu verehren.

Prag soll den teuern Mann festhalten – aber auch belohnen; denn ohne dieses ist die Geschichte großer Genien traurig und gibt der Nachwelt wenig Aufmunterung zum ferneren Bestreben; weßwegen leider so viele hoffnungsvolle Geister darnieder liegen. Mich zürnet es, daß dieser einzige Mozart noch nicht bei einem kaiserlichen oder königlichen Hofe engagiert ist! Verzeihen Sie, wenn ich aus dem Geleise komme; ich habe den Mann zu lieb.

Leopold Mozart (Mozarts Vater) in einem Brief am 28. April 1786 an seine Tochter:

Heute den 28ten geht deines Bruders Opera Le Nozze di Figaro das erste Mal in Szene. Es wird viel sein, wenn er reüssiert, denn ich weiß, daß er erstaunlich starke Cabalen wider sich hat. Salieri mit seinem ganzen Anhang wird wieder Himmel und Erde in Bewegung zu bringen sich alle Mühe geben.

Komische Oper: In jener Zeit wurde eine neue Form der Oper geschaffen, die den volkstümlichen Geschmack stärker ansprechen sollte. Man strebte nicht mehr nach der italienischen „Opera seria" (ernste Oper), sondern man bevorzugte den leichteren, komischen Stil der „Opera buffa".

Mozart hatte zwar zu Lebzeiten mit seinen Opern nicht immer Erfolg, aber heute zählt man sie zu den bedeutendsten, die jemals geschrieben wurden. Nach der Premiere des *Don Giovanni* 1788 in Wien bemerkte Haydn: „Mozart ist der größte Komponist, den die Welt besitzt".

Mozart war oft zu Gast im Hause des Barons Gottfried von Swieten, der ein großer Musikliebhaber war. Jeden Sonntagmorgen wurden in seinem Haus die Werke von Bach und Händel gespielt. Mozart schrieb an seine Schwester:

Baron von Swieten, zu dem ich alle Sonntage gehe, hat mir alle Werke des Händels und Sebastian Bach, nachdem ich sie ihm durchgespielt, nach hause gegeben. Als die Konstanze (Mozarts Frau) die Fugen hörte, war sie ganz verliebt darein. Sie will nichts als Fugen hören . . . Weil sie mich nun öfters aus dem Kopfe Fugen spielen gehört hat, so fragte sie mich, ob ich noch keine aufgeschrieben hätte? Und als ich ihr Nein sagte, so zankte sie mich recht sehr, daß ich eben das künstlichste und schönste in der Musik nicht schreiben wollte; und gab mit bitten nicht nach, bis ich ihr eine Fuge aufsetzte, und so ward sie.

Dank der Arbeit von Komponisten in Mannheim, Paris und Wien wurden die Orchester immer größer, und im gleichen Maß schrieb Mozart auch Symphonien für immer größere Besetzungen. In seinen ersten Symphonien benutzt er Streicher, zwei Oboen, zwei Hörner und gelegentlich noch zwei Trompeten; die Symphonie Nr. 35 von 1782 jedoch, die auch „Haffner-Symphonie" genannt wird, verlangt ein Streichorchester, je zwei Flöten, Oboen, Klarinetten, Fagotte, Hörner sowie Trompeten und Pauken.

Ein wichtiges frühes Werk war die Sinfonia concertante KV 364 für Violine, Bratsche und Orchester. Die Form der Sinfonia concertante, eines Konzerts für mehrere Instrumente, war besonders in Paris beliebt, wo Mozart ein Jahr zuvor zu Besuch gewesen war. Bei der Uraufführung des Stücks bat Mozart darum, die Bratsche etwas höher zu stimmen, damit sie strahlender klang und nicht von der Violine in den Schatten gestellt werde.

Mozarts Werke sind numeriert; vor jeder Nummer steht die Abkürzung KV für „Köchel-Verzeichnis"; der Name erinnert an Ludwig Köchel, einen Gelehrten des 19. Jahrhunderts, der Mozarts Werke in der Reihenfolge ihrer Entstehung mit Zahlen versah.

Während Mozart in Wien ohne feste Anstellung arbeitete, war Haydn immer noch am Hofe der Fürsten Esterházy tätig. Aber sein Dienstherr, Nikolaus von Esterházy, starb im September 1790, und der neue Prinz, der sich nicht im gleichen Maße für Musik interessierte, ließ ihm erheblich mehr Freiheiten. Haydn ging nach Wien. Er war gerade dort angekommen, da bot ihm der Konzertveranstalter Peter Salomon Arbeit in London an. Salomon, ein deutscher Geiger, war nach Wien gekommen, weil er Haydn und Mozart überreden wollte, bei seinen Konzerten in London aufzutreten. Man kam überein, daß Haydn die erste Saison übernehmen sollte, und Mozart, der im ersten Jahr zu beschäftigt war, im zweiten hinzukommen sollte.

Als Salomon und Haydn am 15. Dezember dieses Jahres nach London abreisten, war Mozart kerngesund, aber er sagte etwas Seltsames, das ein Schüler Haydns später in einem Brief wiedergab:

> Eine zeitlang hatte Mozart eine Art Vorahnung von seinem Tod. Ich erinnere mich, wie Meister Haydn mir sagte: Gegen Ende 1790, als er seine erste Reise nach London antrat, sagte Mozart ihm mit Tränen in den Augen Lebewohl, und er sagte: „Ich fürchte, mein Papa, dies ist das letzte Mal, daß wir uns sehen." Haydn, der viel älter war als Mozart, glaubte, damit seien sein eigenes Alter und die Gefahren der Reise gemeint.

Johann Peter Salomon

Ein Jahr später war Mozart tot, gestorben mit gerade 35 Jahren. Haydn konnte es zunächst nicht glauben. Er schrieb an Johann Puchberg, einen Freimaurerkollegen, der Mozart in den beiden letzten Jahren seines Lebens sehr geholfen hatte:

Mozart litt als Kind an rheumatischem Fieber und war deshalb nie von besonders robuster Gesundheit. In den Monaten vor seinem Tod überarbeitete er sich – er war gleichzeitig mit der *Zauberflöte* und dem *Requiem* beschäftigt –, und seine Rheumasymptome kehrten wieder. Über die Ursache seines Todes gab es viele Diskussionen. Da sein Körper nach dem Tod geschwollen war, glaubte man, er sei vergiftet worden – entweder von Salieri in einem Anfall von Neid, oder von den Freimaurern, weil er in der *Zauberflöte* ihre Geheimnisse offenbart hatte. Damals war es allgemein üblich, Patienten zur Ader zu lassen, wenn man sie heilen wollte, und deshalb hält man es heute für am wahrscheinlichsten, daß sein Arzt ihm einfach zu viel Blut abnahm. Auch darüber, daß Mozart in einem Massengrab beigesetzt wurde, hat man sich immer wieder erregt, aber dies war damals die normale Art der Bestattung. Kaiser Joseph II. hatte die Richtlinien in einem „Dekret über Religions- und Polizeiangelegenheiten" festgelegt; danach war es wirtschaftlicher und hygienischer, mehrere Leichen in einem Grab zu beerdigen. Es war auch verboten, Särge zu vergraben oder Grabsteine zu errichten.

> Ich war über Mozarts Tod eine geraume Zeit ganz außer mir und konnte es nicht glauben, daß die Vorsicht so schnell einen unersetzlichen Mann in die andere Welt fordern sollte. Nur allein bedaure ich, daß er nicht zuvor die noch dunklen Engländer darin hat überzeugen können, wovon ich denselben täglich predige. Sie werden, mein bester Freund, die Güte haben, mir das Verzeichnis der noch nicht hier bekannten Stücke zu schicken, ich werde mir alle erdenkliche Mühe geben, solche der Witwe zum Besten zu befördern.

Zwischen 1891 und 1895 komponierte Haydn zwölf Symphonien, alle für zwei Londoner Konzertwinter. Er teilte sich die Leitung des Orchesters mit Salomon, der die erste Geige spielte, während Haydn „am Klavier residierte". Oft spielte er zusätzliche Verzierungen – zur Begeisterung seines Publikums, das ihn gern hörte. Das Orchester war größer, als Haydn es gewohnt war: Es umfaßte ungefähr 40 Musiker, fast doppelt so viele, wie er am Esterházy-Hof zur Verfügung gehabt hatte. Der *Morning Chronicle* berichtete mit großer Begeisterung über die Eröffnung der ersten Konzertsaison:

> Gestern abend fand das erste Konzert unter Haydns Leitung statt, und vielleicht gab es noch nie ein reichhaltigeres musikalisches Vergnügen. Es war wunderbar, und für Seelen, die sich von Musik anrühren lassen, dürfte Haydn ein Objekt der Verehrung, ja sogar der Vergötterung sein, denn wie unser Shakespeare bewegt und lenkt er die Leidenschaften, wie er will. Seine neue Große Ouvertüre (eine Symphonie) wurde von jedem wissenden Hörer zur großartigsten Komposition erklärt. Sie hat vier Sätze, Allegro – Andante – Menuett – und Rondo. Alle sind wunderschön, und das Orchester spielte sie mit bewundernswerter Korrektheit. Wir waren glücklich, als wir sahen, wie gut das Konzert an diesem ersten Abend besucht war. Und wir können nicht unser ängstliches Hoffen verleugnen, daß das erste musikalische Genie unserer Zeit durch unser freiheitliches Willkommen vielleicht bewogen werden könnte, seinen Wohnsitz in England zu nehmen.

Haydn kehrte nach der ersten Londoner Saison nach Wien zurück und begann, an den letzten sechs Symphonien für das kommende Jahr zu arbeiten. Die Nummer 99 komponierte er im

Jahr 1799 in großer Trauer über den Tod seiner Freundin Marianne von Genzinger. Neben anderen Werken soll auch der langsame Satz dieser Symphonie von ihr inspiriert worden sein. Ihre Uraufführung in London war eine Sensation, denn nach einem Bericht des *Morning Chronicle* „war die Wirkung der Blasinstrumente (zu denen erstmals auch Klarinetten gehörten) im zweiten Satz bezaubernd; die Oboe und die Flöte waren sehr gut eingestimmt, und das Fagott war in jeder Hinsicht vollkommener und wunderbarer, als man je zuvor ein Blasinstrument gehört hatte".

Nach dem Ende seiner zweiten Londoner Saison ging Haydn wieder nach Wien an den Esterházy-Hof. Der neue Prinz Nikolaus war an Musik nicht in demselben Maß interessiert wie sein Vater, die Sommerresidenz in Esterháza war verfallen, und die Familie war wieder nach Eisenstadt gezogen. Nach seinem Erfolg in London konnte sich Haydn zunächst nur schwer wieder an seine alten Verwaltungsaufgaben gewöhnen; er wandte sich der Komposition geistlicher Werke zu, von denen *Die Schöpfung* und *Die Jahreszeiten* am berühmtesten wurden.

Vor seiner Abreise aus London hatte Haydn in der Westminster Abbey eine Aufführung von Händels *Messias* gehört, bei der ein gewaltiges Orchester und ein großer Chor mitwirkten; dieses Erlebnis veranlaßte ihn vermutlich, seine großen Chorwerke zu schreiben. *Die Schöpfung* war Haydns erstes geistliches Werk, in dem er nicht einen lateinischen, sondern einen deutschen Text verwendete. Man zeigte ihm ein Libretto für ein Oratorium, das auf Miltons Epos *Paradise Lost* beruhte; es war für Händel geschrieben worden, aber der hatte es nie vertont. Die Uraufführung der *Schöpfung* fand 1798 im Schwarzenberg-Palais in Wien statt und wurde ebenso begeistert aufgenommen wie seine Konzerte in London. Haydn ahmte den Stil des erfolgreichen Londoner Händel-Festivals nach und setzte insgesamt 180 Musiker ein; das Publikum soll von der Größenordnung der Aufführung völlig überwältigt gewesen sein. Es war das erste Mal, daß Haydn in seiner Heimatstadt wirklich Erfolg hatte. Spätere Aufführungen der *Schöpfung* brachten ihm große Geldbeträge ein, und er erhielt Ehrungen aus ganz Europa.

Haydn beschreibt seine Ankunft in London:

Meine Ankunft verursachte großes Aufsehen durch die ganze Stadt. Durch drei Tag wurd' ich in allen Zeitungen herumgetragen: Jedermann ist begierig mich zu kennen. Ich mußte schon sechsmal aus speisen und konnte, wenn ich wollte, täglich eingeladen sein. Allein ich muß erstens auf meine Gesundheit und zweitens auf meine Arbeit sehen . . . All das war für mich sehr schmeichelhaft, doch wünschte ich mir auf eine Zeit nach Wien fliehen zu können, um mehrere Ruhe zur Arbeit zu haben, denn der Lärm auf den Gassen von dem allgemeinen verschiedenen Verkaufsvolke ist unausstehlich.

1808, ein Jahr vor seinem Tod, nahm Haydn an einer Galaaufführung der *Schöpfung* anläßlich seines 76. Geburtstages teil. Er war von der warmherzigen Aufnahme, die man ihm bereitete, so gerührt, daß er die Aufführung in der Pause verlassen mußte. Als er das tat, kam einer seiner früheren Schüler auf ihn zu und küßte ihm die Hand. Es war Beethoven.

Auch Ludwig van Beethoven (1770–1827) war ein Wunderkind, aber er erregte als junger Musiker nicht so viel Aufsehen wie Mozart, denn er war eine rauhbeinige Persönlichkeit. Seine Heimatstadt Bonn verließ er 1786 als Sechzehnjähriger und begab sich nach Wien, wo er Mozart kennenlernte und für ihn spielte. Das war fünf Jahre vor Mozarts Tod. Während dieser Zeit starb seine Mutter; deshalb kehrte er nach Hause zurück und spielte im örtlichen Opernorchester Bratsche, um zum Unterhalt der Familie beizutragen. Dabei lernte er auch zum ersten Mal Mozarts Opern *Die Hochzeit des Figaro* und *Don Giovanni* kennen, die er mit dem Opernorchester regelmäßig spielen mußte.

In den letzten Tagen von Haydns Leben fiel Napoleon in Wien ein, und Gewehrfeuer störte die Ruhe des Komponisten. Um die Invasoren zu verhöhnen, spielte er jeden Tag auf dem Klavier die österreichische Nationalhymne. Zur Zeit seines Todes (Mai 1809) herrschte in Wien ein solches Chaos, daß seine Beerdigung fast unbeachtet blieb. Später gab es einen Gedenkgottesdienst, in dem Mozarts *Requiem* aufgeführt wurde.

Haydn kam kurz nach 1790 auf dem Weg von und nach London zweimal nach Bonn. Das erste Mal lernte er Beethoven kennen; er erkannte die Begabung des jungen Musikers und nahm ihn unter seine Fittiche. Beethoven erreichte, daß er seine Stellung in Bonn verlassen durfte, und ging mit 21 Jahren zum zweiten Mal nach Wien, diesmal um bei Haydn seine Studien fortzusetzen.

Als man Haydns Leiche 1820 in seine Heimat Eisenstadt überführte, öffnete man den Sarg und stellte fest, daß der Kopf fehlte. Zwei Freunde Haydns hatten die Totengräber bestochen, damit sie den Kopf entfernten, so daß er in Wien bleiben konnte. Über 100 Jahre lang waren Kopf und Körper getrennt; erst 1954 wurden sie wieder zusammengeführt.

Der Unterricht dauerte aber nicht lange, denn Haydn begab sich für die zweite Konzertsaison nach London. Bevor er abreiste, schrieb er einen Brief an Beethovens Dienstherrn in Bonn und prophezeite ihm: „Beethoven wird mit der Zeit einer der größten musikalischen Künstler in Europa werden." Gleichzeitig bat er um eine Erhöhung von Beethovens Bezügen. Die wurde aber nicht gewährt, und Haydn kümmerte sich weiter um seinen Schüler und lieh ihm auch Geld. Er sagte zu Beethoven: „Sie geben mir den Eindruck eines Mannes, der mehrere Köpfe, mehrere Herzen und mehrere Seelen hat." Als Haydn nach London gereist war, fand Beethoven schnell andere Lehrer, darunter auch Salieri, und er nutzte die neue Mode des Klavierspielens aus: Unter anderem spielte er Variationen über ein Thema aus Mozarts Oper *Die Hochzeit des Figaro*.

Beethoven soll Haydn gegenüber, der ihn unterstützt hatte, undankbar gewesen sein und gesagt haben, er habe nichts von ihm gelernt. Sein formelles Debüt gab er 1795, mit 25 Jahren, mit der Aufführung seines ersten Klavierkonzerts. Einige Zeit lang weigerte er sich, seine Stücke drucken zu lassen, so daß er als einziger seine Klavierwerke spielen konnte und auf Konzerte mit diesen Stücken das Monopol hatte. Fünf Jahre später, im Jahr 1800, komponierte er als 29jähriger seine erste Symphonie.

In dieser ersten Symphonie schrieb er den dritten Satz als Menuett, wie es damals üblich war, aber er gibt in der Partitur die Anweisung, den Satz „Allegro molto e vivace" (sehr schnell und lebhaft) zu spielen. Zuerst hielt man das für einen Scherz, aber in der zweiten Symphonie (1803) ersetzt er die Bezeichnung „Menuett" durch „Scherzo": Es ist ein Satz mit jagendem, wildem Tempo, ganz anders als das höfische Menuett. Das Scherzo wurde nicht nur bei Beethoven zu einem ständigen Merkmal aller Symphonien, sondern auch bei vielen Komponisten nach ihm.

Beethoven pflegte ein Notizbuch mitzunehmen, wenn er – was eine seiner Lieblingsbeschäftigungen war – auf dem Lande spazierenging.

> Sie fragen mich, woher ich meine Ideen bekomme – ich kann es Ihnen nicht genau sagen. Sie kommen ungerufen, direkt und indirekt. Ich kann sie mit meinen Händen in der Luft greifen; im Wald; beim Spazierengehen; in der Stille der Nacht; früh am Morgen; angeregt von Stimmungen, die von einem Poeten in Worte und von mir in Töne übersetzt werden, die in mir klingen, brummen und stürmen, bis ich sie in Töne gesetzt habe.

Gegen Ende seines dritten Lebensjahrzehnts merkte Beethoven, daß er allmählich taub wurde. Ungefähr zur Zeit seines dreißigsten Geburtstages machte er sich darüber große Sorgen, die er auch in Briefen an Freunde zum Ausdruck brachte:

Beethoven soll auf seinem Arbeitstisch drei glasgerahmte ägyptische Inschriften gehabt haben. Sir Michael Tippett, ein Komponist des 20. Jahrhunderts, verwendete diese Worte in seiner Oper A *Midsummer Marriage*.

ICH BIN, DER IST

ICH BIN ALLES, DAS IST, DAS WAR UND DAS SEIN WIRD. KEIN STERBLICHER HAT JE MEINEN SCHLEIER GELÜFTET.

ER IST AUS SICH SELBST ALLEIN, UND ES IST DIESE ALLEINHEIT, DER ALLE DINGE IHR SEIN VERDANKEN.

> Nun hat der neidische Dämon, meine schlimme Gesundheit, mir einen schlechten Stein ins Brett geworfen, nämlich: mein Gehör ist seit drei Jahren immer schwächer geworden, und zu diesem Gebrechen soll mein Unterleib . . . die erste Veranlassung gegeben haben.
> (Brief an Franz Wegeler vom 29. Juni 1801)

Anschließend beschreibt er die verschiedenen Behandlungen und Kuren, die er ausprobiert hatte, ohne aber irgendeine Verbesserung zu erreichen.

> Die hohen Töne von Instrumenten, Singstimmen, wenn ich etwas weit weg bin, höre ich nicht; im Sprechen ist es zu verwundern, daß es Leute gibt, die es niemals merkten; da ich meistens Zerstreuung hatte, so hält man es dafür.

Sein Zustand verschlimmerte sich, und er beschloß, nach Heiligenstadt aufs Land zu ziehen, in der Hoffnung, daß die frische Luft ihm helfen würde. Dort verzweifelte er jedoch vollends an seiner fortschreitenden Taubheit und machte eine Phase schwerer Depressionen durch. An seine Brüder Carl und Johann schrieb er einen sehr bewegenden Brief, der erst nach seinem Tod gefunden wurde und heute als „Heiligenstädter Testament" bezeichnet wird (vgl. S. 63). Darin beschreibt er seine Angst vor der Taubheit und seine Hoffnung, vor seinem Tod noch einmal Freude zu empfinden.

Beethoven lebte noch 25 Jahre, und es muß ein qualvolles Leben gewesen sein. Er konnte sich nicht mehr normal mit anderen verständigen; schließlich gab er seine Konzerttätigkeit auf und nahm nur noch selten am gesellschaftlichen Leben teil, denn er konnte niemanden mehr verstehen, und das verwirrte ihn. Er bat die Leute, in seine Notizbücher zu schreiben; diese Aufzeichnungen sind unter dem Namen „Betthovens Konversationshefte" bekannt. Sie geben uns heute ein faszinierendes Bild von seinem Leben, aber sie enthalten natürlich nur eine Hälfte der Unterhaltung.

Beethoven war ständig verliebt und hatte mehrere Affären mit Frauen, aber keine davon mündete in eine Ehe. Seine Ange-

Die genaue Ursache von Beethovens Taubheit ist den Medizinern bis heute ein Rätsel. Beethoven selbst behauptete, sie sei eines Tages während einer Probe durch ein Anschlagen des Kopfes ausgelöst worden. Später war man der Meinung, er habe an Otosklerose gelitten, einer Krankheit, die man heute operativ behandeln kann, aber die Untersuchungen nach seinem Tod machen auch das unwahrscheinlich. Nach der neuesten medizinischen Theorie könnte es sich um Sarkoidose gehandelt haben, die durch Kontakt mit Tuberkulose im Kindesalter ausgelöst wurde (an Tuberkulose starb seine Mutter). Die Krankheit führte dann im Laufe der Jahre zu einem allgemeinen Gesundheitsverfall mit vielen einzelnen Ausfallerscheinungen.

Frau von Bernhard, eine Zeitgenossin Beethovens, beschreibt den Komponisten:

Wenn er zu uns kam, steckte er gewöhnlich erst den Kopf durch die Türe und vergewisserte sich, daß nicht jemand da sei, der ihm mißbehage. Er war klein und unscheinbar, mit einem häßlichen roten Gesicht voll Pockennarben. Sein Haar war ganz dunkel, sein Anzug sehr gewöhnlich und durchaus nicht von der Gewähltheit, die in jenen Tagen und besonders in unsern Kreisen üblich war. Dabei sprach er sehr Dialekt und in einer etwas gewöhnlichen Ausdrucksweise.

Beethoven ist eine ganz ungebändigte Persönlichkeit, die zwar nicht unrecht hat, wenn sie die Welt detestabel findet, aber sie freilich dadurch weder für sich noch für andere genußreicher macht.

Goethe, September 1812

beteten stammten meist aus Adelsfamilien und waren viel jünger als er.

Die Zeit, da Komponisten in den Diensten anderer standen, ging damals zu Ende, und Beethoven war, wie Mozart, einer der ersten „freischaffenden" Komponisten, die Musik ausschließlich nach ihren eigenen Vorstellungen schrieben und nicht die Ansprüche eines Dienstherrn befriedigen mußten. Eine Gruppe adliger Musikliebhaber in Wien unterstützte seine Arbeit, und er bemühte sich mit viel Energie um Aufträge.

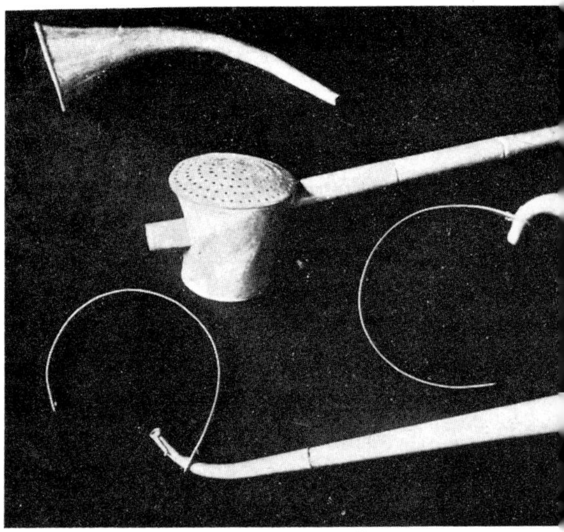

Beethovens Hörhilfen; konstruiert hatte sie für ihn J. N. Mälzel, der Erfinder des Metronoms.

Nach dem Aufenthalt in Heiligenstadt fand er sich schließlich mit seiner Taubheit ab, und seine Stimmung besserte sich wieder. Im Jahr 1801 schrieb er an einen Freund: „Ich werde dem Schicksal in den Rachen packen; es wird mich sicherlich nicht ganz verbiegen und zermalmen." Es folgte eine Zeit starker Aktivität, die man gewöhnlich als seine heroische Periode bezeichnet und die von der dritten Symphonie, der „Eroica", gekennzeichnet ist. Als das Werk, mit Beethoven selbst als Dirigenten, im Jahr 1805 in Wien uraufgeführt wurde, beschwerten sich die Kritiker, es sei mit seinen mehr als 40 Minuten zu lang und solle gekürzt werden. Beethoven hatte das Stück ursprünglich als „Große Symphonie" bezeichnet und Napoleon gewidmet; dann aber war er enttäuscht und verärgert darüber, daß Napoleon sich Kaiser nannte: Wütend kratzte er die Widmung auf der Titelseite aus, so daß im Papier ein Loch zurückblieb. Die Symphonie hat vier Sätze: zuerst ein Allegro, dann einen Trauermarsch, als dritten Satz ein Scherzo und schließlich einen Finalsatz in Variationenform, einer seiner liebsten Kompositionsformen.

Die Eigenheiten in Beethovens Stil spiegeln seinen eigenen Lebenskampf wider. Colin Wilson sagt in *Brandy of the Damnes* 1964 über ihn: „Er kommt mir vor wie jemand, der mit angezogener Handbremse Auto fährt und sich hartnäckig weigert, anzuhalten, obwohl man schon deutlich den Brandgeruch wahrnimmt."

Im Gegensatz zu solchen Einschätzungen kann Beethovens Musik auch sehr gefühlvoll und lyrisch sein. Gewöhnlich betrachtet man ihn als „ungestümen Klavierdonnerer", aber in

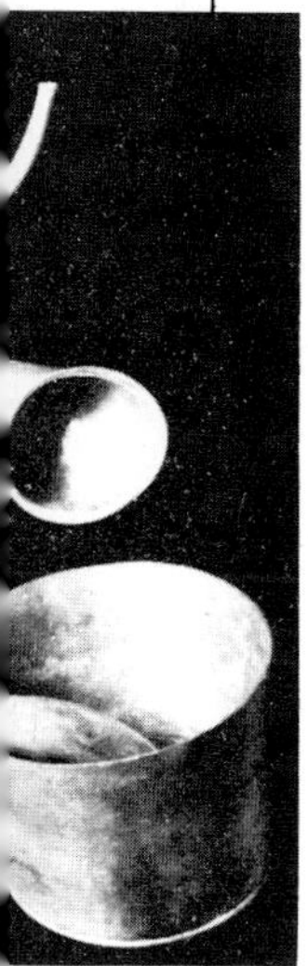

Das Heiligenstädter Testament (Auszug)

Für meine Brüder Carl und Johann:

O ihr Menschen, die ihr mich für feindselig, störrisch oder misanthropisch haltet oder erkläret, wie unrecht tut ihr mir! Ihr wißt nicht die geheime Ursache von dem, was euch so scheinet. Mein Herz und mein Sinn waren von Kindheit an für das zarte Gefühl des Wohlwollens, selbst große Handlungen zu verrichten, dazu war ich immer aufgelegt. Aber bedenket nur, daß seit 6 Jahren ein heilloser Zustand mich befallen, durch unvernünftige Ärzte verschlimmert, von Jahr zu Jahr in der Hoffnung gebessert zu werden, betrogen endlich zu dem Überblick eines dauernden Übels (dessen Heilung vielleicht Jahre dauern oder gar unmöglich ist) gezwungen. Mit einem feurigen, lebhaften Temperament geboren, selbst empfänglich für die Zerstreuung der Gesellschaft . . . Ihr meine Brüder Carl und Johann, sobald ich tot bin und Professor Schmidt lebt noch, so bittet ihn in meinem Namen, daß er meine Krankheit beschreibe, und dieses hier geschriebene Blatt füget ihr dieser meiner Krankengeschichte bei, damit wenigstens so viel als möglich die Welt nach meinem Tode mit mir versöhnt werde. Zugleich erkläre ich euch beide hier für die Erben des kleinen Vermögens (wenn man es so nennen kann) von mir. Teilt es redlich und vertragt und helft euch einander. Was ihr mir zuwidergetan, das wißt ihr, war euch längst verziehen. Dir, Bruder Carl, danke ich noch insbesondere für deine in dieser letzten späten Zeit mir bewiesenen Anhänglichkeit. Mein Wunsch ist, daß euch ein besseres, sorgenloseres Leben als mir werde. Empfehlt euren Kindern Tugend, sie nur allein kann glücklich machen, nicht Geld, ich spreche aus Erfahrung. Sie war es, die mich selbst im Elende gehoben, ihr danke ich nebst meiner Kunst, daß ich durch keinen Selbstmord mein Leben endigte. Lebt wohl und liebt euch. Allen Freunden danke ich, besonders Fürst Lichnowsky und Professor Schmidt. Die Instrumente von Fürst L. wünsche ich, daß sie mögen aufbewahrt werden bei einem von euch, doch entstehe deswegen kein Streit unter euch. Sobald sie euch aber zu etwas nützlicherm dienen können, verkauft sie nur, wie froh bin ich, wenn ich auch noch unter meinem Grabe euch nützen kann. So wär's geschehen. Mit Freude eil' ich dem Tode entgegen. Kömmt er früher als ich Gelegenheit gehabt habe, noch alle meine Kunst-Fähigkeiten zu entfalten, so wird er mir trotz meinem harten Schicksal doch noch zu frühe kommen, und ich würde ihn wohl später wünschen. Doch auch dann bin ich zufrieden, befreit er mich nicht von einem endlosen leidenden Zustande? Komm wann du willst, ich gehe dir mutig entgegen. Lebt wohl und vergeßt mich nicht ganz im Tode, ich habe es um euch verdient, indem ich in meinem Leben oft an euch gedacht, euch glücklich zu machen, seid es . . .

Ludwig van Beethoven
Heiligenstadt, am 6ten Oktober 1802

(Postscriptum) . . . So nehme ich den Abschied von dir, und zwar traurig. Ja, die geliebte Hoffnung, die ich mit hierher nahm, wenigstens bis zu einem gewissen Punkt geheilt zu sein, sie muß mich nun gänzlich verlassen . . .
O Vorsehung, laß einmal einen reinen Tag der Freude mir erscheinen!

seinen späteren Lebensjahren gelangte er, nach all seinen Kämpfen, zu innerer Ruhe. Sein Hang zur Empfindsamkeit war in seiner Musik immer zu spüren. Ein gutes Beispiel dafür ist der langsame Satz seines fünften Klavierkonzerts, das er 1809 schrieb und das 1811 (nicht von ihm selbst) uraufgeführt wurde. Seine späten Werke zeigen eine Form geistiger Offenbarung, so das Benedictus der *Missa solemnis,* viele Sätze seiner späten Streichquartette und der langsame Satz der neunten und letzten Symphonie. Wenn man diese Musik hört, kann man ihm seine Unhöflichkeit, Unverblümtheit und Streitlust sofort verzeihen.

Beethoven gilt als Vorbote der Romantik, denn seine Symphonien zeigen bereits alle Anzeichen dessen, was später zu den wichtigsten Kennzeichen romantischer Musik werden sollte. Er erweiterte das Orchester um die Posaunen, schrieb bildhafte Musik, vergrößerte das Orchester insgesamt und drückte in seinen Werken seine persönlichen Empfindungen aus; außerdem setzte er dramatische dynamische Wandlungen ein, und die Kraft seiner Musik vermittelt ein Gefühl von Wagnis, Erregung und Ungewißheit.

Die fünfte Symphonie handelt vom Schicksal, das an die Tür pocht – das „Tatata-taaa" am Anfang stellt das Klopfen dar. Zufällig ist das auch das Morsezeichen für den Buchstaben V, der im zweiten Weltkrieg das Zeichen für „Victory" (Sieg) war. Die sechste Symphonie beschreibt das idyllische Leben auf dem Lande – da rauscht, vom Orchester dargestellt, ein Gewittersturm vorüber. Nachdem es ruhiger ist, hört man die Rufe eines Kuckucks.

Die Uraufführung der siebten Symphonie war ein Benefizkonzert für die Soldaten, die im Krieg gegen Napoleon verwundet worden waren. Die achte Symphonie ist kürzer als die anderen, sie dauert nur etwa 26 Minuten.

Beethoven schrieb eine Oper, den *Fidelio*; sie handelt von der jungen Leonore, die sich als Mann verkleidet, um ihren Ehemann Florestan zu befreien, der wegen seiner politischen Ansichten eingekerkert ist. Die Oper drückt das Verlangen des Menschen aus, sich von Unterdrückung zu befreien, und ist ein glühendes Plädoyer für Mut und Freiheit. Beethoven hatte

Schindler, ein Freund Beethovens, berichtete über einen Besuch bei dem Komponisten während seiner Arbeit an der *Missa solemnis.* Schindler hörte Beethoven im Haus herumtrampeln und dabei das Credo singen und grölen. Beethoven sah sehr erschöpft aus; es ging ihm offenbar nicht gut, und er beschwerte sich über den Zustand seines Haushalts. Schindler bemerkte dazu: „Wohl noch nie erblickte ein so großartiges Kunstwerk unter so widrigen Umständen das Licht der Welt."

Sie fragen mich, woher ich meine Ideen bekomme . . Ich kann es Ihnen nicht mit Sicherheit sagen; sie kommen ungerufen, direkt und indirekt . . .

Ludwig van Beethoven

Schwierigkeiten, das Stück auf die Bühne zu bringen, denn die französischen Truppen marschierten gerade auf Wien zu. Er mußte drei Fassungen schreiben, bevor schließlich die Premiere stattfand. Deshalb gibt es drei Ouvertüren, die nach der Heldin Leonore benannt sind und auch oft in Konzerten als eigenständiges Stück aufgeführt werden.

Wie Haydn und Mozart, so schrieb auch Beethoven Streichquartette. Die drei „mittleren" oder „Rasumowsky"-Quartette (op. 59) komponierte er für den Fürsten Rasumowsky, den russischen Botschafter in Wien. Er war der Dienstherr eines Streichquartetts, in dem er selbst die zweite Geige spielte und das als das beste in Europa galt. Zu Ehren des Fürsten verwendet Beethoven im letzten Satz des ersten Quartetts eine russische Melodie als Hauptthema. Die Stücke klangen so anders als die bis dahin bekannten Streichquartette, daß die Zuhörer zunächst Schwierigkeiten hatten, sie zu verstehen. Ein Zeitgenosse, der Komponist und Pianist Clementi, meinte zu Beethoven: „Sie glauben doch nicht, daß es sich bei diesen Werken um Musik handelt?"

1813 wurde in London die Royal Philharmonic Society gegründet; sie sollte Konzerte darbieten und machte England nach und nach für die Musiker immer attraktiver. Beethoven genoß dort einen sehr guten Ruf – die Mitglieder der Philharmonic Society unterstützten seine Arbeit stark. Schließlich kam man überein, daß er für sie zwei neue Symphonien schreiben sollte. Über das Honorar stritt man fünf Jahre lang, bis Beethoven schließlich anfragte, was man ihm für eine „Große Symphonie" bezahlen würde. Die Gesellschaft bot ihm 50 englische Pfund für die Neunte. Beethoven nahm an und lieferte das Werk zwei Jahre später ab.

Als Beethoven auf den Abschriften des *Fidelio* die Aufschrift „gut, mit Gottes Hilfe" bemerkte, soll er daruntergeschrieben haben: „Mensch, hilf Dir selbst!"

In seiner Neunten ergänzt Beethoven das Orchester durch Solostimmen und einen Chor; sie singen im letzten Satz in einer sehr anstrengenden Partie den Text von Schillers *Ode an die Freude.* Während der Proben zur Uraufführung baten ihn die Sänger dringend, die Gesangspartien zu ändern, weil sie so hoch lagen. Als er sich weigerte, meinte einer der Sänger: „Nun gut, dann müssen wir uns in Gottes Namen quälen." Es war damals ein offenes Geheimnis, daß das Wort „Freude" in Schillers Gedicht eigentlich „Freiheit" bedeutet, aber dieser Begriff wurde zu jener Zeit aus politischen Gründen von der Obrigkeit unterdrückt. Als Beethovens „Neunte" anläßlich der Öffnung der Berliner Mauer im November 1989 unter der Leitung von Leonard Bernstein aufgeführt wurde, ersetzten die Sänger denn auch „Freude, schöner Götterfunken" durch „Freiheit, schöner Götterfunken".

Die Neunte war zwar für London geschrieben, aber ihre Uraufführung fand in Wien statt. Beethoven setzt in dem Werk ein weitaus größeres Orchester ein, als Haydn und Mozart es jemals zuvor getan hatten. Es bestand bei der Uraufführung aus 24 Violinen, zehn Bratschen, sechs Celli, sechs Kontrabässen, der üblichen Holzbläsergruppe mit je zwei Flöten, Oboen, Klarinetten und Fagotten, dazu Piccoloflöte und Kontrafagott, vier Hörnern, zwei Trompeten und drei Posaunen – insgesamt über 60 Musiker.

Bei der Uraufführung, die am 7. Mai 1824 stattfand, saß Beethoven zwischen dem Konzertmeister und dem Dirigenten, mit Blick auf das Orchester und dem Rücken zum Publikum. Kurz vor Beginn des Stückes fing er an, wie wild den Takt zu schlagen – es wurde deutlich, daß er die Musik nicht hören konnte. Auch nach dem Ende der Symphonie hörte er mit seinem besessenen Dirigieren nicht auf, denn er hatte noch nicht gemerkt, daß das Werk schon zu Ende war. Der Konzertmeister stand auf und drehte Beethoven herum, so daß er das applaudierende Publikum sehen konnte. Damit war klar, daß er nun völlig taub war.

Als Stalin bei einem Konzert in Moskau den letzten Satz von Beethovens neunter Symphonie hörte, sagte er: „Das ist die richtige Musik für die Massen. Man kann sie nicht oft genug spielen, und man sollte sie auch in unseren kleinsten Dörfern hören." Die offizielle Moskauer Kunstzeitschrift schrieb: „Armer Beethoven! Hundert Jahre lang war er heimatlos. Jetzt hat er seine wahre Heimstatt gefunden, das einzige Land, in dem er wirklich verstanden wird: die Sowjetunion."

Wie berühmt und beliebt Beethoven war, zeigte sich auch daran, daß 30 000 Menschen 1827 zu seiner Beerdigung kamen. Einer der Fackelträger war Franz Schubert (1797–1828). Nach dem Begräbnis ging er mit ein paar Freunden in ein Wirtshaus, und dort ließ er auf Beethoven mit den Worten anstoßen: „Auf den, den wir begraben haben." Dann, mit einem zweiten Glas, prostete er sich selbst zu und sagte: „Und auf den, der als nächster geht." Ein Jahr später war auch er tot.

Wie Beethoven, so schrieb auch Schubert neun Symphonien. Wäre Beethoven allerdings in dem gleichen jugendlichen Alter (nämlich mit 31) gestorben, es hätte nur eine einzige Symphonie von ihm gegeben. Schuberts Musik war, wie die von Mozart, schon in seinen jungen Jahren völlig ausgereift. Er wurde 1797 in einer Vorstadt von Wien geboren, gerade zu der Zeit, als Beethoven seine erste Symphonie schrieb.

Schubert komponierte seine erste Symphonie 1813, als Sechzehnjähriger. Er stammte aus einer armen Familie und konnte sich seinen Lebensunterhalt nicht mit Konzerten verdienen, denn er war kein Virtuose. Deshalb unterrichtete er an der Schule seines Vaters und komponierte in seiner Freizeit. Später gab er wie Beethoven Klavierabende in Wiener Adelshäusern; als er 19 Jahre alt war, bot ihm ein junger Edelmann namens Franz von Schober an, Schubert könne bei ihm leben, und die beiden schlossen lebenslange Freundschaft. Schober bot Schubert ein Zuhause, und später vertonte Schubert Schobers Gedichte. Abgesehen von einigen sommerlichen Ausflügen nach Schloß Esterháza, wo er für Verwandte von Haydns Dienstherrn arbeitete, verließ Schubert Wien äußerst selten.

Schubert führte die Kunst der Liedkomposition zur Vollendung; angeregt von einem Freund, dem Sänger Vogl, schrieb er über 600 Lieder. Angeblich soll er in der Lage gewesen sein, sechs Lieder an einem Tag zu komponieren. Zu seinen bekanntesten Vertonungen gehören *„Der Erlkönig", „Die Forelle", „Der Wanderer"* und die Liederzyklen *Die schöne Müllerin* und *Die Winterreise*. Der *Schwanengesang* besteht aus mehreren Liedern, die nach seinem Tod gesammelt wurden und heute als Zyklus aufgeführt werden. Die Form des Liederzyklus als einer Sammlung einzelner Lieder, die zusammen dargeboten werden, ist eine Erfindung von Schubert. Schober veranstaltete in seinem Haus Musikabende, die er als „Schubertiaden" bezeichnete, weil dabei ausschließlich Schuberts Musik gespielt wurde.

Seine wunderbaren Liedmelodien übertrug Schubert auch auf seine Symphonien. Die einfachen Themen, die häufig voller kindlicher Freude sind, gleiten oft plötzlich in die Molltonart, so daß sich ein Schatten über die Musik legt und einen an das Unglück seines Lebens erinnert. Mit 18 Jahren hatte Schubert bereits fünf Symphonien geschrieben, und seine letzte, die neunte, komponierte er mit 29. Einmal, 1819, konnte er selbst miterleben, wie die fünfte bei einem Hauskonzert aufgeführt wurde. Aber die anderen hörte er zeit seines Lebens nicht in der Darbietung durch ein Orchester. Am berühmtesten sind seine beiden letzten Symphonien, die achte (die „Unvollendete") und die neunte (die „Große C-Dur-Symphonie"); beide Werke wurden erst nach seinem Tod wiederentdeckt.

Die achte Symphonie ist als „Unvollendete" bekannt, weil sie aus nur zwei Sätzen besteht; für den dritten existiert lediglich eine Skizze. Schubert schrieb sie mehrere Jahre vor seinem Tod, und man weiß bis heute nicht, warum er sie nicht fertigstellte. Er hatte bei Antonio Salieri Kompositionsunterricht genommen und wurde ein enger Freund von Anselm und Josef Hüttenbren-

Der junge Franz Schubert

Die Winterreise: Über diese Lieder sagte Schubert: „Sie haben mir mehr genommen als alle anderen Lieder, die ich geschrieben habe." Er nannte sie „einen Strauß erschreckender Lieder".

Schubert (am Klavier) begleitet seinen Freund, den Sänger Vogl, bei einem ihrer zahlreichen Musikabende.

ner aus Graz. Sie vergötterten Schubert und verschafften ihm einen Auftrag. Im Jahr 1822 übergab Josef endgültig das unvollendete Werk, das dann verlorenging und erst vierzig Jahre später in einer Schublade wieder auftauchte. Schließlich wurde es im Jahr 1865 in Wien uraufgeführt, 27 Jahre nach Schuberts Tod. Heute gilt die „Unvollendete" als die erste wirklich romantische Symphonie.

Schubert schrieb viel Kammermusik, aber keine Konzerte. In seinen Kammermusikwerken wie dem Streichquartett *Der Tod und das Mädchen* oder dem *Forellenquintett* benutzte er Melodien aus seinen Liedern als Themen, die er dann variierte.

Die neunte Symphonie ist 50 Minuten lang, hat vier Sätze (darunter ein Scherzo) und erfordert auch Posaunen. Als Mendelssohn einige Jahre nach Schuberts Tod die Uraufführung lei-

Schubert an seinen Freund Josef Hüttenbrenner
Wien, den 21. Februar 1818

. . . Es freut mich außerordentlich, daß Ihnen meine Lieder gefallen. Als einen Beweis meiner innigsten Freundschaft schicke ich Ihnen hier ein anderes, welches ich eben jetzt . . . nachts um 12 Uhr geschrieben habe. Ich wünsche, daß ich bei einem Glas Punsch nähere Freundschaft mit Ihnen schließen könnte. Vale.

Eben, als ich in Eile das Ding mit Sand bestreuen wollte, nahm ich, etwas schlaftrunken, das Tintenfaß und goß es ganz gemächlich darüber. Welches Unheil! . . .

Es hat immer wieder Stücke gegeben, die vom Komponisten nicht vollendet und später von einem anderen fertiggestellt wurden. Mozarts *Requiem* wurde nach seinem Tod von einem seiner Schüler zu Ende geschrieben, und Mahlers letzte Symphonie (Nr. 10), die ursprünglich nur aus einem Satz und der Skizze eines zweiten bestand, wird heute regelmäßig als zwei- oder sogar dreisätziges Werk gespielt. Oft schreibt jemand solche Werke aus Sympathie für den Komponisten zu Ende; die hinzugefügten Abschnitte gründen sich dabei entweder auf hinterlassene Skizzen oder auf ein allgemeines Gefühl, wie das Stück wohl klingen sollte.

tete, brach das Orchester während des letzten Satzes in Gekicher aus. Seither spricht man davon, dieser Satz habe „den Schwung eines Planeten in seiner Umlaufbahn".

Schuberts Tod kennzeichnet das Ende einer Epoche, die von Haydn, Mozart, Beethoven und Schubert geprägt war und die man später als „erste Wiener Schule" bezeichnete. Danach verlagerte sich das musikalische Zentrum Europas weg von Wien. Zwei Jahre nach Schuberts Tod platzte Berlioz mit seiner Symphonie fantastique in die Pariser Szene, einem leidenschaftlichen Erguß seiner eigenen Liebesqualen.

Die Holzbläser

Die Holzbläsergruppe eines modernen Symphonieorchesters besteht aus vier verschiedenen Instrumenten: Flöten, Oboen, Klarinetten und Fagotte; gewöhnlich ist jedes Instrument zweimal vorhanden, aber manchmal wird die Besetzung auch auf vier verdoppelt, besonders in Werken für große Orchester aus der Zeit nach 1900. Bei bestimmten Stücken können noch mehrere andere Instrumente hinzukommen: eine Piccoloflöte (die kleinste Flöte), ein Englischhorn (eine tiefere Oboe), eine Baßklarinette (die tiefste Klarinette) und ein Kontrafagott (besonders tiefes Fagott). Gewöhnlich legt der Komponist fest, wie viele Holzbläser gebraucht werden; die Entscheidung, die Besetzung aus Gründen der Klangbalance und der Interpretation zu verdoppeln, kann aber auch der Dirigent fällen, je nach der Zahl der Streicher und der anderen Instrumente.

Heute sitzen die Holzbläser im Orchester in der Mitte, hinter den Streichern. Noch weiter hinten befinden sich Blechbläser und Schlagzeug. Anders als bei den Streichern, bei denen mehrere Instrumente den gleichen Part spielen, hat jeder Holzbläser seine eigene Stimme und ist deshalb im Orchester ein „Solist". Bei den einzelnen Instrumenten ist jeweils die erste Stimme die wichtigere, die auch alle herausragenden Solostellen enthält.

Schon im Altertum wußten die Menschen, daß man Töne erzeugen kann, wenn man über das Ende eines hohlen Tierknochens bläst, und daß man diesen Ton verändern kann, wenn man in eine solche Pfeife Löcher bohrt und sie mit den Fingern verschließt oder wenn man die Länge des Rohrs verändert.

Die ersten Holzblasinstrumente (Schalmeien, Flageolette, Kortholte und Rankette) waren schwer in genauer Stimmung zu spielen und brachten einen sehr rauhen Klang hervor. Die ersten Formen der heutigen Flöten, Oboen und Fagotte waren sehr einfach konstruiert; ihre Stimmung war zwar schon bes-

Die Holzblasinstrumente tragen ihren Namen, weil sie ursprünglich aus Holz hergestellt wurden. Die heutigen Instrumente bestehen aus Holz, Metall – darunter Silber und Gold – und Kunststoff. Man unterscheidet zwei Formen der Bohrung, die zylindrische und die konische.

ser, aber in Tonumfang und Beweglichkeit waren sie begrenzt. Deshalb wehrten sich die Komponisten zunächst dagegen, den Holzbläsern eigene Stimmen zu übertragen – sie verstärkten meist nur die Streicher und fügten eine neue Klangfarbe hinzu. Besonders die Oboen waren zu diesem Zweck unentbehrlich.

Als die Instrumentalmusik sich als eigenständige Form zu entwickeln begann, wollten sich diese Instrumente eine wichtigere Rolle verschaffen. Aber die Violine begann mit lyrischen Solopassagen zu glänzen, und Komponisten und Interpreten waren nicht mehr bereit, den unkultivierten Holzbläserklang in Kauf zu nehmen. Ludwig XIV. von Frankreich und Lully warfen die Holzbläser Mitte des 17. Jahrhunderts sogar verärgert aus dem Orchester hinaus. Jean Hotteterre, ein Bläser im Orchester Ludwigs XIV., ging daraufhin zusammen mit Michel Philidor daran, die Instrumente so zu verbessern, daß sie angenehmere und saubere Töne hervorbringen konnten.

Mitte des 18. Jahrhunderts findet man in Briefen von Komponisten und in Konzertkritiken gelegentlich Hinweise auf die Stimmung der Holzbläser. Als 1741 das Mannheimer Hoforchester gegründet wurde, gehörte auch eine vollständige Holzbläsergruppe dazu, einschließlich der Klarinetten, die damals für das Orchester ganz neu waren. Je besser die Holzbläser klangen, desto mehr Stücke wurden auch für sie geschrieben, bis schließlich der raffinierte Klang und die komplizierte Mechanik der heutigen Instrumente ausgereift waren.

Die Flöte gibt es schon sehr lange. Ihre Verwendung läßt sich in China bis ins 9. Jahrhundert v. Chr. zurückverfolgen. Aus Byzanz kam sie im 12. Jahrhundert nach Deutschland, und von hier aus verbreitete sie sich über ganz Europa, bis sie um 1500 auch in England zu Hause war. Ihre Verbreitung verdankt sie zu einem großen Teil ihrer Beliebtheit beim Adel: Heinrich VIII. beispielsweise spielte nicht nur Flöte, sondern er besaß auch zahlreiche Exemplare, die zu seiner Sammlung seltsamer und ausgefallener Musikinstrumente gehörten. Seine Flöten waren aus den unterschiedlichsten Materialien – Holz, Glas und Silber –, und sie bestanden aus einer einfachen Röhre mit sechs Fingerlöchern.

Die Flöte ist kein Instrument, das eine gute moralische Wirkung hat. Sie erregt zu stark.
Aristoteles

Friedrich der Große von Preußen, der ein virtuoser Flötenspieler war, bei einem Hofkonzert.

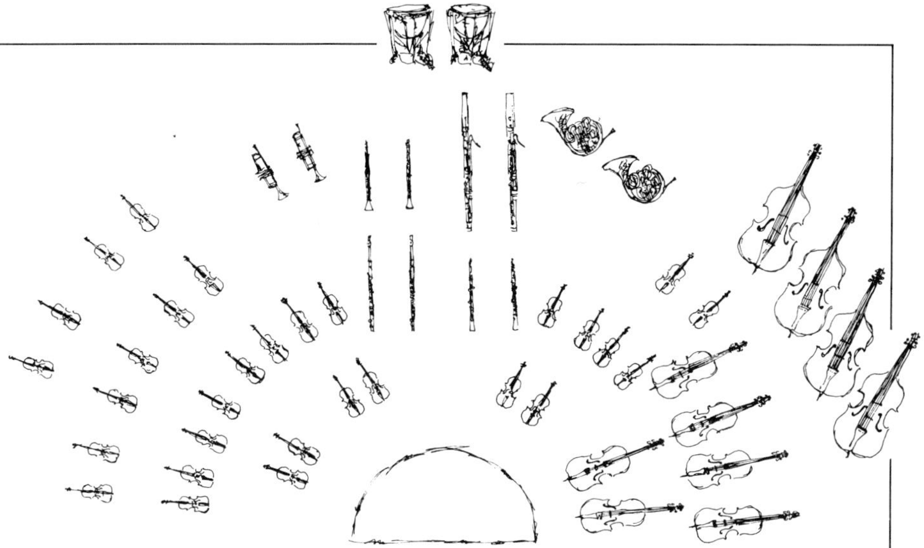

Die heutige typische Orchesteraufstellung für ein Werk der Klassik.

Oboe

Klarinette

Fagott

Piccoloflöte

Flöte

Im Orchester benutzte Lully die Flöte als erster für eine Ballettvorstellung am Hofe Ludwigs XIV. im Jahr 1681. Friedrich der Große von Preußen spielte jeden Abend Flötenkonzerte für seine Höflinge. Er komponierte für das Instrument auch viele schwierige Stücke, die heute noch gespielt werden. Außerdem schrieb sein Hofkomponist Quantz über 300 Flötenkonzerte für den König, und er verfaßte 1752 einen *Versuch einer Anweisung, die Flöte traversière zu spielen.* Gegen Ende des 18. Jahrhunderts war die Querflöte schon wesentlich beliebter als die Blockflöte.

Die bedeutendste Verbesserung der Flöte brachte das Jahr 1831: Damals entwarf Theobald Böhm, ein Goldschmied, Juwelier und Flötist, in München ein neues Klappensystem. Die Löcher der Flöte, die mit den Fingern nur schwer zu erreichen waren, konnten nun leicht mit den 16 Klappen bedeckt werden, die sich auf die leiseste Berührung hin bewegten. Im Jahr 1843 schrieb Berlioz in seinem *Traité d'orchestration:* „Die Flöte hat inzwischen eine solche Perfektion und Ebenmäßigkeit des Tons erreicht, daß man sich keine weiteren Verbesserungen mehr wünschen kann."

Die heutige Flöte hat drei Teile: den Fuß, das Mittelstück und das Kopfstück. Ihr tiefster Ton ist normalerweise das eingestrichene C, und der höchste ist das viergestrichene C drei Oktaven höher, aber ein geübter Spieler kann diesen Tonumfang nach oben noch ein wenig erweitern.

Die Piccoloflöte ist eine kleine Flöte, die noch höhere Töne spielen kann – die höchsten überhaupt im Orchester, wo sie im 18. Jahrhundert zum ersten Mal auftaucht. Sie erhielt ebenfalls das Böhmsche Klappensystem und wird auf die gleiche Weise gespielt wie die Querflöte. Der Piccoloflötist sitzt im Orchester am Rand der Holzbläsergruppe und hat oft nur wenig zu spielen. Deshalb wechselt der zweite Flötist manchmal das Instrument und übernimmt auch den Piccolo-Part.

Der Name Oboe kommt von dem französischen Wort *hautbois* („hohes Holz"). Das Instrument bestand ursprünglich aus Buchsbaumholz und war sehr einfach gebaut, mit nur zwei oder drei Klappen.

Das lateinische Wort *tibia* bedeutet „Flöte" und „Schienbeinknochen" zugleich – ein Hinweis auf die Entstehungsgeschichte des Instruments. Die Bezeichnung „Flöte" kommt von dem lateinischen *flatus* (Atem).

Die Querflöte und die Piccoloflöte werden waagerecht gehalten, wobei das Mundstück auf dem Kinn liegt. Der Flötist bläst über das Mundloch, wie beim Blasen auf einer Flasche. Wie bei allen Blasinstrumenten ist die Atemtechnik entscheidend für einen schönen Klang. Der Spieler muß nicht nur lernen, einen gleichmäßigen Ton zu erzeugen, sondern er muß auch die Geschwindigkeit des Luftstroms steuern können; sie bestimmt nicht nur die Höhe der einzelnen Töne, sondern sie entscheidet auch darüber, ob beispielsweise ein mittleres oder ein hohes G erklingt. Für beide Töne werden die gleichen Klappen betätigt.

Die Spieler erfinden oft eigene Hilfsmittel, um sich sicherer zu fühlen. Mit einem Stück Heftpflaster, das auf die Unterseite des Mundstücks geklebt wird, kann man zum Beispiel verhindern, daß das Instrument abrutscht, wenn der Flötist am Kinn schwitzt.

Die Rohrblattinstrumente, aus denen die Oboe hervorging, sind noch viel älter als die Flöte. Es gab sie schon im dritten Jahrtausend v. Chr.: Eines der ältesten Doppelrohrblattinstrumente war der griechische Aulos. Im Mittelalter war in England die Schalmei in Gebrauch; sie ging auf die Zurna zurück, ein orientalisches Instrument, das zur Abschrekkung der Kreuzritter benutzt worden war.

Ins Orchester fand die Oboe, wie auch die Flöte, durch die Arbeiten Hotteterres. Sie wurde schnell sehr populär, besonders in England. Man holte sich dort französische Musiker, die sie spielen sollten, und Henry Purcell benutzte sie im 17. Jahrhundert in seinen Stücken. Damals waren Oboen in verschiedenen Größen in Gebrauch, darunter auch die Oboe d'amore und die Oboe da caccia. Purcell verwendete eine Tenoroboe, die deshalb heute Englischhorn genannt wird. Im heutigen Orchester wird nur eine Art der Oboe regelmäßig benutzt; Englischhorn und Oboe d'amore kommen nur hinzu, wenn das Stück diese Instrumente verlangt.

Bei der Oboe entsteht der Ton, wenn man durch ein Doppelrohrblatt bläst. Ein solches Rohr besteht aus zwei zusammengebundenen Blättchen. Gewöhnlich bauen sich die Oboisten ihre Rohre selbst, denn sie sind entscheidend für den Klang und müssen genau die richtige Dicke haben. Damit das Rohr vibrieren und einen Ton hervorbringen kann, muß es naß sein. Der Musiker kann es prüfen, bevor er es auf das Instrument steckt, indem er hineinbläst; dann entsteht ein quakendes Geräusch. Im Gegensatz zum Rohr muß das Instrument aber innen trocken sein – wenn Wasser hineingelangt, kann man nicht mehr darauf spielen.

Mehrere bedeutende Instrumentenbauer haben im Laufe der Jahrhunderte zur Entwicklung der Oboe beigetragen: Louis Buffet versah sie 1844 mit der Böhm-Mechanik, aber die Franzosen mochten den neuen Klang zunächst nicht. Heute werden in Frankreich und in Deutschland hervorragende Oboen gebaut. Ein geübtes Ohr kann den Unterschied erkennen, und es gibt endlose Diskussionen darüber, welcher Klang der bessere ist.

Die Oboe ist das höchste Rohrblattinstrument, und sie ähnelt stark der Klarinette. Man erkennt sie leicht an dem dünnen Rohr (dem Mundstück); die Klarinette hat dagegen ein breites Mundstück mit einem einzelnen Rohrblatt. Die höchsten Töne der Oboe sind schwer zu erreichen, und sie können dünn und unsicher klingen, aber ihr klagender Klang eignet sich gut für melancholische Melodien. Die Oboe kann aber auch schreien wie ein Vogel.

Die Klarinette gehört zu den Instrumenten mit einem einzelnen Rohrblatt. Ihre ersten Vorläufer waren die Hornpfeife und die verschiedenen Dudelsäcke. Ende des 17. Jahrhunderts tauchte die Chalumeau auf, aus der sich später die moderne Klarinette entwickelte.

Das Wort Klarinette bedeutet „Kleine Clarino" (kleine Trompete), und die ersten Instrumente klangen auch tatsächlich ähnlich wie Trompeten. Die Klarinette kam, verglichen mit den anderen Blasinstrumenten, recht spät ins Orchester, denn sie wurde erst gegen Ende des 17. Jahrhunderts von J. C. Denner in Nürnberg erfunden. Denner starb, bevor sein Instrument sich allgemein durchgesetzt hatte, aber die Komponisten verwendeten es, sobald es auftauchte. Vivaldi schrieb gegen Ende seines Lebens drei Klarinettenkonzerte. Berichten zufolge wurde 1742 in Dublin ein Klarinettenkonzert gespielt. Im Jahr 1789 fügten die Brüder Stadler, Mozarts Billardpartner, dem Instrument weitere Klappen an und führten es dem Komponisten vor. Für Mozart ähnelte der Klang der Klarinette der menschlichen Stimme mehr als jedes andere Instrument, und tatsächlich kann man sich leicht vorstellen, daß er an eine Sopranstimme dachte, als er sein Klarinettenkonzert schrieb.

Klarinetten gibt es in mehreren Größen und Stimmungen: Die Es-Klarinette ist am kleinsten und kann die höchsten Töne spielen, gefolgt von der B-, A- und Baßklarinette. Sie ist ein „transponierendes Instrument", das heißt, die Töne, die erklingen, sind nicht die gleichen, die in den Noten des Musikers stehen. Sie hat zwei Register, von denen man das tiefere als Chalumeau-Register bezeichnet. Der Übergang zum hohen Register ist ein kritischer Punkt, und es gehört viel Übung dazu, ebenmäßig darüber hinwegzuspielen.

Das Fagott entwickelte sich aus dem Kortholt; das Wort bezeichnet etwas, das durch Falten verkürzt wird. Der Ausdruck

Um auf dem Rohr zu blasen, zieht der Musiker die Lippen über die Zähne und steckt das Rohr dazwischen. Dabei muß er darauf achten, daß die Oberkante des Rohrs nicht abbricht. Dann bläst er stark und steuert dabei die Luft mit dem Zwerchfell, so daß sie durch das Rohr gedrückt wird. Die Muskeln der Mundwinkel dienen dazu, das Rohr an der richtigen Stelle zu halten. Nach mehrstündigem Spielen können diese Muskeln ermüden. Dann sagt der Oboist: „Mein Ansatz ist weg." Das bedeutet, daß er das Rohr nicht mehr festhalten kann. Diese Schwierigkeit haben vor allem Anfänger, deren Lippenmuskeln noch nicht stark genug sind.

Bei der Klarinette ist das Blasen insofern ähnlich wie bei der Oboe, als es ebenfalls eine genaue Atemkontrolle erfordert. Die Klarinette kann aber, aus dem Nichts kommend, leise beginnen und dann langsam lauter und wieder leiser werden, bis ihr Ton verschwindet.

Berlioz gab einige interessante Hinweise, wie man für die Klarinette komponieren soll. In der Symphonie fantastique gibt es beim Gang zum Schafott ein Thema, das von der Klarinette gespielt wird und den Ratschlag des Komponisten verdeutlicht:

Der Einsatz der Klarinetten sollte unter einem lauten Akkord des ganzen Orchesters versteckt sein, bis ihr Ton fest und klar wird.

Die Fagottliteratur beginnt mit Vivaldi, der für das Instrument 39 Solokonzerte schrieb. Strawinsky eröffnete 1913 sein *Sacre du Printemps* mit einem Solo, bei dem das Fagott in der höchsten Lage spielen muß. Das tat er absichtlich, denn indem das Fagott einen Ton erreichen muß, der eigentlich außerhalb seines Umfangs liegt, wollte er einen gequälten Klang erzeugen.

Fagott kommt von dem italienischen „fagotto", und das bedeutet „Bündel von Stäben".

Das Fagott ist wie die Oboe ein Doppelrohrblattinstrument. In der Holzbläsergruppe ist seine Funktion die einer „Baßoboe". Häufig werden zwei Instrumente benutzt, das Fagott und das Kontrafagott; beide bestehen aus einem langen hölzernen Rohr, das zu einer bequemer handhabbaren Form gefaltet ist. Das Rohr des Fagotts ist etwa 2,50 m lang, und beim Kontrafagott sind es sogar 4,80 m. Zum Spielen befestigt der Musiker die Instrumente mit einer Schlinge an seinem Hals.

Das Fagott wird gewöhnlich aus Ahornholz gefertigt. Zu einem selbständigen Instrument wurde es, als der deutsche Instrumentenbauer Heckel ein Klappensystem entwarf, das eine größere Vielseitigkeit ermöglichte. Das Fagott ist das einzige Blasinstrument, bei dem manche Klappen mit den Daumen bedient werden – sie müssen insgesamt neun Klappen bewegen. Es hat mit dreieinhalb Oktaven den größten Tonumfang aller Holzblasinstrumente. Das Kontrafagott wetteifert mit der Tuba darum, wer im Orchester die tiefsten Töne spielen kann.

Das Fagott eignet sich besonders für große Sprünge und kann komische Klänge hervorbringen; das trug ihm den Ruf als Clown des Orchesters ein. Es mischt sich aber auch sehr gut mit anderen Instrumenten: In der Ouvertüre zu Mozarts *Hochzeit des Figaro* gibt es eine schwierige Solopassage für das Fagott, die gegen das Hauptthema der Streicher läuft und dem Gesamtklang eine besondere Farbe verleiht.

Die Romantik

1828–1910

Nach Ansicht der romantischen Komponisten bestand die Hauptaufgabe der Musik darin, Gefühle auszudrücken; alle anderen Maßstäbe hatten sich diesem Zweck unterzuordnen. Das Orchester wuchs weiter: Die Blechbläser als ständiger Bestandteil wurden häufiger eingesetzt, und die Komponisten äußerten in ihrer Musik ihre persönlichsten Empfindungen über Liebe und Leben. Die Symphonie, die von Haydn, Mozart, Beethoven und Schubert entwickelt worden war, erlebte ihr ruhmreichstes Jahrhundert.

„Musik sollte die unmittelbare Reaktion auf Gefühle sein."

Hector Berlioz

Nach der Französischen Revolution gewann die Idee von der Freiheit des einzelnen immer mehr an Bedeutung. Beethoven drückte das in seiner Oper *Fidelio* aus, in der Florestan nach mehrjähriger Gefangenschaft in einem Kerker schließlich freigelassen wird. In der Gesellschaft wurde es immer mehr üblich, persönliche Gefühle zu äußern, und dieser neue Begriff von Freiheit spiegelte sich in Musik und Kunst wider. Die Phantasie erblühte: Komponisten, Dichter und Künstler lebten den Traum vom Künstler als romantischen Helden aus und litten erklärtermaßen im Namen der Kunst, nur um jung und verzweifelt zu sterben. Gleichzeitig mußten aber auch die alptraumhaften Teile der menschlichen Existenz offenbar werden, die Angst vor dem Teufel, das Böse und die Schattenseiten des Lebens; beispielhaft ausgedrückt ist dies in Goethes (1749–1832) Drama von Faust, der seine Seele dem Satan verkauft und dafür die Unsterblichkeit und das Versprechen ewiger Liebe erhält.

Man begann, Bücher über Musikgeschichte zu schreiben, teilte die Musik in Epochen – Barock und Klassik – ein und beschäftigte sich mit den Werken großer Meister, die früher gelebt hatten; das trug zu einer neuen Achtung vor Komponisten und Orchestermusik bei.

Zum Musikleben gehörten die Hausmusik, öffentliche Orchesterkonzerte in Konzertsälen und aufwendige Operninszenierungen. Die Komponisten gingen immer mehr zu freiberuflicher Tätigkeit über und schrieben Auftragswerke. Sie waren nun keine Hausangestellten mehr, sondern stellten sich selbst auf den Sockel, um respektiert und verehrt zu werden. Aber dennoch litten sie oft unter mangelnder Anerkennung, und obwohl sie reich und berühmt werden konnten, war das Leben eines freischaffenden Künstlers doch oft – genau wie heute – sehr unsicher. Sie reisten weiterhin viel und arbeiteten oft in anderen Ländern – so begann die kosmopolitische Lebensweise der heutigen Orchestermusiker. Die Komponisten kamen öfter untereinander in Kontakt und dirigierten gegenseitig ihre Werke. Und sie äußerten ihre Meinung über die Musik des anderen – meist unterstützend, manchmal aber auch in sehr kleinlicher, bösartiger Weise.

Die Harfe ist eines der ältesten Instrumente; ihre Geschichte reicht bis ins Jahr 1200 v. Chr. zurück. Aber erst 1810 erfand Sebastian Erard die Pedalharfe, die vielseitiger war und zu einem nützlichen Orchesterinstrument wurde. Sie hat 47 Saiten, von denen manche rot und andere blau sind, damit der Spieler sie leichter unterscheiden kann. Das Wort Harfe kommt von dem lateinischen *arpa* (aufgespannte Saiten). Mit den Pedalen kann der Musiker schnell die Tonart wechseln. Das Stimmen dauert mindestens eine halbe Stunde, und deshalb muß der Harfenist immer als erster auf dem Konzertpodium sein.

„Berlioz ist ein richtiger Verrückter ohne eine Spur von Talent."
Rossini

„Noch nie war ein so verblüffender Mangel an Talent gepaart mit einer solchen Anmaßung."
Tschaikowsky über Strauss

Promenadenkonzerte
Königin Victoria und Prinz Albert kreierten 1840 in London die Mode der Promenadenkonzerte. Beide liebten die Musik und wollten das öffentliche Interesse dafür fördern. Der französischen Mode folgend, gab es bald auch in mehreren Londoner Theatern jährliche Konzertreihen.

Der Klang des Englischhorns ist tief, melancholisch und höchst ausdrucksvoll. In der Symphonie „Aus der neuen Welt" von Dvořák spielt es eine wunderschöne Melodie, die von Minnehatas Begräbnis in *Hiawata* angeregt wurde.

Das Saxophon wurde 1840 in Paris von Adolphe Sax erfunden. Es besteht zwar aus Metall, aber es zählt dennoch zu den Holzblasinstrumenten, weil es wie eine Baßklarinette geformt ist und ein Mundstück mit einem einzelnen Rohrblatt hat. Es wird in der Orchestermusik nur gelegentlich benutzt, aber dafür ist es ein beliebtes Jazzinstrument.

Da es immer mehr öffentliche Konzerte gab und für die Musik mehr Geld zur Verfügung stand, konnten die Orchester zu weit größerem Umfang anwachsen: Blechbläser wurden nun regelmäßig eingesetzt, die Zahl der Holzbläser vergrößerte sich, und weitere Instrumente wie Harfe und Klavier kamen hinzu. Nachdem 1818 die Ventile erfunden worden waren, erweiterten sich die Möglichkeiten der Blechblasinstrumente, die nun flexibler und leichter zu spielen waren.

Dieses vergrößerte Orchester war für die Komponisten das ideale Mittel, um ihre persönlichen Liebes- und Lebensgefühle auszudrücken. Ein wichtiger Bestandteil war dabei die Klangfarbe, und so wurden die charakteristischen Eigenschaften der einzelnen Instrumente immer wichtiger. Um besondere Wirkungen zu erzielen, nahm man weitere Instrumente hinzu, die für den Gesamtklang unentbehrlich wurden, zum Beispiel Englischhorn, Saxophon, Baßklarinette und Harfe. Außerdem wurden alle Instrumente stark verbessert. Die Instrumentenbauer gaben den Holzblasinstrumenten eine höhere Stimmung, um ihren Klang anregender zu machen. Das wiederum führte zu Problemen für die Blechbläser, die sich entsprechend anpassen mußten, damit die Stimmung gleich blieb.

Zwar gab es schon die Pedalharfe, aber oft war es schwierig, einen guten Harfenisten zu finden, und deshalb wurde ihr Part häufig vom Klavier übernommen. Bei den Streichern änderte sich nicht viel. Violine und Viola erhielten etwa ab 1820 Kinnhalter, die das Spielen angenehmer machten. Und bei den Schlaginstrumenten verwendete man nicht mehr nur zwei Pauken, wie in der Klassik, sondern drei oder mehr. Mit der wachsenden Begeisterung für türkische Musik kamen außerdem kleine Trommel, Becken und Triangel hinzu.

Das erste Händel-Fest 1859 im Londoner Kristallpalast

Es wurde modern, Konzerte mit gewaltigen Orchestern zu geben. Um 1800 herum wäre ein Orchester aus insgesamt 40 Musikern annehmbar gewesen. Um 1880 wäre dies allein die Zahl der Streicher gewesen, von denen es nun mehr geben mußte, damit sie mit den stärkeren Holz- und Blechbläsern mithalten konnten. Das bedeutete, daß ein Orchester ohne weiteres aus über 100 Musikern bestehen konnte, und bei besonderen Gelegenheiten waren es manchmal auch doppelt so viele. Der Grundaufbau aus vier Gruppen – Streicher, Holzbläser, Blechbläser und Schlaginstrumente – blieb dabei erhalten.

Die Mode der großen Orchester führte dazu, daß man auch ältere Werke auf diese Weise aufführte, mit weit mehr Instrumenten, als ursprünglich beabsichtigt war. Der Dirigent Spohr führte zum Beispiel das Oratorium *Die Jahreszeiten* von Haydn im Jahr 1802 in St. Petersburg mit 70 Violinen, 30 Kontrabässen und doppelt besetzten Holzbläsern auf. Diese Praxis hielt sich bis weit ins 20. Jahrhundert hinein und änderte sich erst in den

Die Idee, Konzerte mit gewaltigen Orchestern zu geben, war nicht neu. Bei der Händel-Gedächtnisveranstaltung, die 1784 in Westminster Abbey stattfand, wirkten 250 Instrumente und 275 Sängerinnen und Sänger mit. Im Jahr 1786 wurde der *Messias* im Berliner Dom mit einem Orchester von 189 und einem Chor von 119 Mitwirkenden aufgeführt. Diese Praxis behielt man für festliche Gelegenheiten bei. Jullien dirigierte im Zoologischen Garten von Surrey Haydn- und Beethoven-Konzerte mit einem Orchester aus 300 Musikern. Im Jahr 1859 leitete er an der gleichen Stelle eine Aufführung des *Messias* mit insgesamt 1000 Mitwirkenden.

letzten Jahren mit dem Bestreben nach „originalgetreuen" Aufführungen.

Festivals waren eine Gelegenheit, pompös aufzutreten und Musik in gigantischen Maßstäben vorzuführen. Berlioz wollte, wie er es nannte, „monströse" Musik präsentieren. Seiner Ansicht nach konnte Musik mit der „stilistischen Breite" der Oratorien von Händel, Bach, Haydn und Beethoven „zweifellos durch die Aufführung mit größeren Kräften viel gewinnen". Er setzte sich immer für mehr Musiker ein, denn er hielt ein großes Orchester nicht nur wegen der Lautstärke für wichtig, sondern auch wegen seiner Kraft. Voluminöser Klang und starke Strukturen waren unentbehrlich, um die überschäumenden Gefühle der Romantik auszudrücken. Äußerst wichtig waren auch die Schauplätze dieser Großkonzerte. Berlioz ließ, wenn ein Saal nicht groß genug war, das Orchester einfach im Freien spielen. Fanatisch beschäftigten sich die Komponisten nun mit der Sitzordnung der Musiker, und es gab viele verschiedene Theorien über ideale Anordnung und Klangbalance. Auch heute kann sich die Aufstellung eines Symphonieorchesters ändern, wenn die Musik es verlangt oder wenn der Komponist oder der Dirigent in dieser Hinsicht eine besondere Vorliebe hat.

Mit der Vergrößerung der Orchester wurden auch die von ihnen gespielten Musikstücke länger. Beethoven forderte 1803 mit seiner „Eroica"-Symphonie die Kritik heraus, weil sie 40 Minuten dauerte. Im 19. Jahrhundert aber schrieben Komponisten wie Bruckner und Mahler Symphonien, die über eine Stunde dauern – die längste ist Mahlers Achte mit einer Spieldauer von einer Stunde und 45 Minuten, bei der wie in einer Opernkomposition auch noch Singstimmen hinzukommen. Auf der anderen Seite schrieb Wagner seine Opern „symphonisch"; die längste ist *Der Ring des Nibelungen,* die sich in vier Teile gliedert und insgesamt 18 Stunden in Anspruch nimmt.

Neben diesem Hang zum Gigantischen gab es aber auch eine kleinformatige Richtung. Salonmusik war sehr in Mode, mit privaten Aufführungen und führenden Komponisten wie Chopin, der zu diesem Zweck Hunderte von Kompositionen für Soloklavier schrieb.

Im Jahr 1844 dirigierte Berlioz zum Abschluß der Ausstellung für Industrieprodukte ein Konzert, bei dem er alle Orchestermusiker und Sänger einsetzte, die er in Paris finden konnte. Die Proben mit dem (wie er es nannte) „Körper von 1022 Mitwirkenden" fanden gruppenweise statt. Bei einer solchen Probe ließ er 36 Kontrabässe das Scherzo aus der fünften Symphonie von Beethoven spielen und bemerkte dann, es klinge „wie das Grunzen einer Herde stampfender Schweine, so holprig und verstimmt spielten sie". Durch Üben wurde es glücklicherweise besser!

II.—Drawing-Room Music of the Present—A brilliant Fantasia for the Piano by Signor Rumbelsfomskini.

Karikatur aus der Zeitschrift *Punch* über die beliebten Salonkonzerte

Symphonische Dichtung oder Tondichtung: Ein Orchesterstück in einem Satz, das auf einer Geschichte (dem „Programm") basiert, gewöhnlich einer Dichtung, die dem Publikum vor dem Beginn des Stücks vorgelesen werden soll. Liszt prägte den Begriff „symphonische Dichtung", Strauss sprach von „Tondichtungen".

Thema: eine musikalische Idee, meist eine Melodie, die zum Ausgangspunkt einer Komposition wird.

Die Komponisten der Romantik befreiten sich immer mehr von den Formprinzipien, die sich in der Klassik entwickelt hatten. Manche wandelten die Regeln innerhalb der Schule ab (Beethoven, Schubert, Mendelssohn, Schumann, Brahms), andere rissen die Mauern völlig nieder (Berlioz, Liszt, Wagner, Bruckner, Mahler und Strauss) und schufen eine neue Form der beschreibenden Musik, die eine Geschichte mit all ihren Stimmungen und Leidenschaften erzählen konnte. Aus diesen Bestrebungen entstand die Form der symphonischen Dichtung, einer beschreibenden Symphonie in einem einzigen, durchlaufenden Satz.

Ein anderes charakteristisches Merkmal romantischer Musik waren Themen, die eine Person oder ein Gefühl verkörpern; indem solche Themen in verändertem Zusammenhang auftauchten, wurden die Gefühle dieser Person dargestellt. Carl Maria von Weber (1786–1826) – Mozarts Frau war eine seiner Cousinen – war der erste, der in seiner Oper *Der Freischütz* nach diesem Prinzip vorging.

Im Jahr 1830, nur zwei Jahre nach Schuberts Tod, platzte Berlioz mit seiner *Symphonie fantastique* in das romantische Musikleben, einem leidenschaftlichen Ausfluß seiner persönlichen Kämpfe mit der Liebe. Das Werk wurde mit einem großen Orchester aus etwa 120 Musikern uraufgeführt (Berlioz hatte sich 220 gewünscht), darunter Harfen, Es-Klarinette, Kornette, zwei Tuben und Klavier. Er setzte eine große Blechbläsergruppe ein und übertrug ihr wichtige Themen. Das Stück dauert 45 Minuten.

Hector Berlioz (1803–1869) war ein reinrassiger Romantiker, verstrickt in unerwiderte Liebe. Während seines ganzen Lebens träumte er davon, ein einziges Mal sein ideales Orchester einzusetzen, mit 465 Musikern, darunter 30 Klaviere und 30 Harfen. Seine Musik wurde nicht von allen geschätzt, und sie war, wie sein Leben, sehr ungestüm.

In der *Symphonie fantastique* verwendet Berlioz ein Thema (die idée fixe), um Harriet, seine Angebetete, zu charakterisieren. In einem der fünf Sätze beschreibt er, wie er zum Schafott geführt wird. Am Ende hört man, wie die Guillotine niedersaust und der Kopf mit einem „plink plonk" zu Boden fällt. Kurz davor spielt eine Soloklarinette das Harriet-Thema, die idée fixe, weil der Held vor seinem Tod an sie denkt. Berlioz schrieb auch bändeweise literarische Werke, und es machte ihm Spaß, darin höchst exaltierte Gefühlsäußerungen abzugeben:

> Wenn ich reich, sehr reich wäre, würde ich zu Mohammed Ali (dem damaligen Statthalter von Ägypten, Anm. d. Übers.) oder dem Sultan gehen und ihm sagen: „Hoheit, verkaufen Sie die Insel Tenedos, verkaufen Sie mir Kap Sigeium und Simois und Skamander. Machen Sie sich keine Sorgen – es hat nichts mit Krieg zu tun. Wenn ich Herr jener Orte wäre, die durch die Muse der Antike geheiligt sind, jener Berge, jener Wälder, in denen das Blut Hektors und die Tränen der Andromache geflossen sind, ich würde ein Schiff ausrüsten und ein großes Orchester an Bord nehmen, und ich würde mich damit nach Troja aufmachen. Angekommen in jenem erhabenen Land, würde ich einen Ort der Einsamkeit schaffen, ohne italienische Dilettanten und ohne englische Touristen . . . Ich würde am Fuße des Berges Ida einen Tempel der Töne bauen, und dort würde mein königliches Orche-

Rechts oben Hector Berlioz sagte: „Mein Leben ist eine zutiefst interessante Romanze."

Rechts unten Harriet Smithson, in die sich der Komponist leidenschaftlich verliebte

Poulenc schrieb in seiner Oper *Die Karmeliterinnen* einen Chor für Nonnen, die darauf warten, geköpft zu werden. Während die Köpfe rollen, hört man jedes Mal einen dumpfen Schlag, und die Anzahl der Stimmen geht immer mehr zurück, bis schließlich nur noch eine und dann gar keine mehr übrig ist!

Berlioz beschrieb sein ideales Orchester für einen Saal, der etwas größer sei als das Pariser Konservatorium, folgendermaßen: 41 Violinen, 18 Bratschen, 8 erste Celli, 7 zweite Celli, 10 Kontrabässe, 4 Harfen, 2 Piccoloflöten, 2 Flöten, 1 Englischhorn, 2 Klarinetten, 1 Bassetthorn oder Baßklarinette, 4 Fagotte, 4 Ventilhörner, 2 Ventiltrompeten, 2 Zugkornette, 3 Posaunen, 1 Baßposaune, 1 Baßtuba, 2 Paar Pauken mit 4 Spielern, 1 große Trommel und 1 Paar Becken – zusammen 119 Musiker. Dazu sollte ein Chor von 126 Personen kommen, und wenn die Größe des Saals es zuließ, wollte er DIESE ZAHLEN VERDOPPELN.

Berlioz stammte aus einer wohlhabenden Familie. Sein Vater war ein guter Chirurg, und er wollte, daß auch Hector Medizin studierte. In seinen Memoiren schreibt Berlioz: „Liebe und Musik entdeckte ich mit zwölf Jahren." Damit meinte er Estelle, seine erste Liebe. Später war er enttäuscht, weil Harriet Smithson seine Leidenschaft nicht erwiderte; er ließ sich von Camille Moke trösten und verlobte sich mit ihr. Nachdem er den begehrten Prix de Rome gewonnen hatte, ging er zum Studieren nach Italien. Während dieser Zeit wurde Camille ihm untreu; als er hörte, daß sie einen anderen heiraten wollte, beschloß er, sie, ihren Geliebten und ihre Mutter umzubringen. Um seine Rache vorzubereiten, ging er zu einer Schneiderin und bestellte eine vollständige Dienstmädchen-Ausstattung, um sich zu verkleiden. Er berichtet: „Umständlich lud ich zwei doppelläufige Pistolen, die ich bei mir hatte, und ich überprüfte und erneuerte zwei Fläschchen dieser unschätzbaren Herzmittel Laudanum und Strychnin, die ich in der Tasche trug." Dann machte er sich auf, um die drei zu finden. Dabei verlor er aber seine Frauenkleider; die Polizei griff ihn auf, weil sie ihn für einen Revolutionär hielt. Schließlich wurde ihm klar, daß er Selbstmord begehen mußte, wenn er die Tat ausführte, und er gelangte zu dem Schluß: „Ich kann Leben und Kunst noch nicht Lebewohl sagen und als Flegel in Erinnerung bleiben, als Rohling, der nicht zu leben verstand, und ich kann meine Symphonie nicht unvollendet lassen". Also überlegte er es sich anders: „Arbeit und Kunst sind zwei großartige Heilmittel für ein betrübtes Gemüt."

ster jenes andere große Gedicht des Königs der Musiker vortragen, die Eroica-Symphonie von Beethoven."

Berlioz verliebte sich in die irische Shakespeare-Schauspielerin Harriet Smithson, aber es kann kaum überraschen, daß sie seine Annäherungsversuche eine ganze Zeit lang zurückwies, auch wenn sie ihn schließlich doch heiratete. Er überhäufte sie mit Liebesbeweisen und legte sich sogar vor ihrer Kutsche auf die Straße, um ihre Aufmerksamkeit zu erregen. Einmal soll er zu ihr gesagt haben: „Ich bin Ihr Sklave!", worauf sie antwortete: „Die Sklaverei ist abgeschafft!" Er war fasziniert von den romantischen Seiten Shakespeares, und so war es kein Zufall, daß er sich in sie verliebte, als sie im *Hamlet* die Ophelia spielte.

Berlioz schrieb 1843 einen *Traité d' orchestration,* eine Bibel der Musikinstrumente, in der er jedes Instrument liebevoll und in allen Einzelheiten erklärt, mit seinen Stärken und Schwächen und mit Hinweisen, wie man seinen Klang im Orchester am besten einsetzt. Richard Strauss überarbeitete das Buch später und fügte einen Abschnitt über das Dirigieren hinzu.

Berlioz gibt in seinen Partituren genaue Anweisungen über die einzelnen Instrumente und wie sie in seinen Stücken gespielt werden sollen. Es war sein Ziel, den besonderen Glanz jedes einzelnen Instruments deutlich zu machen. Die Blechbläser setzt er nicht nur zur Verstärkung von Höhepunkten ein, sondern er überträgt ihnen wichtige Themen. Das *Requiem* verlangt über 200 Musiker, darunter vier Blech-Fernorchester an den Ecken des Podiums. Außerdem pflegte er bei diesem Werk, sofern genug Platz vorhanden war, einen Chor von 400 Sängern einzusetzen. Er verstand sich darauf, das Orchester dramatisch in Szene zu setzen.

Leider nahm man Berlioz nicht ernst genug, weil er so impulsiv war. In Karikaturen benutzte er ein Schwert zum Dirigieren. Viele Jahre lang kämpfte er mit Geldschwierigkeiten, und seine Operninszenierungen waren nicht besonders erfolgreich. Wie Schumann bestritt er seinen Lebensunterhalt als Musikkritiker, und außerdem schrieb er seine Memoiren, eine faszinierende

Der Geiger Paganini, der die Musik von Berlioz stark unterstützte, kam nach Paris, um die Berlioz-Oper *Benvenuto Cellini* zu hören. Die Aufführung war ein Mißerfolg, über den Berlioz selbst sagte: „Sie haben das Stück schlecht behandelt." Einige Tage später erhielt er von Paganini ein Schreiben und 20 000 Franc. In dem Brief stand: „Beethoven ist tot, und nur Berlioz kann ihn wieder lebendig machen." Als Berlioz ging, um sich bei Paganini zu bedanken, fand er ihn in einem nahegelegenen Wirtshaus beim Billardspiel.

Beschreibung seines Lebens und seiner Beziehungen zu anderen Musikern der damaligen Zeit.

Mehr und mehr wurde es üblich, daß Komponisten sich ihren Lebensunterhalt durch Dirigieren verdienten. Nachdem überall in Europa Orchester und Konzertgesellschaften entstanden waren, konkurrierte man um die besten Stellungen.

Felix Mendelssohn-Bartholdy (1809–1847) war die meiste Zeit seines Lebens Dirigent des Leipziger Gewandhaus-Orchesters. Der Sohn eines reichen Hamburger Bankiers hatte mit 17 Jahren bereits 13 Streichersymphonien, eine Oper, ein Streichoktett und die Ouvertüre *Ein Sommernachtstraum* (1827) geschrieben, Werke von erstaunlicher Reife und vollendeter Form. Da er aus einer reichen Familie stammte, hatte er nie Geldsorgen gehabt, und das wiederum machte ihn manchmal zum Gegenstand von Neid und Vorurteilen. Seine *Lieder ohne Worte* für Klavier kennt jeder Pianist. Er setzte sich sehr dafür ein, die Werke früherer Komponisten bekannt zu machen, zunächst (mit 20 Jahren) indem er 1829 – ein Jahrhundert nach der Erstaufführung durch Bach – die erste Wiederaufführung der *Matthäus-Passion* dirigierte. Er benutzte dafür ein großes Orchester aus über 70 Musikern und einen Chor von 400 Sängern. Später erweckte er viele Oratorien von Händel, vergessene Werke von Mozart, die Symphonien Beethovens (insbesondere die Neunte) und die große C-Dur-Symphonie von Schubert (ebenfalls die Neunte) wieder zum Leben.

Unten Felix Mendelssohn-Bartholdy

Mendelssohns Symphonien bleiben im klassischen Rahmen: vier Sätze und eine Länge von etwa 25 Minuten. Seiner Ouvertüre *Die Hebriden (Fingals Höhle)* fügte er ein Programmelement hinzu. „Um zu verdeutlichen, wie seltsam mir auf den Hebriden zumute geworden ist, fiel mir eben folgendes bei“, schrieb er am 7. August 1829 an seine

Familie, nachdem er Fingals Höhle auf der Insel Staffa gesehen hatte und mit dem Dampfschiff von Fort William über Oban nach Tobermory fuhr. Die Darstellung des Sturms in dieser Ouvertüre ist bemerkenswert, wenn man bedenkt, daß Mendelssohn nur das relativ kleine klassische Orchester einsetzt.

Im Jahr 1841 dirigierte Mendelssohn die erste Symphonie von Schumann. Auch Robert Schumann (1810–1856) bleibt im klassischen Rahmen, aber er nahm Posaunen hinzu, die, wie die Streicher, auch Themen zu spielen haben. Außerdem setzte er drei statt der klassischen zwei Pauken ein, und wie Beethoven verwendete er ländliche Motive, mit Hornrufen und einer Soloflöte, welche die letzten Zeichen des Frühlings verkörpert. Und wie bei Beethoven gibt es ein Scherzo anstelle des Menuetts. Schumann schrieb vier Symphonien, umfangreiche Stücke in vier Sätzen, die jeweils etwa 30 Minuten dauern. Außerdem komponierte er Konzerte für Klavier und Cello, kleine Klavierstücke, Liederzyklen, eine Oper, Chor-, Schauspiel- und Orgelmusik. Viele seiner Stücke wurden von seinem Freund, dem Komponisten Franz Liszt, aufgeführt.

Franz (Ferenc) Liszt (1811–1866) war ein berühmter Komponist und Pianist, der vor allem wegen seines virtuosen Klavierspiels bekannt war. Der vielseitig begabte Musiker spielte den „Gang zum Schafott" aus der *Symphonie fantastique* von Berlioz auf dem Klavier, und zwar so, daß sie angeblich noch dramatischer klang als die Orchesterfassung. Er bezeichnete Berlioz als „Abenteurer" und als „Schrecken der Philister". Liszt war aber nicht nur ein gefragter Pianist, sondern auch ein begabter Dirigent: Unter anderem leitete er die Uraufführungen mehrerer Wagner-Opern. Die beiden Musiker kannten sich gut, denn Wagner heiratete Liszts Tochter Cosima.

Als Komponist entwickelte Liszt die Gattung der symphonischen Dichtung. Am fruchtbarsten war er dabei in den Jahren nach 1848; in diesem Jahr hatte er sich als Hofkapellmeister in Weimar niedergelassen, wo ihm ein Theater und ein – angeblich allerdings recht kleines – Orchester zur Verfügung standen. Seine symphonischen Dichtungen bestehen jeweils aus einem sehr anschaulichen Satz, und wie bei Berlioz werden Charakter-

Mendelssohn in einem Brief an seine Mutter:
Prinz Albert bat mich, am Sonnabend zu ihm zu kommen und seine Orgel auszuprobieren, bevor ich England verließ. Königin Victoria kam, während wir uns unterhielten. Sie fragte, ob ich neue Lieder geschrieben hätte, und sie sagte mir, daß sie die veröffentlichten gerne singe. Prinz Albert ging, um ein paar Stücke zu holen. Ich bat sie, ein Lied aus meiner ersten Sammlung zu singen, und das tat sie auch – im richtigen Ton und Takt, sehr gut ausgeführt.

Eines Abends machte Liszt, der bei dem Ehepaar Schumann zum Abendessen war, einige bissige Bemerkungen über Mendelssohn. Schumann erhob sich sofort, packte Liszt an der Schulter und schrie: „Wie können Sie es wagen, so über unseren großen Mendelssohn zu reden!" Liszt entschuldigte sich und ging.

bilder durch eigene Themen dargestellt. Die oftmals schauerlichen Einzelheiten der Geschichte schrieb er auf die Titelseite der Partitur. Die symphonischen Dichtungen beruhen auf Stoffen wie dem *Hamlet, Tasso* (nach dem Schauspiel von Goethe) und der *Hunnenschlacht.* Später schrieb er Programmsymphonien; die erste war „Faust". Die drei Sätze dieser Symphonie nehmen wiederum die Ideen von Berlioz auf und zeichnen die Entwicklung der drei Charaktere musikalisch nach.

Ein weiterer Komponist und Pianist war Johannes Brahms (1833–1897). Er war ein enger Freund Schumanns und machte von seinem dreißigsten Lebensjahr an Wien zu seiner Heimat. Der hochbegabte Pianist lebte in Wien zu einer Zeit, als Beethovens Symphonien sehr beliebt waren (1863); Brahms fürchtete sich immer davor, seine Musik könne mit Beethovens Werken verglichen werden, und er hatte ständig das Gefühl, im Schatten des großen Klassikers zu leben. Deshalb schrieb er auch seine erste Symphonie erst mit 43 Jahren.

Seinen Durchbruch brachte das Jahr 1872, als er seine Variationen über ein Thema von Haydn (St. Antoni-Choral), die er ursprünglich für Klavierduo geschrieben hatte, für Orchester umarbeitete. Er benutzte dazu ein sehr einfaches Orchester ohne Posaunen, und als das Stück großen Anklang fand, fühlte er sich ermutigt, weitere Orchesterwerke zu komponieren.

Seine erste Symphonie (1876) umfaßt vier Sätze, dauert etwa 45 Minuten und enthält ein Thema, das der „Freude"-Melodie im letzten Satz der neunten Symphonie von Beethoven ähnelt. Als man ihn darauf ansprach, bemerkte er: „Das kann jeder sehen." Wie Beethoven setzt er zwei Fagotte und drei Posaunen ein, und wie bei Beethoven werden die Posaunen nur im letzten Satz benutzt.

Insgesamt schrieb Brahms vier Symphonien, zwei Klavierkonzerte, ein Violinkonzert, ein Doppelkonzert für Violine und Cello, Ouvertüren, Chorwerke und viele Lieder. Seine Symphonien folgen dem klassischen viersätzigen Schema, aber sie haben keine anschaulichen Titel. Nur der dritten Symphonie gab er als Motto die Töne F A F für „frei aber froh".

Beethoven war 1823 bei einem Konzert von Liszt, der damals gerade 12 Jahre alt war. Der Anblick Beethovens in der ersten Reihe machte ihn eher nervös, als daß er ihn verblüfft hätte. Am Ende, während der Beifallsstürme, ging Beethoven (der damals natürlich schon völlig taub war) auf das Podium, schloß Liszt in die Arme und küßte ihn auf die Wangen.

Hugh Reginald Hawes, *My Musical Life,* 1854

Unten Franz Liszt

Als kleiner Junge spielte Brahms zusammen mit seinem Vater, einem Kontrabassisten, in den Wirtshäusern im Hamburger Hafenviertel. Sein erstes Solokonzert gab er 1848, als Fünfzehnjähriger. Im Jahr 1860 unterschrieb er ein Manifest gegen Liszts neuen Kompositionsstil; das ist einer der Gründe, warum Brahms als Wagner-Gegner gilt (denn Liszt stand Wagner sehr nahe).

Als Robert Schumann starb, war Brahms 23 Jahre alt; er blieb mit Clara befreundet und liebte sie heimlich sein ganzes Leben lang. Drei Jahre vor seiner ersten Symphonie schrieb er einen Zyklus von Variationen für zwei Klaviere über ein Thema von Haydn. Zum ersten Mal spielte er das Stück zusammen mit Clara Schumann 1873 in einem Privathaus in Bonn.

Johannes Brahms

Der Pianist und Dirigent Hans von Bülow führte die Klaviermusik von Brahms auf. Seine Frau Cosima, die Tochter von Liszt, verließ ihn 1870 und heiratete noch im gleichen Jahr Richard Wagner. Von Bülow war natürlich verärgert und wollte Wagners Musik nicht mehr unterstützen, sondern setzte statt dessen auf Brahms, den man als Wagners Rivalen betrachtete; er nahm den Komponisten und seine Symphonien mit auf eine Tournee mit der Meininger Landeskapelle, einem führenden Orchester jener Zeit. Das war für Brahms ein großer Ansporn, denn sobald eine Symphonie fertig war, wurde sie von dem Orchester auch aufgeführt.

Während der Proben zu Brahms' vierter Symphonie (es war die einzige, die Brahms selbst dirigierte) machte von Bülow den jungen Richard Strauss zu seinem Assistenten. Er pflegte Wagner „Richard den Ersten" und Strauss „Richard den Dritten" zu nennen – einen Zweiten konnte es nach Wagner für ihn nicht geben.

Richard Strauss – er ist übrigens in keiner Weise mit der Familie des Wiener „Walzerkönigs" verwandt – war ein berufsmäßiger Komponist und Dirigent, mit Stellungen an den Opernhäusern von München, Weimar, Berlin und Wien.

Strauss, auch er ein Wunderkind, war der Sohn eines der besten Hornisten Deutschlands. Er fing schon im Alter von fünf Jahren an zu komponieren – seine ersten Werke waren eine Polka und ein Weihnachtslied. Sein Vater war erster Hornist an der Münchner Hofoper, und in seiner Gesellschaft hörte der junge Richard Strauss alle bedeutenden Opernkompositionen seiner Zeit, darunter auch *Tannhäuser* und *Siegfried* von Wagner. Sein Urteil damals: Diese Opern seien fürchterlich langweilig. Als Student beschäftigte er sich dennoch mit Wagners Partituren, und als er seine Stelle bei von Bülow und dem Meininger Orchester antrat, lernte er den Komponisten Alexander Ritter und andere „Wagnerianer" kennen, die ihn endgültig bekehrten. Er arbeitete daraufhin einige Zeit in Wagners Opernhaus in Bayreuth als Repetitor (d. h. als Pianist, der mit den Sängern die Partien einstudiert).

Der Geiger Joseph Joachim war ein enger Freund von Brahms und Schumann. Schumann schlug vor, sie sollten eine Sonate für Joachim komponieren und ihn raten lassen, wer welchen Satz geschrieben habe. Clara Schumann begleitete Joachim am Klavier, und der Geiger erkannte sofort die Urheber der einzelnen Teile. Schumann widmete das Werk Joachim mit dem Motto *Frei aber einsam.*

Brahms und Wagner repräsentierten die beiden gegensätzlichen Musikrichtungen der deutschen Romantik. Deshalb glaubt man oft, die beiden seien Feinde gewesen. Aber das stimmt nicht. Brahms war von Wagners Musik fasziniert, und obwohl er Bayreuth nie besuchte, bot er Wagner 1863 in Wien an, Stimmen der *Meistersinger* abzuschreiben, nur um mit ihm arbeiten zu können.

Zum Dirigieren kam er durch einen Zufall: Hans von Bülow hatte Strauss 1884 den Auftrag erteilt, für das Meininger Orchester eine Bläsersuite zu schreiben, und die Uraufführung ließ er ihn, der noch nie einen Taktstock in der Hand gehabt hatte, kurzerhand auch dirigieren. Damals war Strauss gerade 20 Jahre alt.

Trotz seiner anfänglich ablehnenden Haltung ließ Strauss sich später in seiner Musik stark von Wagners Kompositionen beeinflussen: Nachdem er sie gehört hatte, entschloß er sich, mit „Themen“ zu arbeiten, und er ging daran, Programmusik in Form symphonischer Dichtungen zu schreiben. Elf solcher Werke komponierte er in zehn Jahren; das erste mit dem Titel *Don Juan* vollendete er im Alter von 20 Jahren. Diese symphonischen Dichtungen wurden sofort zu einem Erfolg, man spielte sie überall in Europa und in den USA. In jeder gibt es einen Phantasiehelden als zentrale Gestalt – Don Juan (1889), Macbeth (1888), Till Eulenspiegel (1895) und Don Quichote (1897). Die

Hauptfigur wird jeweils durch ein Thema verkörpert, das Strauss äußerst geschickt durch das ganze Stück geistern läßt.

Der Beifall für Strauss' Werke war aber nicht ungeteilt. Debussy bezeichnete *Till Eulenspiegel* als „Musikstunde in einem Irrenhaus". Die Schlagzeile einer amerikanischen Zeitung nach der Uraufführung von *Salome* im Jahr 1905 lautete „4000 Menschen überleben die entsetzlichste Tragödie, die je auf einer Bühne gezeigt wurde." Strauss selbst war davon überzeugt, *Don Juan* würde ein Mißerfolg werden. Während der Proben schrieb er an seinen Vater: „Die armen Hornisten und Trompeten tun mir wirklich leid. Die bliesen sich ganz blau, so anstrengend ist die Geschichte . . ." Aber die Uraufführung in Weimar am 11. November 1889 war ein großer Erfolg und legte den Grundstein für eine internationale Musikerkarriere: Im Laufe der Jahre schrieb Strauss Orchester-, Kammer- und Klaviermusik, Opern und etwa 200 Lieder.

Im Jahr 1903 schrieb er ein autobiographisches Werk, die *Symphonia Domestica,* und neben seiner übrigen Arbeit wandte er sich dem Komponieren von Opern zu. *Salome* (1905) und *Elektra* (1909) sind höchst spannungsreiche, sehr gefühlvolle Opern, die bei ihrer Uraufführung äußerst schockierend gewirkt haben müssen. Seine Musik ging, besonders in *Elektra,* bis an die Grenzen der Harmonik. Strauss soll darüber gesagt haben: „Ich bin an den Rand der Klippe getreten, habe in den Abgrund gesehen und war entsetzt – ich mußte zurückweichen." Er hatte Angst vor dem, was die Musik in Zukunft sein würde, wandte sich ab und schrieb den *Rosenkavalier*.

Kurz vor seinem Tod komponierte Strauss die wunderbaren *Vier Letzten Lieder* für Sopran und Orchester – ein herausragender Tribut an sein Lebenswerk.

Peter Iljitsch Tschaikowsky (1840–1893), ein weiterer Komponist und Pianist, war einer der wichtigsten Symphoniker außerhalb der deutsch-österreichischen Tradition der Wiener Schule. Zu seinen vielen Orchesterwerken gehören sechs Symphonien mit unterschiedlich vielen Sätzen, Klavierkonzerte, ein Violinkonzert, die Rokoko-Variationen für Cello sowie Ouvertüren, deren bekannteste den Titel *1812* trägt.

Im Jahr 1948 dirigierte Sir Georg Solti in München die Oper *Der Rosenkavalier* von Richard Strauss zu dessen 58. Geburtstag. Über seine erste Begegnung mit dem Komponisten berichtet er:

Er (Strauss) kam zur Kostümprobe des Rosenkavalier. *Es war das erste Mal, daß ich die Oper dirigiert hatte, und ich war wegen seiner Anwesenheit sehr nervös. Er sagte nette Dinge darüber und lud mich in sein Haus ein. So ging ich hin, mit allen meinen Strauss-Opernpartituren, denn ich hoffte, ich würde einige Informationen aus erster Hand erhalten. Ich hatte zwar Angst vor ihm, aber er beruhigte mich sofort. An diesem einen Vormittag lernte ich mehr über das Dirigieren von Opern als in meinem ganzen bisherigen Leben.*

Strauss sagte mir, wenn man Opern dirigiert, müsse man immer einmal vom Orchester weggehen und sich das Ganze vom Zuschauerraum aus anhören, denn dort klingt es völlig anders. Seither habe ich keine Oper mehr dirigiert, ohne das zu tun.

Sir Georg Solti

Links Peter Iljitsch Tschaikowsky

Anton Rubinstein, Tschaikowskys Lehrer, sagte einmal über dessen Kompositionsbegabung: „Einmal stellte ich ihm im Kompositionsunterricht die Aufgabe, Variationen über ein vorgegebenes Thema im Kontrapunkt zu schreiben. Ich hatte erwartet, daß er etwa ein Dutzend Variationen abliefern würde, aber in der nächsten Stunde gab er mir zweihundert. Sie alle durchzusehen hätte mehr Zeit gekostet, als er zum Komponieren gebraucht hatte."

Aus Hamburg schrieb Tschaikowsky an seinen Neffen: „Der Dirigent hier ist nicht nur annehmbar, er hat sogar etwas Geniales, und er will unbedingt die Uraufführung meiner Oper *Eugen Onegin* dirigieren. Sein Name ist Mahler. Die Sänger, das Orchester, der Theaterdirektor und Mahler, sie alle lieben den *Onegin*; aber ich zweifle sehr, ob das Hamburger Publikum ihre Begeisterung teilen wird."

Seine ersten drei Symphonien und die sechste tragen Namen. Die Vierte ist eine Programmsymphonie für großes Orchester mit Posaunen, Tuba, großer Trommel, Becken und Triangel. Ihr Thema ist das Schicksal. Tschaikowsky sagte: „Schicksal – jene Macht, die unser Streben nach Glück zum Mißlingen verurteilt". Der Stimmungsbogen der Musik umfaßt ein weites Gefühlsspektrum, von überschwenglichem Glück bis zu tiefer Schwermut.

Die Spätromantiker gingen bis an die Grenzen des Gefühlsausdrucks und brachten Elemente ihrer eigenen Hoffnungslosigkeit und Verzweiflung ein. Die Musik verlor ihren Optimismus. Das zeigt sich besonders bei Gustav Mahler (1860–1911). Da tänzelt in einem Moment ein leichtfüßiger Ländler (ein Volkstanz) durch die österreichischen Berge, ohne sich um irgend etwas in der Welt zu kümmern, und im nächsten Moment zeigt sich selbstmordträchtige Verzweiflung. Mahler lernte 1888 Richard Strauss kennen, und die beiden wurden lebenslange Freunde.

Mahler war ein enger Freund Bruckners und dirigierte in New York dessen sämtliche Symphonien. Er erinnert sich an ein Erlebnis mit Bruckner: „Nach einer Erkrankung wurden Bruckner von seinem Arzt tägliche Bäder verordnet. Wenn er in der Wanne saß, komponierte er. Eines Tages, als er völlig mit dieser Arbeit beschäftigt war, klopfte die Mutter eines seiner Schüler an die Tür. Bruckner rief „herein" und sprang aus der Wanne, um sie zu begrüßen – ohne daran zu denken, daß er völlig nackt war. Sie stieß einen Schrei aus und rannte hinaus. Und das mußte ausgerechnet Bruckner passieren, der wie ein Schuljunge erröten konnte, wenn er eine Frau auch nur ansah."

Mahlers Leben war voller Tragik, und er fürchtete, seine Musik beinhalte Warnungen vor der Zukunft. Diese Gedanken waren nicht falsch. Friedrich Rückert schrieb beispielsweise einige Gedichte über den Tod von Kindern, und Mahler komponierte Musik dazu. Bald darauf starb Mahlers Tochter, und er konnte sich selbst diese Komposition nie verzeihen, denn er glaubte, er habe damit das Schicksal herausgefordert. Im gleichen Jahr stellte man bei ihm eine Herzerkrankung fest. Es gab den Aberglauben, Komponisten müßten sterben, wenn sie neun Symphonien geschrieben haben (bei Beethoven, Schubert und Bruckner war es tatsächlich so). Mahler versuchte, die Komposition seiner neunten Symphonie hinauszuzögern und schrieb zunächst *Das Lied von der Erde,* einen Zyklus von Orchesterliedern, die er innerlich als seine neunte Symphonie betrachtete, obwohl er sie nicht so nannte. Dennoch konnte er seinem Schicksal nicht entgehen: Er starb, bevor er die zehnte Symphonie vollendet hatte.

Mahler war ein Meister gigantischer Orchesterbesetzungen; er setzte Singstimmen und riesige Instrumentalgruppen ein, aber während er einerseits gewaltige Klanglandschaften zeichnet, kann seine Musik andererseits auch ganz plötzlich einfach und kindlich werden, wenn er sich an seine Jugend erinnert. Meist benutzte er zwar herkömmliche Instrumente, aber manchmal fügte er auch ausgefallene Instrumente hinzu, um besondere Wirkungen zu erzielen – Schlittenglocken in der vierten oder Mandolinen in der siebten und achten Symphonie. Er war der erste, bei dem eine Symphonie in einer Tonart beginnt und in einer anderen endet, d. h. die Musik kehrt nicht mehr zur „heimatlichen" Grundtonart zurück.

Seine erste Symphonie (1888) schrieb Mahler zunächst als symphonische Dichtung, aber später arbeitete er sie um, weil er die anschaulichen Titel nicht mochte. In der endgültigen Fassung hat sie vier Sätze und umfaßt sieben Hörner, vier Trompeten, drei Posaunen, Tuba, doppelte Holzbläser, Becken, Triangel, Tamtam und Harfe. Sie dauert 52 Minuten. Er setzt das Thema „Bruder Jakob" als Kanon ein, so daß es grotesk und wirr klingt.

Die zweite Symphonie mit dem Titel „Die Auferstehung" erfordert ein riesiges Orchester mit Singstimmen, umfaßt fünf Sätze und dauert 85 Minuten. Bei ihrer Uraufführung im Jahr 1895 kam eines der damals größten Orchester zusammen.

Ein weiteres gigantisches Werk ist Mahlers achte Symphonie, die – sehr zu seinem Mißfallen – als „Symphonie der Tausend" bekannt wurde. Sie hat zwei Teile: Der erste geht auf die alte Hymne „Veni Creator Spiritus" zurück, der zweite auf die Schlußszene aus Goethes *Faust.* Sie war das größte Werk, das Mahler jemals schrieb, mit einer Gesamtdauer von einer Stunde und 45 Minuten. Bei der Uraufführung in München bestand das Orchester aus 171 Musikern, darunter 22 Holz- und 24 Blechbläser; außerdem wirkten Chöre aus Leipzig, München und

Symphonie – für mich bedeutet das, eine Welt zu erschaffen, mit allen verfügbaren technischen Mitteln.

Gustav Mahler

Mahler im Gespräch mit Freud

Im Laufe des Gesprächs sagte Mahler plötzlich, daß er jetzt verstünde, warum seine Musik bei den edelsten Stellen, gerade bei denen, die von den tiefsten Gefühlen inspiriert seien, nie die angestrebte Vollkommenheit erreichen könne. (Modern und beliebt wurde Mahlers Musik erst in der Mitte des 20. Jahrhunderts). Sein Vater, anscheinend ein brutaler Mensch, hatte seine Frau sehr schlecht behandelt, und als Mahler noch ein kleiner Junge war, hatte sich zwischen ihnen einmal eine besonders peinliche Szene abgespielt. Dem Kleinen war es unerträglich geworden, und er rannte von zu Hause fort. Doch in demselben Augenblick ertönte gerade aus einem Leierkasten das bekannte Wiener Lied „Ach du lieber Augustin". Mahler meinte nun, von dem Moment an hätten sich in seiner Seele tiefe Tragik und oberflächliche Unterhaltung unlösbar verknüpft, und die eine Stimmung zöge unweigerlich die andere mit sich.

Wien mit insgesamt 858 Sängern sowie acht Solisten aus verschiedenen Ländern mit.

Über die Partitur seiner zehnten Symphonie kritzelte Mahler 1906: „Barmherziger Gott, warum hast Du mich verlassen? – Du allein weißt, was es bedeutet. Leb wohl, mein Saitenspiel!" Auf die letzte Seite schrieb er: „Für Dich leben! für Dich sterben! Almschi!" (Gemeint war seine Frau Alma.)

Anton Bruckner (1824–1896) war ein Freund Mahlers. Er schrieb ebenfalls neun Symphonien, und als aktiver Kirchenmusiker und Organist komponierte er darüber hinaus auch Messen mit Begleitung eines großen Orchesters. Konzerte oder Opern hingegen schuf er nicht.

Seine Symphonien bestehen in echter Wiener Tradition aus vier Sätzen und enthalten „Liedmelodien von himmlischer Länge". Als glühender Wagner-Anhänger widmete er diesem drei Symphonien, und in seinen drei letzten Symphonien setzte er auch Wagner-Tuben ein. Wenn er der Aufführung einer Wagner-Oper beiwohnte, soll er die ganze Zeit mit geschlossenen Augen zugehört haben.

Wie bei Mahler dauern auch Bruckners Symphonien über eine Stunde und benötigen ein sehr großes Orchester. Von jeder Symphonie gibt es mehrere Fassungen, denn der Komponist arbeitete seine Werke häufig um und berücksichtigte dabei die Kritik anderer. Bruckners Symphonien kann man meist an ihrem Anfang erkennen, denn sie beginnen gerne mit einem Streichertremolo, das ein Gefühl der Erwartung erzeugen soll. Dies ist ein typisches Kennzeichen Brucknerscher Musik.

Die Orchestermusik hat immer auch von Opernaufführungen profitiert. Die Romantik brachte zwei gewaltige Opernkomponisten hervor, den Deutschen Richard Wagner (1813–1883) und den Italiener Giuseppe Verdi (1813–1901). Wie Bach und Händel wurden auch diese beiden in demselben Jahr geboren, und ihren ersten Erfolg hatten beide im Jahr 1842. Ihre unterschiedlichen Stile sind immer wieder verglichen worden, vermutlich weil sie einander diametral entgegengesetzt sind; beide waren erfolgreich, aber sie verkörperten völlig verschiedene Musikwelten.

Die achte Symphonie von Mahler

Bei der Uraufführung „überstieg die Verzückung alle Grenzen. Bei Mahlers Erscheinen auf dem Podium erhob sich das ganze Publikum von den Sitzen ... Mahler, dieser göttliche Dämon, bezwang hier ungeheure Massen, die zu Lichtquellen wurden. Unfaßbar groß das innere Erlebnis für jeden, der dabei sein durfte. Unfaßbar groß auch der äußere Erfolg. Alles stürzte sich auf ihn. Ich wartete hinter der Bühne, tief ergriffen, bis die vehemente Brandung zerschellt war.

Alma Mahler-Werfel

Die Worte der Hymne „Veni, Creator Spiritus", die Mahler in seiner achten Symphonie verwendet (Auszug):

Komm, Schöpfergeist,
Kehre ein bei den Deinen,
Und erfülle uns mit deiner himmlischen Gnade
Die Herzen die du erschaffen.
Unsere Schwachheit
Stärke durch deine Wunderkraft
Entzünde deine Leuchte unseren Sinnen,
Ströme deine Liebe in unsere Herzen.
Schenk uns der Gnade Heil,
Gewähre der Freuden Vorgefühl,
Lös' uns aus der Zwietracht Fesseln,
Knüpfe des Friedens Band.

Mahler bekam eine ernste Atemwegserkrankung und wurde in ein Sanatorium eingewiesen. Dort fiel er ins Koma und starb am 18. Mai 1911. Sein letztes Wort war „Mozart".

Verdi komponierte im herkömmlichen italienischen Opernstil, mit eindrucksvollen Arien und großen Chören. Seine Musik war sehr populär. Es war ein Zeichen für den Erfolg einer neuen Oper, wenn die Zeitungsjungen auf der Straße am nächsten Tag ihre Melodien pfiffen. Er hatte die Gabe, eingängige Melodien zu schreiben, die sogar heute noch ein breites Publikum ansprechen – selbst Menschen, die sich gewöhnlich nicht für Opern interessieren. Verdi wandte sich der Welt zu und wollte seinen Zuhörern Freude machen.

Bei Wagner war es umgekehrt: Die Welt kam zu ihm, weil sie mehr und mehr Geschmack an seiner Musik fand. Er brach mit den Traditionen der Oper und machte daraus ein ständiges Fließen von Klängen, ähnlich wie bei einer Symphonie und ohne einzelne Nummern für Arien oder Chöre. Oper war für ihn nicht einfach der Auftritt von Sängern, sondern eine dramatische Einheit, perfekt ausgewogen und ununterbrochen – ein Erlebnis, welches das Leben verändert.

Als Richard Wagner sechs Monate alt war, starb sein Vater, und seine Mutter heiratete einen Schauspieler, der Richard später mit dem Theater bekannt machte. Anfangs schrieb er

Die Menschen waren immer meine besten Freunde, von Anfang an. Es waren ein paar Zimmerleute, die mich zum ersten Mal meines Erfolges versicherten.

Verdi

Verdis Frau und seine zwei Kinder starben innerhalb von nur zwei Monaten. Dann wurde seine neue Oper ein Mißerfolg, und er beschloß, das Komponieren aufzugeben. Er teilte Merelli, dem Direktor des Opernhauses, seinen Rücktritt mit. Dann traf er Merelli auf der Straße, und eines Tages gingen die beiden zusammen ins Theater (die Mailänder Scala). Merelli gab Verdi ein Libretto, und der nahm es mit nach Hause, aber er wollte es nicht lesen. Da fiel das Buch offen hin, und sein Blick richtete sich auf die Worte „fliegt, Gedanken, auf goldenen Schwingen“. Nun las er doch das ganze Libretto; dann legte er es beiseite und ging zu Bett. Aber er konnte nicht schlafen. Am nächsten Morgen wußte er die Zeilen auswendig, und in seinem Kopf nahm *Nabucco,* seine neue Oper, Gestalt an.

Gedichte und Theaterstücke, und wenn er es für nötig hielt, komponierte er auch die Begleitmusik dazu. Seine erste Oper schrieb er mit 20 Jahren. Zwar war er schon in jungen Jahren sehr begabt, aber es dauerte lange, bis er Anerkennung fand. Sie wurde ihm erst zuteil, nachdem seine Oper *Rienzi* 1842 in Dresden erfolgreich aufgeführt wurde; nun erhielt er an der dortigen Hofoper eine Stelle als Dirigent, die ihm Sicherheit bot. Deshalb wurden auch seine nächsten Opern *Der fliegende Holländer, Tannhäuser* und *Lohengrin* zunächst in Dresden aufgeführt.

Schließlich mußte er Dresden verlassen, weil er in die politischen Unruhen jener Zeit verwickelt war. Er war Mitglied einer revolutionären Bewegung namens „Junges Deutschland". Zunächst ging er nach Weimar zu Liszt und dann in die Schweiz, wo er sich an ein Opernprojekt machte, das ihn die nächsten 22 Jahre (1852 bis 1874) beschäftigen sollte: *Der Ring des Nibelungen* ist ein Zyklus von vier Opern, der sich auf einen altgermanischen Sagenstoff gründet. Seine Verleger lehnten das Werk ab, denn sie hielten es wegen seiner gewaltigen Länge (alles in allem 18 Stunden) für unwirtschaftlich. Um während dieser Zeit leben zu können, unterbrach er die Arbeit am *Ring* gelegentlich und schrieb andere Opern in Form dreier Akte. Diese wurden von den Verlegern sofort angenommen: Eine war *Die Meistersinger von Nürnberg,* die andere *Tristan und Isolde.*

Tristan und Isolde drückt Wagners Liebe für Mathilde Wesendonk aus, deren reicher Ehemann ihm Geld geliehen und ein Haus zur Verfügung gestellt hatte. Das Werk war eine der größten Leistungen seines Lebens. Ihre Geschichte handelt von zwei ehebrecherischen Liebenden, die für ihre Liebe sterben und im Tode vereint werden. Das ganze Stück ist ein langes Duett von fünf Stunden und endet mit Isoldes *Liebestod:* Sie stirbt auf Tristan liegend und singt dabei verzückt von der Vereinigung im Tode.

Von nun an zog Wagner es vor, seine Opern als Musikdramen zu bezeichnen, weil Musik und dramatisches Geschehen bei ihnen untrennbar verbunden sind: Die Singstimmen werden wie zusätzliche Orchesterinstrumente behandelt, so daß Text und Musik sich gegenseitig verstärken und ergänzen.

Einige Opern von Verdi

Der Troubadour
La Traviata
Die Macht des Schicksals
Don Carlos
Aida
Falstaff

Der Ring des Nibelungen	(1876)
Das Rheingold	1869
Die Walküre	1870
Siegfried	1876
Götterdämmerung	1876

König Ludwig II. von Bayern, ein höchst eigenwilliger und geistig nicht ganz gesunder Mann, forderte Wagner auf, als sein persönlicher Berater in München zu arbeiten. Wagner nahm das Angebot dankbar an, bedeutete es doch finanzielle Sicherheit, hervorragende Möglichkeiten für seine Opern und die Gelegenheit, seine Schulden zu bezahlen, deretwegen er in Wien fast ins Gefängnis gekommen wäre. Er wußte genau, daß Ludwig, ein Förderer seiner Musik, ihn alles würde schreiben lassen, was er wollte. Eigentlich eine ideale Situation.

Unten Richard Wagner (links) mit Anton Bruckner, seinem großen Bewunderer

Wagner übertrug dem Dirigenten Hans von Bülow die musikalische Leitung und verliebte sich prompt in dessen Frau Cosima. Von Bülow begann mit den Proben zu *Tristan und Isolde* an dem Tag, als Cosimas erstes Kind (von Wagner) geboren wurde. Sie gaben der Tochter den Namen Isolde. Wagner wurde Pate, und das Kind wurde als ehelich anerkannt, denn sonst wäre es zu einem Skandal gekommen, und Wagner hätte die finanzielle Unterstützung durch Ludwig verloren. Cosima und von Bülow ließen sich scheiden, und Wagners erste Frau Minna starb; damit war der Weg frei für die Heirat von Wagner und Cosima, die von nun an eine vertrauensvolle und zärtliche Beziehung führten.

Einige Zeit später vollendete Wagner den *Ring* und erfüllte sich seinen Traum von einem Opernhaus, das speziell für seine Musikdramen „maßgeschneidert" wurde. Es entstand in Bayreuth, und dort fand 1876 die Uraufführung des *Rings* statt. Damit konnte Wagner nun seine Opernaufführungen in vollem Umfang selbst gestalten.

Die Anlage des Bayreuther Opernhauses ist einzigartig: Von jedem Platz aus hat man einen ungestörten Blick auf die Bühne, und der Orchestergraben ist so verdeckt, daß kein Licht von dort die Aufmerksamkeit vom Bühnenbild ablenken kann. Die Wirkung ist ähnlich wie beim Betrachten einer Filmleinwand. Einbezogen in die Gestaltung des Theaters war eine raffinierte Bühnentechnik, mit der sich die außergewöhnlichen Wirkungen erzeugen lassen, die *Der Ring* verlangt: Die im Strom schwimmenden Rheintöchter, reitende Walküren auf Pferderücken und gewaltige Umbauten des Bühnenbildes.

In Bayreuth hatte er sein ideales Orchester für den *Ring:* über 100 Musiker, viel mehr als in einem normalen Opernorchester. Der Orchestergraben war speziell für eine so große Zahl konstruiert. Wagner war zeit seines Lebens auch ein produktiver Schriftsteller: Er stellte eine Theorie seiner Werke auf, die er als das Gestaltungsmittel der Zukunft betrachtete. Er führte einige Begriffe ein, die für seine dramatischen Vorstellungen eine zentrale Rolle spielten:

Gesamtkunstwerk: Kunst sollte nicht der Unterhaltung dienen, sondern sie sollte ein künstlerisches Gesamtwerk darstellen, in dem Musik, Drama, Dichtung, Tanz und bildende Kunst gleichberechtigt nebeneinanderstehen. Um seine Werke in jeder Hinsicht vollkommen gestalten zu können, schrieb er nicht nur die Musik, sondern auch das Libretto, und er inszenierte und choreographierte die Aufführungen auch selbst.

Leitmotiv: Ein Leitmotiv ist ein immer wieder auftauchendes Thema, das eine Person charakterisiert (ähnlich wie die idée fixe bei Berlioz). Wagners Opern sind ein Geflecht solcher verwobener Themen. Das Leitmotiv kennzeichnet eine Person oder einen Gegenstand. Wenn es erklingt, ist diese Person oder dieser Gegenstand entweder auf der Bühne vorhanden, oder er soll erscheinen, oder jemand denkt daran.

Sprechgesang: Die Sänger müssen die Worte im Tonfall der gesprochenen Sprache singen.

Unendliche Melodie: Eine Melodie soll keine Unterbrechungen haben, sondern ständig in einem fortlaufenden Geflecht weiterfließen.

Die äußere Handlung einer Wagner-Oper spielt sich auf der Bühne ab, aber das innere, psychologische Drama ereignet sich in einem fortlaufenden symphonischen Klanggewebe im Orchester. Beide Bestandteile ergänzen einander und bilden eine vollkommene Einheit.

Im Jahr 1879 überraschte Wagner Cosima an ihrem Geburtstag (dem Weihnachtstag) in ihrem Haus in der Nähe von Luzern mit einer Aufführung des *Siegfriedidyll*, das von 17 Musikern vor ihrem Fenster gespielt wurde. Das Stück dauert 18 Minuten. Ihrem Sohn, der schon vor ihrer Hochzeit geboren wurde, gaben sie nach dem Haupthelden des *Ring* den Namen Siegfried.

Wagner und Verdi begegneten sich nie, obwohl sie ein solches Treffen in Venedig geplant hatten. Leider verpaßten sie sich wegen eines Verkehrsstaus auf dem Canale Grande.

Rechts Wagner, seine Frau Cosima und Liszt in Bayreuth

Unten rechts Richard Wagner

Unten links Eine Seite aus der Originalpartitur des *Siegfried*

Wagners Musik ist sehr anspruchsvoll und schwer aufzuführen. Bei *Tannhäuser* ist die erste Violinstimme so schwierig, daß die Musiker bei der Uraufführung mit ihren Fingern nicht zurechtkamen.

Er förderte im Orchester besonders die Blechbläser und erfand eine besondere Tuba (heute Wagner-Tuba genannt). Es handelt sich um eine Kreuzung aus Horn und Trompete, die vielseitiger ist als andere Blechblasinstrumente und einen sehr eigentümlichen Klang hat. Gewöhnlich wird sie von Hornisten gespielt.

Sehr bekannt waren Wagners antisemitische Ansichten. Es ärgerte ihn, daß „nicht Prinzen unsere Meister sind, sondern Bankiers und Philister“. Er versuchte, seine Ansichten in einem Essay über „Judentum und Musik“ auszudrücken, in dem er behauptete, jüdische Kritiker, Komponisten und Konzertveranstalter hätten einen schlechten Einfluß auf die deutsche Musik und die deutschen Musiker.

Solche Meinungen waren für die damalige Zeit nicht ungewöhnlich, und er beurteilte die historische Rolle der Juden in Deutschland ähnlich wie später Hitler. Dennoch gab es zwischen den beiden Ansichten einen entscheidenden Unterschied: Anders als Hitler hatte Wagner nie die Idee vom Völkermord als „Endlösung“. Allerdings war er dafür, Juden aus kulturellen Angelegenheiten herauszuhalten.

Der Essay über das Judentum war ein bösartiger Angriff auf seinen Komponistenkollegen Meyerbeer, der dadurch sehr verletzt war. Wagner soll sich auch geweigert haben, die Musik von Mendelssohn ohne Handschuhe zu dirigieren, weil Mendelssohn Jude war. Am Ende des Konzerts warf er die Handschuhe dann auf den Boden, wo sie von den Putzfrauen beseitigt werden mußten.

Wagner war ein völliger Egozentriker. Er sagte über sich: „Ich bin ein Verbrecher für das Leben. Ich bin nicht wie andere Menschen. Ich habe feinere Nerven. Die Welt schuldet mir, was ich brauche.“ Die Gesellschaft war seiner Ansicht nach dazu da, ihm bei der Verwirklichung seines Traums zu helfen, der seine einzige Realität darstellte.

Die Meistersinger von Nürnberg ist in mancherlei Hinsicht ein autobiographisches Werk: Walther, die Hauptfigur, scheint Wagners persönliche Ideale zu verkörpern. Walther ist ein adliger Dichter und Musiker, dessen Gesang zunächst verlacht wird, weil er so seltsam ist und die normalen Regeln des Liedschreibens mißachtet. Aber schließlich gelingt es ihm, die angesehenen Bürger Nürnbergs und die Meistersinger zu überzeugen. Er gewinnt das geliebte Mädchen, und sie leben von da an glücklich und zufrieden. Das Ende ist optimistisch und voller Glück.

Wagner, der schon mehrere Jahre lang mit einem Herzleiden gekämpft hatte, starb sehr plötzlich. Die gramgebeugte Cosima schnitt ihr Haar ab und legte es ihm in den Sarg, weil Wagner es so bewundert hatte. Sie saß täglich mindestens zwei Stunden an seinem Grab und gestattete niemandem, sich zu nähern.

Viele Menschen sind von Wagners Musik eingeschüchtert und finden sie zu ernst und zu schwierig. Wagner wurde von Hitler verehrt, und die Aufführungen seiner Musikdramen wurden im Laufe der Jahre mit immer mehr politischen Untertönen befrachtet. Den *Ring,* eine komplizierte Sagengeschichte über Götter, Zwerge, Riesen und Menschen, betrachtete man zu verschiedenen Zeiten als Manifest des Sozialismus, einen Vorwand für Nazi-Rassismus, eine Prophezeiung über das Schicksal der Welt und als Sinnbild für eine neue Industriegesellschaft.

Wagner hat spätere Komponisten vielleicht mehr beeinflußt als jeder andere, und er öffnete die Wege für die Zukunft mit chromatischen Harmonien und einer Musik, die zutiefst verunsichert und nie zur Ruhe kommt.

Eine Bemerkung Mahlers zeigt vielleicht eine Vorahnung von dem, was kommen würde: „Stellen Sie sich vor, das Universum beginnt zu schwingen und widerzuhallen. Das sind keine menschlichen Stimmen mehr, sondern kreisende Planeten und Sonnen."

Rossini, ein Zeitgenosse Wagners, sagte einmal: „Wagners Musik klingt so." Dann öffnete er das Klavier, setzte sich schwer auf die Tasten und rief aus: „Hier, das ist die Musik der Zukunft." Ironischerweise lag darin mehr Wahrheit, als Rossini bei dieser Beschimpfung ahnen konnte.

Die Blechbläser

Blechblasinstrumente wurden ursprünglich im Freien gespielt, bei Jagden, militärischen Anlässen, staatlichen und kirchlichen Veranstaltungen. Die ersten Instrumente waren sehr einfach gebaut und in ihren Möglichkeiten recht begrenzt. Wie bei den Holzbläsern entsteht der Ton, indem man durch ein Mundstück in ein unterschiedlich langes Rohr bläst. Eine hohle Metallröhre läßt eine Reihe von Tönen zu (die „Obertonreihe"), je nachdem, wie man bläst.

Im heutigen Orchester besteht die Blechbläsergruppe gewöhnlich aus vier Hörnern, zwei oder drei Trompeten, drei Posaunen (zwei in Tenor- und eine in Baßlage) und einer Tuba. Ähnlich wie bei den Holzbläsern handelt es sich – mit Ausnahme der Hörner – um Familien von Instrumenten, die je nach ihrer Stimmung unterschiedlich groß sind.

Um das Jahr 1815 wurde ein spezielles Ventilsystem erfunden, das es den Blechbläsern ermöglichte, mehr Töne zu spielen und diese genauer zu treffen. Das befreite die Instrumente und gab ihnen im Orchester eine ganz neue Stellung: Sie bildeten nun eine eigene, gleichberechtigte Gruppe. Die Romantiker ließen sie nicht nur die musikalischen Höhepunkte verstärken, sondern übertrugen ihnen auch wichtige Themen.

Als Erfinder der Ventile gilt Heinrich Stölzel, ein Hornist, der die Erfindung in Berlin benutzte und dabei mit dem Musiker Friedrich Blühmel in Kontakt kam; später behauptete dieser, er sei der Erfinder der Ventile. Das Konstruktionsprinzip wurde 1818 in Preußen patentiert, und bis 1830 hatten sich die neuen Ventilinstrumente in ganz Europa durchgesetzt. Mit dem Ventil kann der Musiker die Länge des Rohrs mit einer einzigen Bewegung verändern und so das Instrument vielseitiger einsetzen.

Die ersten Hörner waren die Hörner von Tieren, aber das Instrument, wie wir es heute kennen, stammt von dem ein-

Der Ton der Blechblasinstrumente entsteht, indem der Spieler in genau kontrollierter Weise in das Mundstück pfeift. Durch starke Lippenspannung entstehen hohe und durch lockere Lippen tiefe Töne. Das hört sich einfach an, aber um einem Blechblasinstrument einen schönen Ton zu entlocken, braucht man viel Übung und Kraft.

fachen französischen Jagdhorn ab, einem gewundenen Rohr mit einem Trichter am Ende. Vor der Erfindung der Ventile waren die Spieler des „Naturhorns" auf die Töne beschränkt, die sie mit einer festen Rohrlänge spielen konnten. Die erste Musik, die für Horn im Orchester geschrieben wurde (Lully soll der erste gewesen sein, der 1664 das Horn im Orchester einführte), war einfach und folgte dem Grundmuster von Tönen, die das Instrument von Natur aus hervorbringen konnte. Dann entdeckte man, daß man zusätzliche Töne erzeugen kann, wenn man die Hand mehr oder weniger weit in den Trichter schiebt, und außerdem konnte man unterschiedlich lange Rohrstücke (sog. Bögen) ansetzen, um die Gesamtlänge des Rohrs zu verändern und so weitere Töne zu spielen. Solche Bögen gibt es in neun verschiedenen Größen.

Das moderne Ventilhorn ist ein ausdrucksstarkes Instrument mit farbigem Klang. Es vereinigt die verschiedenen Bögen in einem Instrument, dessen Röhre insgesamt 3,65 m lang ist. Nach der Erfindung der Ventile ging die Benutzung des Naturhorns mehr und mehr zurück, denn es konnte die komplizierten Melodien nicht spielen, die beispielsweise in den Stücken Wagners von dem Instrument verlangt werden.

Im Gegensatz zu den anderen Blechblasinstrumenten gibt es nur ein Horn. Es hat drei charakteristische Klangfarben: In der Tiefe ist es dunkel und fest, in der Mittellage glänzend und heldenhaft, und in der Höhe klingt es strahlend und laut.

Horn

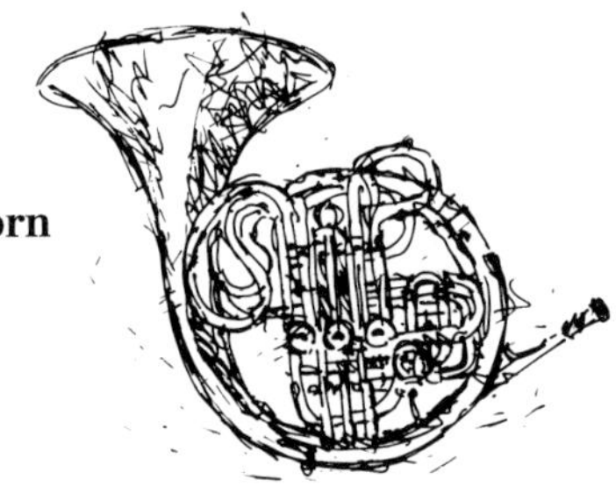

Seit der Erfindung der Ventile wurden die Hornstücke immer anspruchsvoller. Es ist sehr ermüdend, das Horn längere Zeit ohne Pause zu spielen. Es ist das einzige Instrument, das mit der linken Hand gespielt wird, und als einziges weist sein Trichter (die Stürze) nach hinten. Manchmal, wenn man besonders laute Töne wünscht, wird das Horn auch „quivre" gespielt, d. h., der Trichter wird nach oben gehalten. Einige der besten Hornpartien finden sich in der Orchestermusik.

Trompete

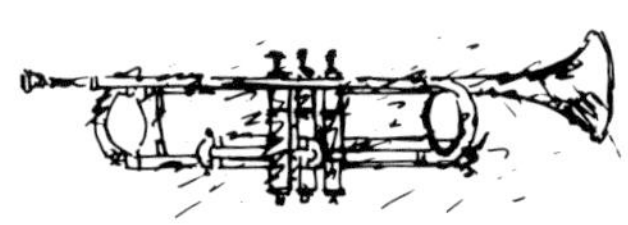

Trompeten gibt es in vielen verschiedenen Größen. Wie die Klarinetten sind sie transponierende Instrumente: Man sucht sich diejenige Trompete aus, die zu der Tonart des jeweiligen Stückes paßt. Ihre Geschichte reicht weit zurück: Schon im

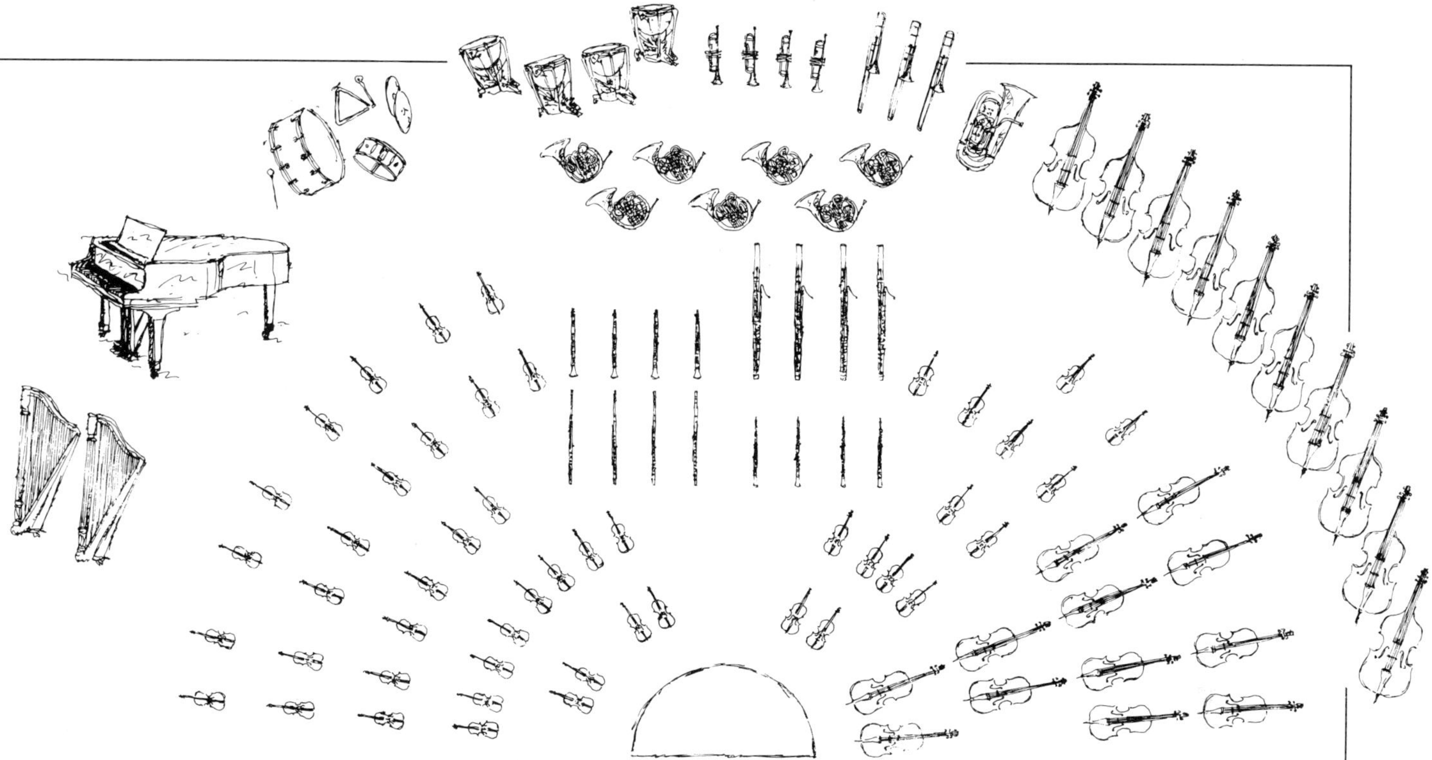

Posaune

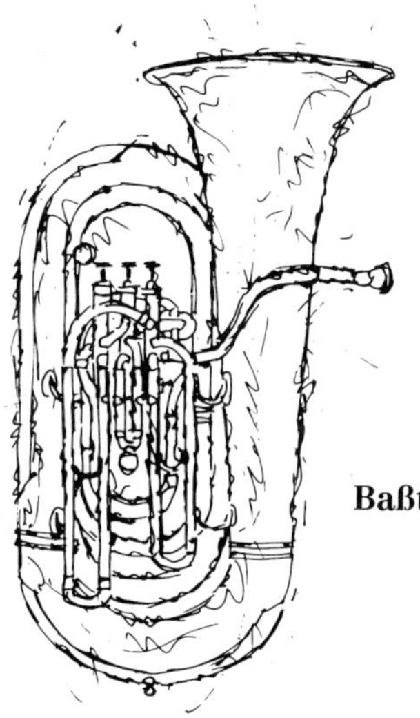

Baßtuba

Die Orchesteraufstellung bei romantischen Werken. Wie in der Zeit der Romantik kann sich die Sitzordnung auch heute etwas ändern; so wie hier gezeigt, sitzen die Mitglieder des Chicago Symphony Orchestra unter der Leitung von Sir Georg Solti.

Es ist sehr anstrengend, ein Blechblasinstrument längere Zeit ohne Pause zu spielen. Deshalb gibt es besonders bei Trompeten und Hörnern häufig einen zusätzlichen Spieler, den „Springer“, der die Gruppe verstärkt und den anderen Spielern Ruhepausen ermöglicht.

Grab des Tut-Ench-Amun fand man zwei gestreckte Trompeten. Die ersten Instrumente – sie waren ebenfalls aus Tierknochen gefertigt – hatten keine Ventile und ähnelten einem Signalhorn. In der Barockzeit waren Stücke für eine virtuose Solotrompete modern; sie wurden auf der kleinen Clarintrompete gespielt. Damals wurden an die Trompete ähnlich hohe Ansprüche gestellt wie an die Violine. Ihr durchdringender, strahlender Klang setzt sich leicht gegen die anderen Instrumente des Orchesters durch (wie in dem Satz „The Trumpet Shall Sound" in Händels *Messias* oder im 2. Brandenburgischen Konzert von Bach). Im 18. Jahrhundert verlor sie dann an Bedeutung, weil ihr Klang nicht mehr der Mode entsprach, und erst mit der Erfindung der Ventile in der Mitte des 19. Jahrhunderts fand eine Wiederbelebung statt. Eine Zeitlang verwendeten die Trompeter Bögen wie beim Horn, um den Tonumfang zu erweitern. Heute hat die Trompete Pumpventile, die sich leicht von den Ventilen des Horns unterscheiden; sie erfüllen aber den gleichen Zweck. Ansonsten hat sich das Instrument im Laufe der Jahre nur wenig verändert.

Die gewundene Röhre der ersten Trompeten war etwa 2,50 m lang. Bei den heutigen Instrumenten ist sie viel kürzer, nämlich nur etwa 1,20 m, und man baut Instrumente in verschiedenen Größen und Stimmungen: Es gibt B-, C-, D- und E-Trompeten, Piccolotrompeten und Kornette. Am häufigsten werden im Orchester die Trompeten in B und C benutzt, aber ein Trompeter kann bis zu vier Instrumente bei sich haben. Der Musiker muß selbst entscheiden, welches davon er benutzt, und das können bei einem einzigen Stück auch durchaus mehrere verschiedene sein.

Die kleine Clarintrompete in Stücken von Bach zu spielen, ist besonders schön, weil sie einen so „brillanten" Klang hat. Berlioz, Wagner und Strauss zu spielen macht viel mehr Spaß als Mozart, denn bei den Romantikern gibt es wesentlich mehr Solopartien.

Es gibt mehrere Typen von „Dämpfern", mit denen man den Klang der Trompete abschwächen kann. Sie sind unterschiedlich groß und passen in die Stürze des Instruments.

Gewöhnlich gibt es im modernen Symphonieorchester drei Posaunen, und zwar zwei Tenorposaunen und eine Baßposaune. Am ältesten sind die in F gestimmten Baßposaunen. Die heute ebenfalls gebräuchliche Tenorposaune ist in B gestimmt.

Das Instrument hat sich im Laufe der Jahre kaum verändert, denn es besitzt keine Ventile. Die Töne werden mit dem Zug erzeugt. Das Prinzip ähnelt dem der Violine: Es ist nicht festgelegt, wohin die Finger gesetzt werden müssen, damit die einzelnen Töne entstehen, sondern man muß es „erfühlen".

Es gibt nur wenige Posaunenkonzerte, aber in der Orchesterliteratur finden sich viele wunderbare Solopassagen für dieses Instrument.

Im 14. Jahrhundert bezeichnete man eine Trompete, die einen Zug besaß, als „Trombone" (italienisch für „große Trompete"). Später wurden solche Instrumente in Frankreich hergestellt und als Saqueboute („Ziehen-Schieben") bezeichnet. Die Engländer übernahmen das Prinzip und bauten die Instrumente, die sie nun „sackbuts" nannten, in verschiedenen Größen.

Im 16. Jahrhundert benutzten die Posaunisten vier Instrumente in Sopran-, Alt-, Tenor- und Baßlage, entsprechend den menschlichen Singstimmen. Wegen ihres dunklen, melancholischen Klangs verwendete man sie häufig in der Kirchenmusik. (Im normalen Orchester setzte Beethoven als erster die Posaune ein, und zwar in seiner fünften Symphonie.)

Drei Posaunen, die gemeinsam spielen, können sich sehr laut und ehrfurchtgebietend anhören. Ein voller Ausbruch der Posaunen kann die Musiker, die unmittelbar davor sitzen, tatsächlich vorübergehend taub machen. Aber die Posaunen können auch sehr leise spielen, und besonders gut eignen sie sich für das Gleiten von Ton zu Ton (glissando).

Die Tuba erkennt man hinten im Orchester leicht an ihrer gewaltigen Größe; sie bildet die Baßstimme der Blechbläsergruppe.

Man hatte im Laufe der Jahre immer wieder versucht, ein echtes Baß-Blechblasinstrument zu konstruieren. Instrumente wie die Ophikleide und andere sollten diese Funktion erfüllen, aber damit hatte man keinen Erfolg. Die Orchester-Baßtuba wurde 1829 von Johann Gottfried Moritz erfunden, und als

Wagner verwendete die Blechbläser in seinem Opernorchester sehr gerne und übertrug ihnen wichtige dramatische Aufgaben. Er erfand eine besondere Tuba, die heute als Wagner-Tuba bezeichnet wird; sie wird wegen der Form ihres Mundstücks meist von einem Hornisten gespielt.

erster setzte Berlioz sie 1830 in seiner *Symphonie fantastique* anstelle der Ophikleide ein. Wagner war von der Tuba fasziniert und trug dazu bei, daß eine ganze Familie solcher Instrumente entwickelt wurde. Heute gibt es fünf oder sechs verschiedene Tuben mit unterschiedlichem Tonumfang und einer Rohrlänge von 2,17 bis 4,90 m. Die große Baßtuba entstand 1845, aber es gibt auch andere, leichtere und elegantere Instrumente, insbesondere die Wagner-Tuba, die mit ihrem Tonumfang zwischen Horn und Trompete liegt und im Orchester besonders durch ihren anmutig gebogenen Trichter auffällt.

Der Anblick einer Baßtuba erinnert ein wenig an einen Keller mit dem Gewirr der Heizungsrohre. Das Konstruktionsprinzip ist ähnlich wie beim Horn. Es gibt verschiedene Instrumentgrößen, die dem Umfang der jeweiligen Musik entsprechen.

Im unteren Tonbereich klingt die Tuba ein wenig schwerfällig, aber in höheren Lagen ist sie beweglicher. Man braucht viel Luft, um sie zu blasen. Die Tubaspieler benutzen oft die Technik der Permanentatmung, bei der sie gleichzeitig einatmen und blasen, indem sie die Luft im Mund halten. Wie die anderen Blechblasinstrumente kann auch die Tuba mit einem Dämpfer versehen werden. Es gibt mehrere Solokonzerte für Tuba von Komponisten wie Vaughan Williams, Derek Bourgeois und anderen. Und auch in der Orchestermusik gibt es einige hervorragende Solopartien, zum Beispiel am Ende des *Meistersinger*-Vorspiels, wo die Baßtuba das Hauptthema trägt. Unsterblich aber wurde die komische Seite der Tuba durch George Kleinsingers Vertonung der Kindergeschichte von Paul Tripp *Tubby the Tuba* (1944); in ihr ist der Held natürlich die Tuba, die von Danny Kaye dargestellt wird.

Das 20. Jahrhundert

Alle früheren Musikepochen haben sich auf einen bestimmten Aspekt der Musik konzentriert: die Renaissance auf die Stimme, die Barockzeit auf die Emanzipation der Instrumente, die Klassik auf die Festigung der verschiedenen Musikformen und der Orchesterzusammensetzung, und die Romantik auf die Erweiterung dieser Formen durch leidenschaftliche Selbstdarstellung. Im 20. Jahrhundert sprengt die Musik alle Grenzen und experimentiert ständig mit neuen Klängen.

In den Jahren nach 1900 sorgten die Komponisten für eine Reihe dramatischer und kühner Umbrüche. Werke wie die Opern *Salome* (1905) und *Elektra* (1909) von Strauss, die atonale Oper *Erwartung* (1909) von Schönberg und Strawinskys *Sacre du Printemps* (1913) wirkten höchst provozierend und schockierten das Publikum. Sie rüttelten an den Grundfesten, auf denen die Musik bis dahin aufgebaut war. Man kann durchaus behaupten, daß diese Veränderungen durch Wagners chromatische Harmonien vorherbestimmt waren – es war unmöglich, sich seinem Einfluß zu entziehen. Zum größten Teil klang die Orchestermusik der Jahrhundertwende so, als stünde sie kurz vor dem Nervenzusammenbruch, und in einem gewissen Sinne war es auch so: Der Zusammenbruch der Tonalität stand bevor, und aus ihm sollte die Musik der Zukunft hervorgehen.

Der Einfachheit halber kann man das 20. Jahrhundert in drei Abschnitte unterteilen. Der erste umfaßt die Zeit bis zum Ersten Weltkrieg (1914), in der die romantischen Komponisten ihre letzten Äußerungen taten, während manche anderen, zum Beispiel Strawinksy und Schönberg, die ersten Schritte in die Zukunft wagten. Der zweite Abschnitt ist die Zeit zwischen den Weltkriegen; in dieser Periode vollzogen sich einige der weitreichendsten Veränderungen. Der dritte Abschnitt schließlich ist die Zeit seit 1945: Nach dem Ende des Zweiten Weltkriegs nahm man die neuen Ideen wieder auf. Der Krieg hatte die Entwicklung bei manchen Komponisten verhindert, denn in den von Deutschland eroberten Ländern durften nur Werke aufgeführt werden, die von der Führung des Dritten Reiches genehmigt wurden. Die von diesen Beschränkungen betroffenen Komponisten schrieben zwar weiterhin und führten ihre Stücke auch (illegal) auf, aber viele Manuskripte gingen während des Krieges oder in den Wirren der Nachkriegszeit verloren.

Musik ist das gleiche wie Opium. Sie beeinflußt den Verstand so, daß die Menschen nur noch an Musik und sinnliche Dinge denken – Musik ist Verrat für das Land, Verrat an unserer Jugend; man sollte sie ausmerzen und durch etwas Lehrreiches ersetzen.

Ayatollah Chomeini, 1979

Die Suche nach neuen Klängen war auch die Suche nach neuen Instrumenten, mit denen man sie hervorbringen kann. Die Komponisten begannen, ungewöhnliche Gegenstände als Instrumente einzusetzen: Sandpapier und Teetassen (*Noxe's Fluddle* von Britten), Autohupen (*Ein Amerikaner in Paris* von

Gershwin), eine Polizei-Trillerpfeife (Ibert), Tonbandaufnahmen von einer Nachtigall (Respighi), Eisenketten (*Gurrelieder* von Schönberg), Kurzwellenempfänger (Stockhausen), Tonbandaufnahmen von Herzschlägen (vierte Symphonie von Tippett) oder eine Windmaschine (*Sinfonia Antarctica* von Vaughan Williams). Schließlich schien alles, was Geräusche macht, von der Schreibmaschine bis zum Teelöffel, als Musikinstrument geeignet zu sein. John Cage betrachtete selbst die Geräuschkulisse des Alltags als Musik.

Zu Beginn des 20. Jahrhunderts wurden die Rhythmen härter und gewaltsamer. Um den Rhythmus eindringlicher zu machen, setzte man zunehmend Schlaginstrumente ein, deren Palette um viele neue Instrumente aus dem Fernen Osten und Lateinamerika erweitert wurde. Das Orchester wurde noch größer und kräftiger und umfaßte nun auch eine große Schlagzeuggruppe, Harfen und Klavier als ständige Bestandteile. Und es öffnete seine Pforten für viele neue Instrumente: Mit Xylophon, Glockenspiel, Marimbaphon und Vibraphon konnte das Schlagzeug dem Orchesterklang neue Farben hinzufügen.

Wenn ich jemals wieder den Atlantik überquere, möchte ich für meine Dame und mich eine sehr exklusive Kabine auf einem sehr schnellen Schiff haben, um unerwünschte Leute fernzuhalten. Aber in Wirklichkeit möchte ich das Meer überhaupt meiden. Ich habe das Schiff, die Passagiere und den Lärm satt. In Yale erwarte ich Großartiges – nette Menschen, ein ruhiges Zimmer und den einen oder anderen Spaziergang. Auch mein Vortrag ist nicht der schlechteste, den ich geschrieben habe. Wenn ich nach Haus komme, möchte ich eintönig vor mich hin leben, mit einer Menge Routinearbeit, gelegentlichem Dirigieren und dreitägigen Wanderungen.

Gustav Holst in einem Brief an seine Frau von Bord der HMS *Scythis*, 1929

Gewöhnlich denkt man im Zusammenhang mit der Entwicklung der klassischen Musik nur an die westliche Welt, insbesondere an Europa. Im 20. Jahrhundert brachten aber auch Amerika und Australien einflußreiche Komponisten und Orchester hervor. Im Fernen Osten war die westliche Musik ebenfalls bekannt, und nun begannen auch dort manche Komponisten, im westlichen Stil zu schreiben. Besonders erwähnenswert sind die Japaner Toshi Ichiyanagi, Toshiro Mayuzumi, Fukushima und Toro Takemitsu und die Matsudairas, der Koreaner Isang Yun und der Chinese Chou Wen Chung.

Durch die enorme Entwicklung der Telekommunikation wurde die Musikwelt zum ersten Mal wirklich international: Radio, Plattenspieler, Flugverkehr, Film, Telefon, Auto und Tonband – all diese technischen Entwicklungen haben dazu beigetragen, daß die Welt enger zusammengerückt ist. Das Grammophon (es wurde 1887 erfunden), das Radio und später das Fernsehen brachten das Symphonieorchester zum ersten

Mal ins Wohnzimmer und machten die Musik einem großen Publikum zugänglich. Die erste Schallplattenaufnahme einer Symphonie war Beethovens Fünfte im Jahr 1909, gespielt von den Berliner Philharmonikern.

Auch hier, wie in allen Epochen der klassischen Musik, gab es eine Zeit, in der sich die Stilrichtungen überschnitten: Manche wiesen in die Zukunft, während andere das Hergebrachte verfestigten. Anfang unseres Jahrhunderts gab es in Paris zwei bekannte Komponisten, einen Russen und einen Franzosen. Strawinsky scheuchte das Publikum mit den gewalttätigen, grellen Rhythmen seines *Sacre du Printemps* (Frühlingsopfer) von den Stühlen; zur gleichen Zeit pflegte Debussy im Fahrwasser der Wagner-Begeisterung seinen einzigartigen Stil des Impressionismus mit fließenden, nachdenklichen symphonischen Meisterwerken.

Als Strawinsky bei der Paßkontrolle nach seinem Beruf gefragt wurde, bezeichnete er sich selbst einmal als „Erfinder".

Igor Strawinsky (1882–1971) wuchs in einer Musikerfamilie auf: Sein Vater war Opernsänger und nahm ihn schon als Kind mit in die Oper und zum Ballett. Seine Eltern waren recht wohlhabend; sie schickten ihn zur Universität, wo er Jura studieren sollte, aber wie Händel gab er dieses Studium nach dem Tod seines Vaters auf. Der Durchbruch gelang ihm, als der Konzertagent Sergej Diaghilew seine Musik hörte und ihn aufforderte, ein Ballett für die Balletts Russes zu schreiben, die durch ihre Pariser Auftritte berühmt geworden waren. Diese Arbeit, das Ballett *Der Feuervogel,* wurde ein großer Erfolg, und so komponierte er sofort ein zweites mit dem Titel *Petruschka,* das ebenso einschlug. Angesichts seiner Erziehung war es ganz natürlich, daß er Ballette komponierte, denn das Tanztheater war ein wichtiger Bestandteil seines kulturellen Umfeldes, und er war davon begeistert. Mit seinem dritten Ballett, dem *Sacre du Printemps,* das er ebenfalls für Diaghilew schrieb, begann seine internationale Karriere.

Zum erstenmal hörte Diaghilew das *Sacre du Printemps,* als Strawinsky es ihm in einem Zimmer im Grand Hotel von Venedig auf dem Klavier vorspielte. Es war üblich, ein Orchesterwerk einem Konzertveranstalter oder Agenten auf dem Klavier vorzuspielen, um so die Zusage für eine Aufführung zu erhalten.

Strawinsky sagte später, Diaghilew habe die Musik in Wirklichkeit nicht verstanden, aber er habe erkannt, daß sie wirtschaftlichen Erfolg versprach.

Am besten verstehen Kinder und Tiere meine Musik.
Igor Strawinsky

Das Stück trägt den Untertitel „Bilder aus dem heidnischen Rußland" und beschreibt einen antiken Fruchtbarkeitsritus, bei dem eine Jungfrau geopfert wird, um die Mächte der Erde zu besänftigen. Kurze Phrasen, überschwengliche Rhythmen und Schlagzeugeffekte drücken die urtümlichen Elemente der Geschichte aus. Das Stück ist für ein großes Orchester mit über 100 Musikern komponiert. Nie zuvor hatte irgend jemand in Paris etwas Ähnliches gesehen oder gehört. Selbst heute versteht man leicht, warum es so schockierend wirkte – die Zeit hat den Effekt nicht abgeschwächt.

Bei der Premiere am 29. Mai 1913 im Théatre des Champs Elysées begann das Publikum schon wenige Sekunden, nach-

Das Sacre du Printemps (Frühlingsopfer)

Strawinskys eigener Bericht über die Eröffnungsvorstellung des *Sacre du Printemps:*

Ich saß rechts in der vierten oder fünften Reihe, und das Bild des Rückens von Monteux (des Dirigenten) ist mir lebhafter in Erinnerung als das Bild der Bühne. Er stand dort scheinbar ungerührt und leidenschaftslos wie ein Krokodil. Es ist für mich noch heute fast unglaublich, daß er das Orchester bis zum Ende brachte. Als der große Lärm begann, verließ ich meinen Sitz und ging hinter die Bühne zu Nijinski auf die rechte Seite. Er stand auf einem Stuhl, gerade so, daß das Publikum ihn nicht sehen konnte, und rief den Tänzern die Nummern zu. Ich fragte mich, was diese Nummern wohl mit der Musik zu tun hätten. Soweit ich hören konnte, war die Musikdarbietung nicht schlecht – sie hatten sechzehn lange Proben gehabt, und das Orchester war sehr sicher. Nach der Vorstellung waren wir erregt, verärgert, empört und . . . glücklich. Ich ging mit Diaghilew und Nijinski in ein Restaurant. Diaghilews einziger Kommentar lautete: „Genau das, was ich wollte." Er sah völlig zufrieden aus. Vielleicht hatte er schon über die Möglichkeit eines solchen Skandals nachgedacht, als ich ihm das Stück Monate zuvor in Venedig vorspielte.

Pierre Monteux erinnert sich an die Uraufführung:

Sie können es seltsam finden, aber ich habe das Ballett nie gesehen. Am Abend der Premiere hatte ich meine Augen in der Partitur und spielte genau das Tempo, das Igor mir angegeben hatte und das ich, ich muß es sagen, nie mehr vergessen werde. Wie Sie wissen, reagierte das Publikum in skandalträchtiger Weise. Zuletzt kam sogar die Polizei. Als ich den Krach hinter mir hörte, beschloß ich, das Orchester um jeden Preis zusammenzuhalten, für den Fall, daß es eine Pause in dem Tumult geben sollte. Das gelang mir auch, und wir spielten das Stück so zu Ende, wie wir es geprobt hatten. In London spielten wir es dann ein paarmal vor einem sehr höflichen Publikum. Damit war das Werk sozusagen zu den Akten gelegt.

Der Konzertveranstalter Sergej Diaghilew (1872–1929)

dem sich der Vorhang geöffnet hatte, mit Zwischenrufen und Schreien. Nijinski, der Choreograph, mußte sich in den Seitenkulissen auf einen Stuhl stellen und den Tänzern die Nummern zurufen, denn die Musik konnten sie wegen des Lärms im Publikum nicht mehr hören. Die Zuhörer ärgerten sich nicht nur über die Musik, sondern auch über die Art und Weise, wie die Tänzer über die Bühne wirbelten. Schließlich rief man die Polizei, aber die Aufführung wurde zu Ende gebracht. Kritiker behaupteten damals: „Mit Musik hat das nichts zu tun." Sechzehn Jahre später pries man das Stück jedoch als „einen der bemerkenswertesten Höhepunkte im künstlerischen Leben jener Zeit". Nach der Premiere gab es noch fünf weitere Aufführungen, bei denen das Publikum jedesmal in derselben Weise reagierte. Später überredete der Dirigent Pierre Monteux Strawinsky, er solle ihn das Werk als Konzertstück in einem Theater aufführen lassen. Die Aufführung war ausverkauft, und die Musikerkreise von Paris waren äußerst gespannt. In einer Loge saß die Mutter von Monteux zusammen mit dem französischen Komponisten Camille Saint-Saëns, der immer nur wiederholte: „Mais il est fou, il est fou!" (Er ist verrückt, er ist verrückt!) Monteux berichtete, die Musiker, die bei dieser Aufführung und bei der Premiere dabeigewesen waren, hätten jetzt dem Stück gegenüber ein anderes Gefühl. Sie sagten ihm, die Musik sei bereits gealtert.

Kurz nach der Erstaufführung des *Sacre du Printemps* erkrankte Strawinsky schwer an Typhus und zog schließlich in die Schweiz. Nach Rußland kehrte er nach der Revolution nie mehr zurück; 1939, bei Ausbruch des Zweiten Weltkriegs, ging er in die USA.

Er experimentierte ständig mit neuen Stilmitteln. Anfangs hatte er im russischen Stil komponiert, den er bei Rimsky-Korsakow an der Musikhochschule von St. Petersburg gelernt hatte. Ungefähr von 1917 an entwickelte er einen neoklassischen Stil: Er nahm Formen der Klassik auf und setzte sie mit modernen Harmonien um; so entstanden *Die Geschichte vom Soldaten* (für eine kleine Instrumentengruppe), *Ödipus Rex* (eine Mischform aus Oper und Oratorium, auch als „szenisches

Strawinskys Arbeitstisch bot einen unglaublichen Anblick. Er sah aus wie das Zeichenbrett eines Architekten – alles lag ordentlich nebeneinander, gespitzte Bleistifte in drei Farben. Er sagte zu mir: „Ich kann nur komponieren, wenn mein Schreibtisch völlig aufgeräumt ist, denn wenn mein Tisch in Ordnung ist, dann sind es auch meine Gedanken."

Sir Georg Solti

Beachten Sie die Kritiker nicht. Denken Sie daran, noch nie ist ein Denkmal für einen Kritiker errichtet worden.

Jean Sibelius zugeschrieben

Eines Tages nahm ich in Hollywood das Telefon ab, und die Stimme am anderen Ende sagte: „Hier ist Strawinsky." Ich wäre fast tot umgefallen. Es war, als hätte Gott mich angerufen.

Sir Georg Solti

Billy Rose gab bei Strawinsky eine Komposition für eine New Yorker Revue in Auftrag, die 1945 inszeniert wurde. Nach der Eröffnungsvorstellung telegrafierte er dem Komponisten:

IHRE MUSIK GROSSER ERFOLG STOP KÖNNTE SENSATIONELLER ERFOLG WERDEN WENN SIE ROBERT BENNETT GESTATTEN DIE INSTRUMENTIERUNG UMZUARBEITEN STOP BENNETT BEARBEITET SOGAR WERKE VON COLE PORTER STOP

Strawinsky antwortete:

BIN MIT GROSSEM ERFOLG ZUFRIEDEN

Claude Debussy und Igor Strawinsky (sitzend)

Originalmanuskripte werden heute zu gewaltigen Preisen gehandelt. Nach einem Bericht von Sotheby's in London brachten neun Mozart-Symphonien im Jahr 1987 insgesamt fast sieben Millionen DM. Eine Schubert-Ouvertüre wurde 1986 für 450 000 DM verkauft, eine Beethoven-Sonate für 1,4 Millionen DM und eine Bach-Kantate 1989 für 1,1 Millionen DM. Strawinskys *Sacre du Printemps* wechselte im November 1982 für etwa 900 000 DM den Besitzer.

Oratorium“ bezeichnet) und die *Psalmensymphonie* (für Chor und Orchester). In Amerika fand er Zugang zu anderen Medien wie dem Film und der Bühnenmusik.

In seinen ersten Jahren in Hollywood brauchte Strawinsky unbedingt Geld. Seine Frühwerke waren im zaristischen Rußland erschienen und nicht urheberrechtlich geschützt, so daß er daran nichts verdiente. Der Filmproduzent Louis B. Mayer bot ihm Arbeit an: „Ich habe gehört, Sie sind der größte Komponist der Welt“, sagte er, „nun gut, das hier ist das größte Filmstudio der Welt!“ Mayer fragte ihn, wieviel Geld er für eine Partitur von 45 Minuten haben wolle. Strawinsky verlangte 25 000 Dollar. Mayer bemerkte, das sei mehr, als er normalerweise zahlte, aber da Strawinsky der größte Komponist der Welt sei, wolle er soviel ausgeben. Als Strawinsky ihm dann aber sagte, daß er für die Komposition ungefähr ein Jahr brauchen würde, warf Mayer ihn hinaus. Als man Strawinsky fragte, warum er so hohe Honorare verlangte, antwortete er: „Das tue ich im Namen meiner Komponistenbrüder Mozart und Schubert, die in Armut gestorben sind."

Nach Strawinskys Ansicht war Maurice Ravel (1875–1937) der einzige Musiker seiner Zeit, der das *Sacre du Printemps* wirklich verstand. Ravel hielt sich im März und April 1913 bei Strawinsky in Clarens auf, kurz bevor das *Sacre* inszeniert wurde. Ihre Freundschaft wird in vielen Briefen deutlich, die sie einander schrieben. Im Dezember 1913, als Strawinsky schwer an Typhus erkrankt war, schrieb Ravel:

> Mein Lieber, es ist lange her, seit ich sensationelle Neuigkeiten über Ihre Gesundheit gehört habe. Vor drei Wochen hieß es, Sie seien plötzlich gestorben, aber das berührte mich nicht sehr, denn am gleichen Morgen erhielt ich eine Postkarte von Ihnen. In drei Tagen bin ich in London, und dort werde ich hoffentlich etwas über *Le Sacre* hören. Meine respektvollen Grüße an Madame Strawinsky, küssen Sie die Kinder von mir und glauben Sie an die Zuneigung ihres ergebenen – Maurice Ravel

Ravel, ein merkwürdiger, einsamer Charakter, widmete sein Leben seiner Mutter. Wenn er komponierte, war er ein Einsiedler, aber ansonsten liebte er auch das Pariser Nachtleben. Strawinsky sagte über ihn: „Er war trocken und reserviert, und manchmal waren in seinen Bemerkungen kleine Boshaftigkeiten versteckt, aber er war für mich immer ein guter Freund. Im Krieg fuhr er einen Lastwagen, und dafür bewunderte ich ihn. Er hätte es leichter haben können. In seiner Uniform sah er ziemlich bemitleidenswert aus; er war so klein."

Ravel heiratete nie, und er sagte: „Künstler sind selten normal, und unser Leben ist es noch weniger." Bei der Premiere des *Bolero,* eines seiner berühmtesten Werke, schrie eine Frau im Publikum: „Hilfe, ein Verrückter", und Ravel nickte zustimmend.

Gewöhnlich hält man Ravel, wie Debussy, für einen Impressionisten, aber sein Orchesterklang ist unverwechselbar sein eigener. Er sagte einmal, er wolle eine Abhandlung über das

Als ich Strawinsky begegnete, fragte ich ihn, warum er das Sacre du Printemps *neu instrumentiert und vereinfacht habe. Er antwortete, er habe das getan, damit er es selbst dirigieren könne – die Originalfassung sei ihm zu schwierig. Später nannten mir Freunde einen anderen Grund: Er bekam aus der russischen Ausgabe keine Tantiemen, und deshalb schrieb er für Boosey & Hawkes (einen englischen Musikverlag, Anm. d. Übers.) eine neue Fassung, um damit etwas Geld verdienen zu können.*

Sir Georg Solti

Der *Bolero* machte Ravel zwar weithin bekannt, aber reich wurde er durch seine Musik nie – wahrscheinlich hatte er private Geldmittel. Er kleidete sich gern sehr modisch, und einmal gab er ein Vermögen für einen blauen Frack aus, den er in Paris zu einer Abendgesellschaft anziehen wollte. Er war zutiefst gekränkt, als er hörte, wie jemand fragte: „Wer ist der kleine Kerl da, der sich nicht die Mühe gibt, sich anständig anzuziehen?"

Maurice Ravel

Orchester schreiben, die mit beispielhaften Fehlern aus seinen eigenen Werken illustriert sei. In Wirklichkeit konnte er aber glänzend mit dem Orchester umgehen; er war ein Meister im raffinierten, farbigen und überraschenden Einsatz der Instrumente. Er behandelt das Orchester wie eine magische Maschine und fügte die Instrumente so zusammen, daß Strawinsky ihn als „Schweizer Uhrmacher" bezeichnete. Von Berlioz stammt der Ausspruch, die Instrumentierung sei für die Musik genau das gleiche wie die Farbe für die Malerei. Ravel ist dafür der lebende Beweis.

Wie Strawinsky, so schrieb auch Ravel Ballette für Diaghilew. Das bekannteste ist *Daphnis und Cloë.* Im Jahr 1914 begann er mit der Komposition eines symphonischen Gedichts mit dem Titel *Wien,* das sich auf den Wiener Walzer gründete. Das war damals durchaus ein angemessenes Thema, denn man hatte allgemein Angst, die Aristokraten würden in Wien weiter tanzen und den Krieg nicht zur Kenntnis nehmen. Er konnte das Stück jedoch nicht beenden, weil er seinen Militärdienst antreten mußte. Im Jahr 1919, nach Kriegsende, zog er wieder aufs Land und versuchte, ein neues Ballett für Diaghilew in Angriff zu nehmen. Aber die Arbeit machte ihm Schwierigkeiten, denn er litt noch unter dem erst kurze Zeit zurückliegenden Tod seiner Mutter. Deshalb beschloß er, wieder an *Wien* zu arbeiten; er gab dem Stück den neuen Titel *La Valse* und schrieb zwei Fassungen, eine für Soloklavier und eine für zwei Klaviere. Dann vollendete er in drei Monaten die Orchesterfassung; sie ist 13 Minuten lang. Das Hauptthema erscheint zuerst in den Violinen, die mit Dämpfer und mit dem Bogen über dem Griffbrett gespielt werden, so daß ein geisterhafter Klang entsteht. Schließlich übernimmt das ganze Orchester dieses Thema und verzerrt es in verblüffender Weise. Die Fassung für großes Orchester verlangt eine volle Streichergruppe, drei- oder vierfach besetzte Holzbläser, volle Blechbläserbesetzung, zwei Harfen und Schlagzeug mit Kastagnetten, Gong, Glockenspiel und antiken Becken. Er lud seine beiden engen Freunde Diaghilew und Strawinsky ein, das Stück vorab privat zu hören, und spielte es ihnen auf dem Klavier vor. Diaghilew meinte, es sei ein Meisterwerk, aber kein Ballett, und er weigerte sich, es auf die Bühne zu bringen. Strawinsky sagte offensichtlich überhaupt nichts. Ravel nahm die Partitur und ging hinaus. Das war das Ende seiner Freundschaft mit Diaghilew, den er später, als die beiden sich 1925 in Monte Carlo wiedersahen, sogar zum Duell herausforderte.

Die Uraufführung fand am 12. Dezember 1920 in einem Konzertsaal statt, und seither ist das Stück überall auf der Welt in Konzerten gespielt worden. Auf der Titelseite der Partitur beschrieb Ravel, wie er sich das Bühnenbild vorstellte, das jedoch nie verwirklicht wurde:

> Durch Spalten in wirbelnden Wolken erhascht man einen Blick auf ein Paar, das Walzer tanzt. Nach und nach teilen sich die Wolken, und man sieht einen riesigen, von einer quirlenden Menge angefüllten Saal. Der volle Lichtschein aller Kronleuchter erstrahlt. Ein Kaiserhof um 1855.

Während er das Stück komponierte, sprach er davon, er

Ich glaube, als Ravel zu seiner letzten Operation ins Krankenhaus kam, wußte er, daß er zum letzten Mal schlafen gehen würde. Er sagte zu mir: „Sie können mit meinem Schädel machen, was sie wollen, solange nur der Äther wirkt." Er wirkte nicht, und der arme Mann spürte den Einschnitt. Das letzte Mal sah ich ihn in der Leichenhalle. Der obere Teil seines Schädels war noch bandagiert. Seine letzten Lebensjahre waren grausam, denn er verlor sein Gedächtnis und seine Koordinationsfähigkeit, und er war sich dessen natürlich bewußt.

Igor Strawinsky

Bevor Diaghilew starb, lachte er und sang *La Bohème*, seine Lieblingsoper.

Es gibt keinerlei Anzeichen dafür, daß die Musik sich verändert. Ein dissonanter Akkord würde eine Revolution auslösen.

Debussy in einem Brief an Emile Barron, 1887

spüre „ein fantastisches, verhängnisvolles Schwindelgefühl". Die Kritiker lobten die „verblüffende Orchestrierung", aber die „Wildheit und der Wahnsinn des Schlusses" gefielen ihnen nicht.

Ein paar Jahre später wurde Ravel in Paris von einem Lastwagen überfahren und bekam ein Gehirnleiden. Seine Freunde versuchten, ihm zu helfen, indem sie mit ihm Erholungsreisen ins Ausland machten. Die Krankheit raubte ihm die Koordinationsfähigkeit und machte es ihm unmöglich, Musik aufzuschreiben. Schließlich unterzog er sich in einem Krankenhaus einer Gehirnoperation, von der er sich aber nie mehr erholte; er starb am 28. Dezember 1937.

Auch Claude Debussy (1862–1918) schrieb ein Ballett für Diaghilew: Es trug den Titel *Jeux* und erlebte seine Uraufführung im gleichen Jahr wie *Le Sacre du Printemps,* ohne aber dessen Wirkung zu erzielen. Debussy gilt gewöhnlich als der führende Vertreter des Impressionismus, aber er selbst lehnte diese Bezeichnung ab; der Begriff stammt von einer Gruppe französischer Schriftsteller (zum Beispiel Mallarmé) und Maler (unter anderem Monet, Renoir und Manet). Debussys Musik vermittelt die „Impression", also den Eindruck eines Bildes oder Ereignisses, und zwar durch sehr feinfühlige, unbestimmte Klänge.

Er begann sich für die Musik Balis und Javas zu interessieren, nachdem er 1889 bei der Pariser Weltausstellung ein Gamelanorchester gehört hatte. Damals waren viele Künstler in Paris vom Orient und von der griechischen Antike fasziniert. Auch Debussy entdeckte altertümliche Musikstile wieder. Unter anderem beschäftigte er sich mit der Technik der Ganztonleitern, die so klingen, als würde man auf dem Klavier nur auf den schwarzen Tasten spielen.

Seine Orchesterwerke waren alle sehr anschaulich; das erste aus dem Jahr 1894 trägt den Titel *Prelude à l'Après-Midi d' un faune* (Vorspiel zum Nachmittag eines Fauns) und basiert auf einem Gedicht von Mallarmé. Am berühmtesten sind vielleicht seine drei symphonischen Skizzen *La Mer* (1905). Den letzten Satz von *La Mer* soll er komponiert haben, als er im Grand Hotel von Eastbourne in Südengland saß und auf das Meer hinausblickte. Auch Debussy setzt ein großes Orchester ein, aber es dient ihm nicht nur dazu, Lautstärke zu erzeugen. Wie Ravel interessierte er sich vor allem für die Klangfarben. Die Streicher müssen oft mit Dämpfer spielen, und der besinnliche Klang von Flöte, Oboe und Englischhorn kommt in vielen Solopassagen zur Geltung. Außerdem setzte er eine große Schlagzeuggruppe ein, mit Xylophon, Tamtam, Celesta, Glockenspiel und Becken.

Im Jahr 1902 schrieb Debussy eine Oper, in der die Liebesgeschichte von Pelleas und Melisande erzählt wird. Als die beiden sich schließlich gegenseitig ihre Liebe erklären, spielt sich der ganze Gesang auf einem einzigen Ton ab – der Gegenpol zum Ausdruck des Liebestods in *Tristan und Isolde* von Wagner.

Andere Komponisten in Frankreich wandten sich gegen Romantik und Impressionismus; sie versuchten, einen bescheideneren, volkstümlicheren Stil zu finden. Diese Richtung verkörpert Erik Satie: Er schrieb Musik in kleinerem Maßstab mit einer sehr bewegenden, nostalgischen Färbung. Die Grupe „Les Six" bestand aus Arthur Honegger, Darius Milhaud, Francis Poulenc – der treibenden Kraft –, Auric, Tailleferre und Durey.

Nach Saties Meinung könnte es amüsant sein, Stücke zu schreiben, denen man nicht zuhören soll – „musique d' ameublement", Kulissenmusik. Einmal begann ein Stück von ihm, und die Zuhörer kehrten auf ihre Plätze zurück. Er beschwor sie: „Reden Sie weiter! Gehen Sie herum! Hören Sie nicht zu!" Aber niemand beachtete ihn.
Darius Milhaud,
Notizen über Musik

Die Komponisten wurden sich sehr ihrer Heimat bewußt und wollten die besonderen Eigenarten ihres Vaterlandes in ihrer Musik zur Geltung bringen: Volkslieder und andere nationale Besonderheiten wurden zu einem unverzichtbaren Bestandteil der Kompositionen. In manchen Ländern drückte sich der Nationalismus im herkömmlichen symphonischen Stil aus, in anderen suchte er sich dagegen neuartige Formen.

Einer der ersten „Nationalkomponisten" war Anton Dvořák (1841–1904). Er verwendete in seinen Kompositionen tschechische Volkstanzrhythmen; besonders deutlich wird das in seinen

Slawischen Tänzen für Orchester. Nachdem er 1873 mit seiner dritten Symphonie einen Preis gewonnen hatte, interessierte sich Brahms sehr für seine Musik und wurde sein Helfer und Förderer. Von Dvořáks neun Symphonien wurden nur fünf zu seinen Lebzeiten veröffentlicht; am bekanntesten ist die Symphonie „Aus der neuen Welt" von 1893. Sein Cellokonzert ist eines der schönsten Stücke für dieses Instrument. Leider war Dvořák zeit seines Lebens sehr arm, denn er verkaufte seine Kompositionen für einen Hungerlohn; seine ärmlichen Lebensumstände bezeichnete ein Freund einmal als „Szene aus *La Bohème*".

Sie reden nur über Geld und Stellen. Da sind mir Geschäftsleute lieber – die interessieren sich wirklich für Musik und Kunst.
Jean Sibelius über Musiker

Unten Sergej Rachmaninoff

Jean Sibelius (1865–1957), der in Finnland arbeitete, war zwischen den Weltkriegen in Amerika und England der am meisten bewunderte lebende Symphoniker. Er schrieb bis 1924 sieben Symphonien und ist auch heute noch der bekannteste finnische Komponist. Wie sein dänischer Zeitgenosse Carl Nielsen empfand Sibelius starke nationale Verpflichtungen, besonders in der Zeit bis 1917, als sein Vaterland unter russischer Herrschaft stand; dies drückt er in seinem berühmtesten Werk *Finlandia* (1899) aus. Seine Symphonien beginnen meist in einer Tonart und enden in einer anderen (wie bei Mahler); ihre Länge entspricht dem Durchschnitt (30–40 Minuten), aber sie unterscheiden sich in der Zahl der Sätze. Sibelius erweiterte die Möglichkeiten des Orchesters nicht, und er fügte auch keine Singstimmen hinzu, aber seine Symphonien beschreiben sehr anschaulich die Weite der Landschaft in seiner Heimat.

In Rußland gab es eine Gruppe von Musikern, die sich selbst „Die Fünf" nannten: Borodin, Rimsky-Korsakow, Mussorgsky, Cui und Balakirew; sie gründeten ihre Musik auf Begebenheiten aus der russischen Geschichte. Ungewöhnlich war, daß sie keine formale Musikausbildung hatten: Borodin beispielsweise war Chemiker, Rimsky-Korsakow war früher Marineoffizier gewesen, und Mussorgsky war Beamter. Dennoch waren sie alle äußerst geschickt im Umgang mit dem Orchester. Rimsky-Korsakow, vielleicht der Begabteste von allen, schrieb 1913 ein Buch mit dem Titel *Die Prinzipien der Orchestrierung.* Für einige Zeit stieß der Pianist Sergej Rachmaninoff zu der Gruppe,

Trotz all dieser ehrenwerten Bemühungen spielt Intuition bei solchen Dingen eine größere Rolle, als man sich vorstellen kann. Meine ganze Musik und nicht zuletzt auch die Frage der Harmonisierung ist abhängig von Instinkt und Gefühl. Es ist nicht gut, mich zu fragen, warum ich eine Passage so und nicht anders geschrieben habe – ich kann nur antworten, daß ich das niedergeschrieben habe, was ich fühlte. Lassen Sie die Musik für sich selbst sprechen; sie spricht sicher deutlich genug, um sich selbst zu erklären.

Béla Bartók

Der Dirigent Otto Klemperer war ein Schüler Bartóks. Er sagte über den Komponisten:

Er war ein hervorragender Pianist. Die Schönheit, Kraft und Leichtigkeit seines Tons waren unvergeßlich.

aber er floh vor der Revolution von 1917 aus Rußland in die USA und kehrte nie mehr zurück.

Béla Bartók (1881–1945) wuchs in Ungarn auf und arbeitete bis 1934 als Lehrer in Budapest. Er war ein glühender Nationalist und sammelte buchstäblich Tausende ungarischer und anderer Volksmelodien, um sie in seinen Stücken zu verwenden. In jungen Jahren sagte er zu seiner Mutter, es sei das Ziel seines Lebens, „für das Gute in Ungarn und für die ungarische Nation zu arbeiten". In seiner Musik für Schlagzeug, Streichinstrumente und Celesta von 1936 setzt Bartók das Orchester in einer ungewöhnlichen Anordnung ein: Es ist in zwei kleine Kammermusikgruppen aufgeteilt, die auf den beiden Seiten einer Gruppe aus Klavier, Harfe, Celesta und Schlagzeug sitzen. Holz- oder Blechbläser gibt es nicht. Er behandelt die Instrumente schlagzeugartig und sehr rhythmisch; sein eigenes Instrument, das Klavier, spielt dabei eine zentrale Rolle.

Bartók war zutiefst bestürzt über die Grausamkeit des Krieges und sprach sich als einer der ersten gegen den Antisemitismus aus, was dazu führte, daß seine Musik in den dreißi-

Das Konzert für Orchester hat vier Sätze und dauert 37 Minuten. Bartók nannte es Konzert und nicht Symphonie, weil jede Gruppe des Orchesters eine wichtige Solostimme hat. Besetzt ist es mit 3 Flöten, 3 Oboen, 3 Klarinetten, 3 Fagotten, 4 Hörnern, 3 Trompeten, 3 Posaunen, Tuba, Pauken, kleiner und großer Trommel, Becken, Triangel, Tamtam, 2 Harfen und Streichern.

ger Jahren in Deutschland nicht gespielt werden durfte. In Amerika trat er zum ersten Mal 1927 auf, und 1940 ging er endgültig dorthin, um den Nazis zu entkommen. Von der Columbia-Universität erhielt er ein Forschungsstipendium, das ihm den Aufenthalt in New York ermöglichte, aber gut ging es ihm nie. Er erkrankte schwer an Leukämie und wurde in einem Krankenhaus behandelt, aber um was für eine Krankheit es sich wirklich handelte, sagte man ihm nicht. Ein Freund sicherte ihm einen Kompositionsauftrag, um ihm ein wenig Geld zu verschaffen, und ging mit dem Scheck in der Tasche ins Krankenhaus. Aber Bartók wollte den vollen Betrag nicht annehmen, bevor die Musik fertig geschrieben war. Es war das Konzert für Orchester (1944), das einzige Werk, mit dem er zu Lebzeiten Erfolg hatte. Leider konnte es ihm auch nicht mehr helfen: Er starb ein Jahr später.

Edward Elgar

Der erste in England geborene Komponist, der sich im internationalen Repertoire von Symphonie, Konzert und Ouvertüre einen festen Platz sichern konnte, war Edward Elgar (1857–1934). Zu diesem Erfolg verhalfen ihm sein Chorwerk *Der Traum des Gerontius* (1900) und die *Enigma-Variationen* (1899). Er schrieb auch zwei Symphonien (1908 und 1911) mit jeweils vier Sätzen, aber sein charakteristischer Orchesterstil zeigt sich besonders in den *Enigma-Variationen*, den Konzerten – eines für Violine und eines für Cello – und den Ouvertüren. Seine Orchestrierung ist üppig, und seine Stücke spiegeln mit ihrem stark patriotischen Anstrich die Stimmung in England nach dem Ersten Weltkrieg wider. In seiner berühmten Ouvertüre über London mit dem Titel *Cockaigne* setzt er die Orgel ein und imitiert marschierende Kapellen; kleine Glocken und Triangel geben das Klirren des Pferdezaumzeugs wieder, und mehrere Themen kennzeichnen charakteristische Eigenschaften Londons.

Jetzt weiß ich, was „klassisch" bedeutet; es ist etwas, das singt und tanzt, einfach aus Freude am Dasein.
Holst an Vaughan Williams

Ein weiterer großer Symphoniker war Ralph Vaughan Williams (1872–1958), der auch englische Volkslieder sammelte und bearbeitete. Wie Bartók häufte er eine Riesenzahl längst vergessener Stücke an, setzte sie neu für Orchester und benutzte sie als Themen in seinen Kompositionen.

Ralph Vaughan Williams

Gustav Holst und Ralph Vaughan Williams waren eng befreundet. Sie schrieben einander regelmäßig von den Orten, wo sie gerade arbeiteten, und sie unterstützten und ermutigten einander. Außerdem diskutierten sie philosophische Fragen des Komponierens:

Ich hoffe, Du denkst daran, daß der Unsinn, den ich schreibe, eine Ansammlung beiläufiger Gedanken ist . . . Manchmal können Dinge, die zu einem schrecklichen Reinfall werden, uns mehr lehren als ein donnernder Erfolg. Daraus folgt nicht, daß es so sein MUSS, *sondern nur, daß es so sein* KANN. *Wie ich Dir schon erzählte, scheint Richard (Strauss) mit der „Beethoven-artigste" Komponist seit Beethoven zu sein. Vielleicht irre ich mich, aber ich hoffe, Du wirst mir zustimmen, daß er ein Komponist des wirklichen Lebens ist. Soweit ich erkennen kann, bestand seine Ausbildung in*
1. Bach, Mozart, Beethoven
2. Schumann, Brahms
3. Wagner

Meine sah so aus:
1. Mendelssohn
2. Grieg
3. Wagner

Das allein spricht schon Bände. Ich glaube, wie Du einmal gesagt hast, daß jeder Komponist das Ergebnis derer ist, die vor ihm da waren. Auch wir beide, Du und ich, müssen anfangen, das in uns selbst zu spüren.

Brief von Holst an Vaughan Williams, Dresden 1903

Ich mache mir wirklich keine Sorgen um Dein Gefühl, Deine ganze Erfindungsgabe sei verlorengegangen. Es tut mir leid, aber das ist unmöglich. In dem gleichen Geisteszustand warst Du, kurz bevor Du die Heroic Elegy *geschrieben hast; das betrachte ich als gutes Zeichen, und ich hoffe von Dir zu hören, daß Du auf Öl gestoßen bist, wenn Du wieder schreibst.*

Brief von Holst an Vaughan Williams, Berlin 1903

Gustav Holst (1874–1934), der in Cheltenham geborene Sohn schwedischer Eltern, schrieb eine Reihe symphonischer Skizzen im Stil einer symphonischen Dichtung. Dieses Werk mit dem Titel *Die Planeten* galt seinerzeit in England als äußerst fortschrittlich und machte ihn über Nacht berühmt.

Sir William Walton (1902–1983), ein weiterer englischer Komponist, löste zunächst leichten Schrecken aus; Ursache war sein Werk *Façade,* eine Folge von 18 Gedichten der Dichterin Edith Sidwell. Er verwendet in dem Stück Jazzrhythmen und zeigt einen starken Sinn für Humor. Sein Krönungsmarsch *Crown Imperial* (1937) ist wie bei Elgar im Stil großartiger Gebärde geschrieben. Die erste seiner beiden Symphonien – sie hat vier Sätze und dauert 45 Minuten – ist wieder im herkömmlichen symphonischen Stil komponiert. Weitere wichtige Orchesterwerke sind die Ouvertüre *Portsmouth Port,* die Konzerte für Violine, Bratsche und Cello sowie die Kantate *Belsazars Fest* für Chor und Orchester. Er schrieb auch Filmmusik, zum Beispiel für den Film *Henry V,* und dieses Stück wurde seither auch in Konzerten erfolgreich aufgeführt.

William Walton

Der erste englische Komponist seit Purcell, der hervorragende Opern schrieb, war Benjamin Britten (1913–1976): *Peter Grimes, Albert Herring, Der Raub der Lucretia* und *The Turn of the Screw* wurden international anerkannt. Man hört die Musik zu seinen Bühnenwerken auch im Konzertsaal. Das Orchesterwerk, das ihn als Komponisten bekannt machte, war *Variationen über ein Thema von Frank Bridge* (1937) für großes Orchester, eine Auftragskomposition für die Salzburger Festspiele. Das *War Requiem* von 1962 stellt die Kriegsgedichte von Wilfred Owen in den liturgischen Zusammenhang eines Requiems. Im Jahr 1946 schrieb er *The Young Person's Guide to the Orchestra,* eine Folge von Variationen und Fuge über ein Thema von Henry Purcell (1659–1695). Das Hauptthema wird zunächst vom ganzen Orchester vorgestellt, und dann übernehmen es nacheinander die einzelnen Instrumente, die sich auf diese Weise vorstellen. Seiner lebenslangen Freundschaft mit dem Sänger Peter Pears entsprangen zahlreiche Musikwerke, darunter die Serenade für Tenor, Horn und Streicher. Er war

Tippett und Britten trafen sich zum ersten Mal während des Zweiten Weltkriegs, als sie beide den Kriegsdienst verweigerten. Tippett kam ins Gefängnis, weil er das für Kriegsdienstverweigerer geltende Gesetz übertreten hatte, und Britten gab mit Sir Peter Pears im Wormwood Scrubs-Gefängnis, wo er inhaftiert war, ein Konzert. Da alle drei zusammen ein Konzert spielen wollten, erfand Tippett die Ausrede, er müsse die Noten umblättern; auf diese Weise konnte er mit den beiden anderen auf dem Podium sein.

Oben rechts Michael Tippett (links) und Benjamin Britten

Oben Benjamin Britten

auch mit dem Dichter W. H. Auden befreundet; die beiden lernten sich kennen, als sie in den dreißiger Jahren zusammen bei der Filmabteilung der Post arbeiteten.

Sir Michael Tippett (geb. 1905) schreibt Orchestermusik in allen ihren Formen: Konzerte, Symphonien und Opern. Er komponierte ein Tripelkonzert für Violine, Viola und Cello (1979), das einzige Werk für diese Instrumentenkombination.

Tippett fragte sich einmal selbst: „Hat die Realität meiner Vorstellung irgendeine dauerhafte Verbindung mit der Realität jener Ereignisse, die das Leben der Menschen unmittelbar beeinflussen?" Er verwandte viel Zeit darauf, sich mit sozialen Problemen zu beschäftigen und Menschen zu helfen. Er gibt offen zu, wieviel er Beethoven verdankt, und in seinem pazifistischen Oratorium *Ein Kind unserer Zeit,* das 1944 uraufgeführt wurde und ihm den Durchbruch als Komponist verschaffte, verwendet er traditionelle amerikanische Musik, Jazz, Spirituals und Blues.

Seine vierte Symphonie wurde 1977 in Amerika vom Chicago Symphony Orchestra uraufgeführt. Es ist die einzige seiner vier

Symphonien, die nur aus einem Satz besteht. Zum Orchester gehören sechs Hörner statt der sonst meist üblichen vier sowie eine große Schlagzeuggruppe. Zu Beginn hört man Atem, der entweder von einer Windmaschine oder von einem tief atmenden Schlagzeuger erzeugt wird. Außerdem verwendet er Themen aus dem England Elizabeths I.

Einer der wichtigsten Komponisten unseres Jahrhunderts ist Dimitrij Schostakowitsch (1906–1975). Er schrieb 15 Symphonien, die auf dem traditionellen symphonischen Stil der Romantik aufbauen; anders als sein Zeitgenosse Sergei Prokofieff wuchs er jedoch in der nachrevolutionären Sowjetunion auf und hatte zeit seines Lebens Probleme mit den Behörden, die seine Musik mehr als einmal verboten. Seine erste Symphonie – sie umfaßt vier Sätze und dauert etwa 30 Minuten – wurde 1926 uraufgeführt, als Schostakowitsch 20 Jahre alt war. Die Streicher sind darin geteilt, mit acht Soloviolinen und vier Bratschen. Die Orchestrierung war so außergewöhnlich, daß der Dirigent am Ende der Aufführung nach eigenem Bekunden das Gefühl hatte, „es sei eine neue Seite in der Geschichte der symphonischen Musik aufgeschlagen worden“. Seine Musik ist äußerst kraftvoll und scheint die Verwirrung und Furcht im Rußland jener Tage auszudrücken. Er sagte über seine Stücke: „Wenn Sie meine Werke studieren, werden Sie darin die ganze Wahrheit über mich finden, als Mensch und als Künstler.“

Im 20. Jahrhundert erwies sich auch Amerika als treibende musikalische Kraft. Anders als in Europa war das Erbe der klassischen Musik dort zur Jahrhundertwende noch keine hundert Jahre alt, denn sie hatte erst 1815 in Boston mit der Gründung der Handel and Haydn Society begonnen. Seither hat Amerika zahlreiche bedeutende Beiträge zur klassischen Musik und zur Entwicklung des Orchesters geleistet: Es bot vielen Komponisten, die Europa und Rußland wegen politischer Wir-

Mehrere Jahre lang hatten die sowjetischen Behörden Schostakowitschs Musik verboten. Seine fünfte Symphonie konnte erst aufgeführt werden, nachdem sie von der Partei genehmigt worden war. Galina Wischnewskaja schreibt in ihrem Buch: „Ein paar Dutzend Einfaltspinsel kamen zusammen, um über ein Genie zu richten. Die Symphonie wurde aufgeführt, und die ganze Welt hallte davon wider. Wir hören das entweihte Rußland, verletzt von seinen eigenen Söhnen, klagend und sich windend in Agonie.“ Im Februar 1948 wurde Schostakowitsch als „Formalist“ denunziert und von der Lehre an den Konservatorien von Moskau und Leningrad ausgeschlossen. Stalin starb 1953, und Schostakowitsch schrieb seine zehnte Symphonie, eine tragische Anklage, die den Tyrannen verdammt.

ren verlassen mußten, eine neue Heimat; es gab dort Komponisten von internationalem Ruf, die klassische Musik jeder Art schrieben und dabei die einzigartigen Klänge und Rhythmen von Jazz, Blues und Ragtime aufnahmen; und heute befinden sich in den USA einige der weltbesten Orchester.

Das amerikanische Musikleben hat aber seit jeher und auch heute noch einen weiteren bedeutsamen und wahrscheinlich einzigartigen Aspekt: Man ist dort bereit, große musikalische Risiken auf sich zu nehmen und neuartige Arbeiten zu unterstützen. Die Komponisten spürten die Freiheit, mit Musik zu experimentieren, außerhalb der symphonischen Tradition Europas und ohne die Angst, daß ihre Musik von unterdrückerischen Regierungen verboten werden könnte. Dieses Gefühl der Freiheit wirkte auf die Komponisten sehr anziehend; immer mehr von ihnen betrachteten Amerika als neuen Anreiz für ihre Arbeit: Dvořák, Schönberg, Strawinsky, Holst, Bartók und viele andere.

Links Dimitrij Schostakowitsch

Unten Aaron Copland

Ungefähr um die Jahrhundertwende hatten die amerikanischen Komponisten ihre eigene, charakteristische musikalische Ausdrucksweise gefunden. Der erste, der sehr bekannt wurde, war Charles Ives (1874 bis 1954). Er war Versicherungsvertreter und komponierte in seiner Freizeit, denn er rechnete nicht damit, daß die Musik ihm Geld bringen könnte. In einer liebevollen Beschreibung heißt es: „Seine Kompositionen klingen, als ob man eine Straße entlanggeht und aus jeder Tür Klänge hört" – ein sehr anschauliches Bild dafür, daß er zwei Tonarten gleichzeitig benutzte. Sein Vater, ein Kapellmeister, brachte ihn dazu, eine Melodie in einer Tonart zu pfeifen und die Klavierbegleitung in einer anderen dazu zu spielen; er erklärte dem Sohn, das diene der Erweiterung des Gehörs. Manche seiner Stücke sind sehr kompliziert aufzuführen – in der vierten

Symphonie werden vier Dirigenten gebraucht, um die Musiker zusammenzuhalten. Die dritte Symphonie ist sehr melodisch und brachte ihm 1947 den Pulitzer-Preis ein.

Aaron Copland (1900–1990) wollte seiner Musik einen spezifisch amerikanischen Klang geben und verwendete deshalb Jazz- und Volksmusikelemente. Als er seine Orgelsymphonie zum ersten Mal der amerikanischen Öffentlichkeit vorstellte, machte ein berühmter Dirigent die Bemerkung: „Wenn er mit 23 schon so schreiben kann, dann wird er in fünf Jahren bereit sein, jemanden umzubringen." Copland studierte einige Zeit bei Nadia Boulanger in Paris und kehrte schließlich nach New York zurück, wo er einerseits durch seine Musik für Bühne, Film und Konzertsaal und andererseits als Fürsprecher für seine Komponistenkollegen bekannt wurde. Er benutzte Volkslieder in seiner Musik, denn er wollte damit ein breites Publikum ansprechen, wie beispielsweise mit der *Fanfare for the Common Man* (Fanfare für den einfachen Menschen, 1942). Eines seiner bekanntesten Werke ist die Suite *El Salon Mexico* (1936), zu der

Rechts Elliott Carter

Als Charles Ives mit seiner dritten Symphonie 1947 den Pulitzer-Preis gewann, waren seit ihrer Komposition schon 42 Jahre vergangen. Er erklärte dem Preisgericht: „Preise sind für kleine Jungen, aber ich bin erwachsen!" – und verschenkte die 500 Dollar.

George Gershwin nahm bei verschiedenen Komponisten Unterricht, so unter anderem bei Ravel und Strawinsky, um seine technischen Fähigkeiten zu verbessern. In Hollywood freundete er sich mit Schönberg an, und die beiden spielten zusammen Tennis. Er fragte Schönberg auch, ob er ihm Kompositionsunterricht geben würde, aber der antwortete: „Ich würde nur einen schlechten Schönberg aus Dir machen, und dabei bist Du so ein guter Gershwin!"

Ich weigere mich, mich nur den Klängen zu unterwerfen, die man schon einmal gehört hat.
Edgar Varèse

er bei einem Besuch in Mexiko im Jahr 1932 angeregt wurde. Das Stück ist für großes Orchester komponiert, mit Schlaginstrumenten, die sonst in lateinamerikanischen Tanzkapellen verwendet werden. Er schrieb auch Ballettmusik: Am bekanntesten sind vielleicht *Appalachian Spring* und *Billy the Kid.* In *Billy the Kid* wird ein Feuergefecht vom Orchester dargestellt. Außerdem komponierte er ein Klarinettenkonzert, das von dem legendären Klarinettisten Benny Goodman auf Schallplatte eingespielt wurde. Mit seinen drei Symphonien wollte er schließlich den Ruf loswerden, ein der Volksmusik verhafteter Komponist zu sein; die dritte Symphonie beispielweise wurde 1946 vom Boston Symphony Orchestra uraufgeführt und beschäftigt sich mit den Problemen des Krieges.

George Gershwin (1898–1937) war vor allem wegen seiner populären Lieder und Broadway-Musicals berühmt; solche volkstümliche Musik verwendete er auch in seinen „klassischen" Partituren für Symphonieorchester. Die bekanntesten derartigen Werke sind die *Rhapsody in Blue, Ein Amerikaner in Paris* und die Oper *Porgy and Bess.* In seinen Liedern zeigt sich eine unerschöpfliche Fähigkeit, unvergeßliche Melodien zu schreiben. Gershwin war wohl neben Bernstein der einzige amerikanische Musical-Komponist, der den Sprung in den Konzertsaal schaffte.

Einer der ausgebürgerten Komponisten, der einen wesentlichen Beitrag zur Verwendung der Schlaginstrumente leistete, war der Franzose Edgar Varèse (1883–1965), der 1915 nach Amerika auswanderte. In einem Zeitungsinterview sagte er: „Wir brauchen auch sehr dringend neue Instrumente – die Musiker sollten sich mit größtem Ernst und mit der Unterstützung von Maschinenspezialisten um diese Frage kümmern." Er arbeitete mit Maurice Martenot zusammen, der 1928 das Elektronium (Ondes Martenot) erfand. In Amerika schrieb er *Amerique* für großes Orchester mit einer riesigen Schlagzeuggruppe. Neun Schlagzeuger und

Leonard Bernstein

zwei Paukisten sind für die Aufführung erforderlich. Im Jahr 1928 komponierte er *Ionisation,* eines der ersten Stücke in der westlichen Welt nur für Schlagzeug.

Elliott Carter (geboren 1908) war ein enger Vertrauter von Ives; er studierte in Harvard und bei Nadia Boulanger in Paris. Seine Orchestermusik ist sehr kraftvoll und dramatisch: Variationen für Orchester, ein Klavierkonzert und ein Doppelkonzert für Cembalo, Klavier und zwei Kammerorchester.

Über Leonard Bernstein (1918–1990) hat man gesagt, „er könne durch die Kraft eines einzigen Werkes, nämlich des Broadway-Musicals *Westside Story,* in die Halle des Ruhms gelangen". Das Stück ist eine moderne Fassung von Shakespeares Drama *Romeo und Julia.* Der Durchbruch als Dirigent gelang ihm 1943, als Bruno Walter vor einem Konzert plötzlich erkrankte; Bernstein sprang kurzfristig ein und dirigierte ein Programm, das unter anderem das *Meistersinger*-Vorspiel enthielt. Von da an war er ein weltberühmter Dirigent und Komponist.

In dieser Atmosphäre der Ausdrucksfreiheit machten John Cage, Milton Babbitt, Morton Feldman, Earle Brown, Christian Wolff und andere Avantgarde-Komponisten ihre neuen, einzigartigen Entdeckungen.

Auch Australien wurde zu einer wichtigen treibenden Kraft in der Orchestermusik, und zwar mit den Stücken von Percy Grainger (1882–1961) und Malcolm Williamson (geboren 1921).

Percy Grainger setzte seine Hochzeit in der Hollywood Bowl (einem Freiluft-Konzertpavillon, Anm. d. Übers.) bei einem Konzert vor 20 000 Zuhörern in Szene, und sein Skelett vermachte er der Universität Melbourne zum Konservieren und möglicherweise zur Ausstellung. Der Pianist und Komponist schrieb ein Orchesterwerk, das sich auf das englische Tanzthema „Country Gardens" gründet und ihm großen Erfolg brachte. Er sammelte englische Volkslieder, und obwohl diese Musik normalerweise als sehr leichtfüßig gilt, schrieb er auch äußerst ernste Stücke. Über *Country Gardens* sagte er einmal: „Wenn ich es spiele, denke ich an weiße Rüben."

Percy Grainger war sehr sportlich – oft rannte er von einem Konzert zum nächsten. Während einer Konzerttournee in Afrika verschätzte er sich mit der Entfernung zum nächsten Auftrittsort. Das Publikum hatte schon seine Plätze eingenommen, und er war noch nicht zu sehen. Seine Freunde zückten die Ferngläser, suchten den Horizont ab, und entdeckten dort eine Staubwolke. Als sie sich legte, konnten sie eine Gruppe von Zulukriegern erkennen, die sich auf die Siedlung zubewegte, und Grainger rannte neben ihnen her. Als sie angekommen waren, verlangte Grainger Sitzplätze für die Zulus aber er mußte einsehen, daß das nicht möglich war, denn wenn man sie zugelassen hätte, wäre er sofort weggejagt worden.

Malcolm Williamson (geboren 1931) ist derzeit Chef der königlich englischen Musikkapelle. Er schrieb viele Stücke für Kinder, und außerdem liebt er den Jazz, was besonders in seinem Klavierkonzert deutlich wird. Er ist auch Organist und hat für dieses Instrument ebenfalls viele Werke komponiert. Seine Oper *The Violins of Saint-Jacques* ist so voller Melodien, daß man sie als „das Traumland des denkenden Menschen" bezeichnet hat.

In Wien gab es zu Beginn des 20. Jahrhunderts eine Gruppe von Komponisten, die, allen voran Arnold Schönberg (1874–1951), eifrig mit neuen Klängen experimentierten; sie gelangten schließlich zu einer neuen, abstrakten Kompositionstechnik, die man als Atonalität oder Zwölftonmusik bezeichnet.

Diese angsteinflößenden Worte lassen den meisten Menschen das Lächeln vergehen, denn sie werden meist gleichgesetzt mit „schwierig", „unmelodiös" und „kompliziert".

Seit Beginn der Menschheitsgeschichte haben wir gelernt, eine Musik zu verstehen, die eine Melodie aufbaut und uns vertraut erscheint. Wenn man eine Melodie von Mozart hört, erkennt man eine feste Struktur – man hat ein Gefühl dafür, wohin sie geht und wie sie enden wird. Eine atonale Melodie dagegen widerspricht unserer Gewohnheit, weil sie unvorhersagbar erscheint. Aufregend ist daran vor allem, daß man nicht weiß, was als nächstes geschieht.

Die zunehmende Verwendung schlagzeugartiger Geräusche und dissonanter (sich reibender) Harmonien war zunächst unangenehm. Interessanterweise war die Reaktion zu jener Zeit die gleiche, die alle großen Veränderungen der Musikgeschichte ausgelöst haben. Auch die Stücke Beethovens und Wagners galten zunächst als unmelodiös. Die Menschen beklagten sich immer auf die gleiche Weise und behaupteten, das sei keine Musik.

Vorreiter des neuen Harmoniesystems war Schönberg. Seine Arbeiten sind zusammen mit denen seiner Freunde und Schüler, darunter vor allem Anton Webern (1883–1945) und Alban Berg (1885–1935), als „Neue Wiener Schule" bekannt. (Die „alte" Wiener Schule waren Mozart, Haydn, Beethoven und Schubert.) Schönberg entwickelte auch ein neues Struktursystem zum Schreiben von Musik auf der Grundlage einer Tonserie, das man deshalb „serielle Musik" nannte.

Es handelt sich um eine mathematische Formel zum Schreiben von Musik; sie gründet sich auf mehrere Elemente, die in einer bestimmten Reihenfolge (der „Serie") angeordnet sind. Schönberg verfolgte die Absicht, in seinen seriellen Kompositionen alle Ähnlichkeiten mit herkömmlichen Klangmustern zu vermeiden. Auch Alban Berg wandte die serielle Technik auf große Orchesterwerke wie sein Violinkonzert an, allerdings weniger strikt als Schönberg; Webern schrieb Miniaturen für großes Orchester und benutzte dabei die serielle Kompositionsweise für den Rhythmus ebenso wie für Melodie und Harmonie. Seine fünf Orchesterstücke (op. 10) sind sehr kurz, man-

Arnold Schönberg

Expressionismus: Der Begriff ist aus der Malerei entlehnt und bezeichnet dort Maler wie Picasso, Kandinsky und Klee. Er sollte einen Übergang markieren von den „Impressionen", die man aus der äußeren Welt erhält, zu den „Expressionen" (Ausdruck) des inneren Selbst – das Überbordwerfen aller Regeln zugunsten der völligen musikalischen Ausdrucksfreiheit. Expressionistische Werke sind unter anderem *Erwartung, Die glückliche Hand* und *Pierrot Lunaire* von Schönberg.

che dauern noch nicht einmal eine Minute. Am Ende seines Lebens hatte Webern alle Aspekte seiner Musik dem seriellen Prinzip unterworfen; Komponieren war nun ein mathematischer Vorgang ohne unmittelbare Gefühlsbeteiligung.

Webern wurde durch einen Irrtum eines amerikanischen Soldaten im Jahr 1945 erschossen, als er seine Töchter im Gebirge in der Nähe von Salzburg besuchte. Nach seinem Tod wurde er von seinen Komponistenkollegen zum Helden erklärt, und ein neuer Kult des „Minimalismus" kam auf.

Die Avantgarde hat die gleiche Funktion wie die Mode: Sie soll sich selbst zerstören, damit sie durch eine neue Kollektion ersetzt werden kann.

Pierre Boulez, 1969

John Cage wurde 1912 in Los Angeles geboren und studierte bei Schönberg. Er hat ein Stück namens *Silence* (Schweigen) geschrieben, das aus vier Minuten und 33 Sekunden des Schweigens besteht; er verfolgt damit die Vorstellung, daß sich die Musik aus den Umgebungsgeräuschen des jeweiligen Augenblicks ergibt, also während des Schweigens. Es klingt nie zweimal gleich und beruht ausschließlich auf dem Zufall. Das Stück *HPSCHD* (1967) ist für sieben Cembali und ein bis 51 Tonbandgeräte geschrieben. *Imaginary Landscape* ist für vier Radios, und *0'00* ist für irgendeinen Musiker, der zu irgendeinem Zeitpunkt irgend etwas spielt.

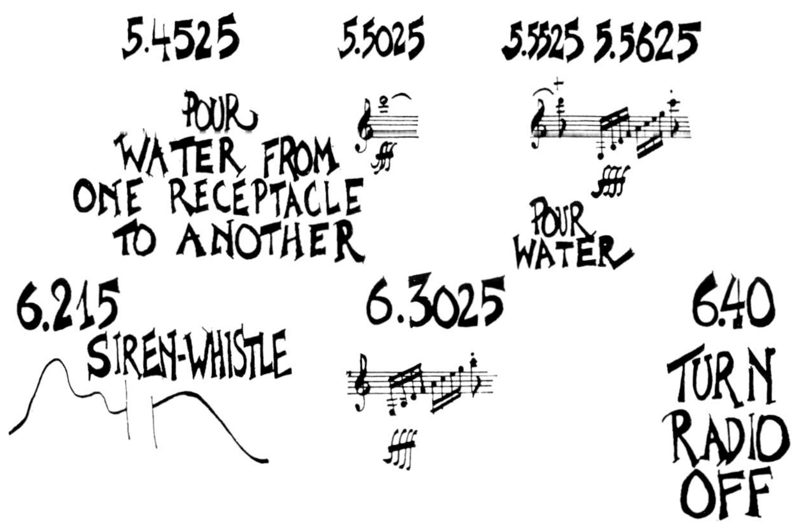

Die *Wassermusik* von John Cage

John Cage sagte 1982 über sich selbst: „Schönberg meinte, ich würde nie komponieren können, weil ich kein Ohr für Musik hätte. Er sagte, ‚du wirst immer an eine Wand stoßen und sie nicht durchdringen können‘. Ich aber sagte, ‚na gut, dann werde ich mit dem Kopf an die Wand hämmern‘, und ich begann buchstäblich, Gegenstände zu schlagen. Daraus entwickelte sich eine Schlagmusik, die Geräusche mit einschließt.“

Da wir nun einmal im Maschinenzeitalter leben, war es unvermeidlich, daß der elektrische Strom auch in der Musik eine Rolle zu spielen begann: Das elektronische Orchester entstand. Sein Pionier war Pierre Schaeffer (geboren 1910). Er setzte keine rein elektronischen Klänge ein, sondern er veränderte vorhandene Klänge mit Maschinen; dazu nahm er Alltagsgeräusche wie Kochtöpfe, Eisenbahnzüge und Stimmen auf Platten auf, bis dann Anfang der fünfziger Jahre das Tonbandgerät aufkam.

Der Franzose Olivier Messiaen (geboren 1908) experimentierte in seinen Stücken mit Vogelstimmen, indem er in die Natur hinausging und die Töne aufschrieb, welche von den Vögeln gesungen wurden. In jungen Jahren arbeitete er als Organist, und deshalb schrieb er bis etwa 1939 vorzugsweise Orgelmusik. Nachdem er im Zweiten Weltkrieg in deutsche Kriegsgefangenschaft geraten war, wurde er wegen seiner schwachen Gesundheit wieder nach Hause geschickt, und dort konzentrierte er sich nun auf Orchester- und Klaviermusik. Sein *Quartett für das Ende der Zeit* schrieb er 1940 im Konzentrationslager. Das Stück für Klarinette, Violine, Cello und Klavier wurde von ihm selbst und drei Mitgefangenen im Lager uraufgeführt.

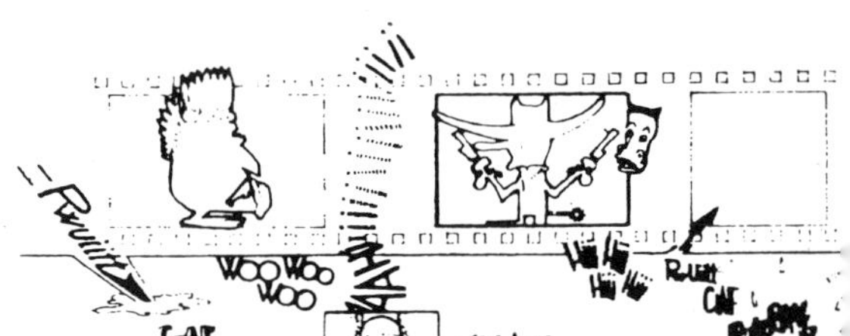

Seine ekstatische Turangalila-Symphonie ist eines der längsten Werke der Orchesterliteratur. Es hat zehn Sätze und dauert 90 Minuten; die Uraufführung am 2. Dezember 1949 in Boston dirigierte Leonard Bernstein. „Turanga“ bedeutet „galoppierende Zeit“, und „lila“ steht für Liebe oder das Leben selbst; auf diese Weise werden auch hier Liebe und Tod in Verbindung gebracht. Das Stück erfordert ein großes Orchester und setzt auch das Klavier sowie viele Schlaginstrumente ständig intensiv

Um die Jahrhundertwende arbeitete in Paris Nadia Boulanger, die viele junge Komponisten unterrichtete. Sie war auch selbst Komponistin und eine inspirierende Lehrerin mit einem umfassenden Wissen über Musik und Musikgeschichte. Als ihre Schwester Lily (die erste Frau, die 1913 den Prix de Rome gewann) mit 24 Jahren auf tragische Weise ums Leben kam, hörte sie auf, selbst zu komponieren.

Links Olivier Messiaen

Unten eine graphisch notierte Partitur: die *Stripsody* von Cathy Berberian

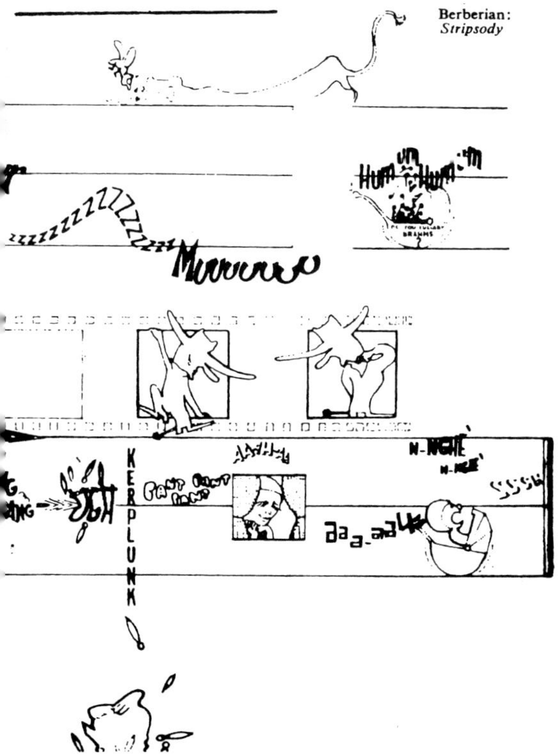

ein. Stolz verwendet Messiaen darin zum ersten Mal ein neues elektronisches Instrument, das Ondes Martenot, aber obwohl er es in dem ganzen Stück und auch in seinen anderen Werken in großem Umfang verwendet, konnte es sich nie einen festen Platz im Orchester erobern. Sein Erfinder nannte es „Martenot-Wellen", weil es auf- und abheulen kann.

Als Lehrer gelangte Messiaen zu großem Einfluß: Er arbeitete am Pariser Konservatorium und unterrichtete viele Komponisten, die selbst äußerst wichtig wurden, vor allem Pierre Boulez (geboren 1925) und Karlheinz Stockhausen (geboren 1928). Die beiden führten, von Messiaen ermutigt, die Ideen Schaeffers noch einen Schritt weiter.

Diese Komponisten arbeiteten mit reinen Klängen mit und ohne festgelegte Tonhöhe, die mit Tonbandgeräten, Synthesizern und Computern auf rein elektronischem Wege erzeugt wurden. Boulez probierte elektronische Ideen aus, wobei er serielle Techniken als Grundlage für die Musik benutzte – und er hat sich heute in Paris sein eigenes elektronisches Studio gebaut; Stockhausen tat in Köln das gleiche.

Wie bei John Cage, so klingt auch ein Stück von Stockhausen nie zweimal gleich, denn er verwendet ebenfalls das improvisatorische Zufallselement. Derartige Musikstücke nennt man „aleatorisch".

Der italienische Komponist Luciano Berio (geboren 1925) folgte der Boulez/Stockhausen-Schule der späten fünfziger Jahre, aber er setzte dieselbe Technik mit Stimmen ein und schuf so seinen eigenen Stil.

Bei all diesen Stücken verfolgt der Komponist die Absicht, den ausführenden Musiker stärker kreativ an der Musik zu beteiligen – die persönliche Interpretation des Spielers wird Teil der Komposition. Meist bleibt es dem Ausführenden überlassen, wie die Musik genau gespielt wird, der Komponist setzt nur gewisse Richtlinien. Die Töne werden innerhalb des vom Komponisten vorgegebenen Rahmens „zufällig" gespielt. Häufig wird erwartet, daß der Spieler improvisiert und so das Gefühl schafft, es könne etwas Unerwartetes geschehen. Um diese neuen Ideen und Klänge auszudrücken, brauchte man auch ein neues Notationssystem. Im allgemeinen hat jeder Komponist seine eigene Art, das Stück zu Papier zu bringen. Man hat ein System der „graphischen Notation" erfunden, d. h., die Form der Musik wird durch eine Zeichnung ausgedrückt. Solche Partituren sind detaillierte graphische Darstellungen, die fast für sich selbst schon Kunstwerke sind.

Stockhausen gibt die Notation ganz auf und schreibt eine „Textpartitur", in der er mit Worten beschreibt, wie die Musik gespielt werden soll. In einem Stück gibt er den Musikern die Anweisung, vor der Aufführung vier Tage und vier Nächte zu fasten.

Seit dem Ende der sechziger Jahre geht der Trend wieder zur Einfachheit; in den USA wurde der Minimalismus durch Komponisten wie Terry Riley (geboren 1913), Philip Glass (geboren 1937) und Steve Reich (geboren 1936) wiederbelebt. Anzeichen dafür gab es schon früher in den Stücken des griechischen Komponisten Iannis Xenakis (geboren 1922) und des Ungarn Györgi Ligeti (geboren 1923). Die zeitgenössischen Komponisten sprechen heute von Klanglandschaften und „Tonclustern".

Die Komponisten der Gegenwart arbeiten mit einer Mischung verschiedener Stile. Die Suche nach neuen Klängen setzte sich fort und brachte immer wieder andere Kombinationen von Instrumenten, die neue Hörerlebnisse ermöglichen sollten. Harrison Birtwistle verwendet beispielsweise in seinem Werk *Medusa* (1967) eine Mischung aus Holzbläsern, Tonband und Streichern.

In letzter Zeit sind auch tonale Vorstellungen wieder stärker hervorgetreten, vor allem durch die Arbeiten von Arthur Snittke, Arvo Pärt und Michael Berkeley. Und weiterhin schreiben die Komponisten, wie zu allen Zeiten, Stücke über Themen, die ihrem Herzen nahestehen, zusammen mit den zeitgenössischen Schriftstellern und Dichtern. So beschreibt zum Beispiel das Oratorium *Or Shall We Die?* von Michael Berkeley, das auf einem Gedicht von Ian McEwan beruht, die Verzweiflung und die Gefühle einer Frau für ihre Kinder nach einer Atombombenexplosion.

GOLDSTAUB

Lebe vier Tage ganz alleine
ohne Speise
in größter Stille ohne viel Bewegung
schlafe so wenig wie nötig
Denke so wenig wie möglich

Spiele nach vier Tagen spät abends
ohne Gespräch vorher
einzelne Töne

OHNE ZU DENKEN welche du spielst

Schließe die Augen
Horche nun.

Ein Beispiel für eine Textpartitur:
Goldstaub von Stockhausen

Die Symphonie als Form der Orchestermusik lebt im Werk zeitgenössischer Komponisten wie des Polen Witold Lutoslawski (geboren 1913) weiter; seine dritte Symphonie hatte Sir Georg Solti für das Chicago Symphony Orchestra in Auftrag gegeben und 1983 auch uraufgeführt. Das Werk erfordert ein großes Orchester mit 105 Musikern, darunter eine große Schlagzeuggruppe mit gestimmten Instrumenten wie Vibraphon, Marimbaphon, Xylophon und Glocken sowie ein Klavier. Es hat zwei Sätze, die aber ohne Unterbrechung hintereinander gespielt werden sollen. Nur ein Teil des Stücks wird dirigiert. Es gibt Ad-libitum-Abschnitte, und die Notenwerte sind nur Näherungen, so daß die Musik, die in der Partitur für die verschiedenen Instrumente aufgeschrieben ist, nicht unbedingt gleichzeitig erklingt; vielmehr gibt es Klangepisoden.

Lutoslawski blieb im Zweiten Weltkrieg in Polen und arbeitete für den Rundfunk. Dann überfielen die Nazis sein Land, übernahmen alle Orchester und verfügten, es dürfe nur noch deutsche Musik gespielt werden. Daraufhin ging Witold in Kellerlokale und spielte mit seinem Freund Andrej Panufnik Klavierduos; er bearbeitete über 200 Stücke für diese Besetzung, von denen allerdings die meisten beim Warschauer Aufstand von 1944 verlorengingen. Nach dem Krieg löste seine erste Symphonie einen großen Skandal aus; sie wurde 1949 von den Behörden verboten, weil sie nicht den musikalischen Regierungsrichtlinien entsprach, und erst 1959 wieder aufgeführt. Schließlich ehrte ihn die polnische Regierung sogar für seine Arbeit, weil er Musik für „soziale Ansprüche" schreibe, insbesondere Kinderlieder.

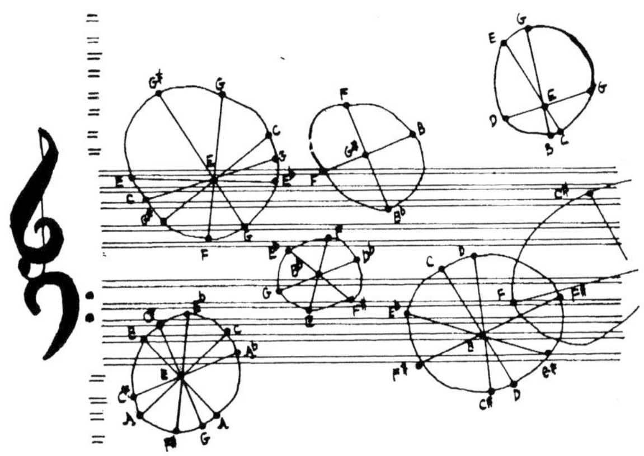

Auszug aus dem Klavierkonzert von John Cage, ein Beispiel für proportionale Notation

Nachdem er das Klavierkonzert von John Cage gehört hatte, wurde ihm klar, welche Möglichkeiten in den Ideen der Avantgarde steckten. Nach seiner Ansicht stirbt die Kunst, für Orchester zu schreiben, nach und nach aus, und er hat für diese Behauptung schlüssige Belege. Er glaubt, daß neue Instrumente erfunden werden müssen, wenn die Orchestermusik weiterleben soll.

Was aber geschah mit dem Orchester? In diesem Jahrhundert sind viele neue Symphonieorchester gegründet worden,

Witold Lutoslawski, Sir Georg Solti und das Chicago Symphony Orchestra bei der Uraufführung der dritten Symphonie des Komponisten im Jahr 1983

Arnold Dolmetsch (1858–1940) machte es sich zur Lebensaufgabe, alte Instrumente zu reparieren. Dann begann er, solche frühen Instrumente nachzubauen – Lauten, Clavochorde und Cembali. Als erster stellte er auch Blockflöten aus Kunststoff her, wie sie heute in aller Welt von Schulkindern gespielt werden. Er rettete durch seine Arbeit viele alte Instrumente vor dem Vergessen und regte andere Instrumentenbauer an; deshalb können wir heute alte Musik hören, die originalgetreu auf den Instrumenten der jeweiligen Zeit gespielt wird.

und die Zahl der Musiker liegt nun ziemlich einheitlich bei über 100. Außerdem sind zahlreiche kleine Kammerorchester entstanden, denn für die ältere Musik, die sie aufführen, sind so viele Musiker nicht erforderlich. Es gibt ein neues Interesse an „originalgetreuen" Orchestern, bei denen die Zahl und Art der Instrumente genau dem entspricht, was früheren Komponisten bei den Aufführungen ihrer Werke zur Verfügung stand. Dieses Interesse an historischer Aufführungspraxis hat dazu geführt, daß die Instrumentenbauer nicht nur alte Instrumente reparieren, sondern auch Kopien davon herstellen; auf diese Weise kann man heute die Musik des 14. und 15. Jahrhunderts oder sogar noch früherer Zeiten auf Nachbauten der Instrumente spielen, für die sie ursprünglich komponiert wurde.

In diesem Geschäft, das heute wirklich international ist, reisen Dirigenten, Komponisten und Musiker rund um die Welt. Nie zuvor gab es so viele Gelegenheiten, Orchestermusik aller Arten zu hören.

Das Schlagzeug

Jede Epoche in der Entwicklung der Orchestermusik brachte offenbar auch die Entstehung oder Verbesserung einer Instrumentengruppe mit sich. Unser Jahrhundert begann mit neuen Vorstellungen vom Rhythmus, der härter und lauter klingen sollte als je zuvor. Das wiederum führte dazu, daß man immer mehr Schlaginstrumente einsetzte, die vielfach aus dem Osten oder aus Lateinamerika stammten. Das Orchester, das ohnehin immer größer und kräftiger wurde, nahm solche Veränderungen auf, und eine große Schlagzeuggruppe gehörte nun ständig dazu. Diese Instrumente unterstützten nicht nur die neuen, stärkeren Rhythmen, sondern sie fügten dem Gesamtklang des Orchesters auch eine neue Farbe hinzu. Zuvor hatte man Schlaginstrumente, vor allem Pauken, hauptsächlich dazu benutzt, den Rhythmus hervorzuheben und Höhepunkte der Musik zu „krönen".

Mit den Begriffen „Schlagzeug" oder „Schlaginstrumente" bezeichnet man alle Instrumente, die beim Spielen geschüttelt oder angeschlagen werden. Man unterscheidet zwei Gruppen: Instrumente mit und ohne feste Stimmung. Manche benutzt man ausschließlich wegen ihrer rhythmischen Wirkung, wie Trommeln, Becken, Triangel, Tamburin, Holzblock, Rumbakugeln, Claves und Kastagnetten. Andere spielen Melodien, wie Glockenspiel, Marimbaphon, Xylophon, Celesta, Vibraphon und Röhrenglocken.

Schlaginstrumente gibt es schon sehr lange – niemand weiß genau, wann Menschen zum ersten Mal eine Trommel schlugen. Sie stammen aus allen Teilen der Welt, besonders aus Indien, China, Lateinamerika und Afrika. Ein Schlagzeuger im Orchester muß die meisten davon spielen können, und manchmal

YAMAHA

muß er sogar während eines Konzerts sehr schnell von einem Instrument zum anderen wechseln.

Zum Spielen eines Schlaginstruments gehört viel Mut, und ein guter Schlagzeuger kann man nur werden, wenn man ein starkes Rhythmusgefühl hat. Manchmal sitzt ein Schlagzeuger ruhig da, zählt Takt für Takt, und muß dann vielleicht nur einen einzigen Schlag auf dem Triangel spielen – aber wenn er dabei einen Fehler macht, merkt es jeder. Schlagzeug spielen heißt also nicht nur „auf Gegenstände schlagen". Mit jedem einzelnen Instrument kann man viele verschiedene Klänge erzeugen, und um das zu lernen, braucht man eine Menge Übung. Ein Fachmann übt vielleicht zwei Stunden pro Tag und konzentriert sich dabei einmal auf weiche, gedämpfte Töne, ein anderes Mal auf schnelles Spiel oder auf komplizierte Rhythmen. Immerhin ist es aber sehr leicht, einem Schlaginstrument einen erkennbaren Ton zu entlocken – man muß nur draufhauen.

Es gibt auch viele verschiedenartige Schlägel, und die Wahl des richtigen ist entscheidend. Es ist durchaus nichts Ungewöhnliches, daß der Dirigent einen Schlagzeuger nach den Schlägeln fragt, wenn er mit dem Klang nicht zufrieden ist. Die meisten zeitgenössischen Komponisten geben jedoch genaue Anweisungen, wie die Instrumente gespielt werden sollen, damit der richtige Klang für das jeweilige Stück entsteht.

Pauken

Das älteste Instrument der Schlagzeugfamilie ist die Kesselpauke. Sie besteht aus einem Fell aus Tierhaut oder Kunststoff, das über einen großen Kupferkessel gespannt ist. Diese Kessel werden in vier Hauptgrößen hergestellt, mit Durchmessern von 75, 70, 63 und 58 cm. Es gibt auch sehr kleine Pauken mit nur 52 cm Durchmesser, die aber häufig durch ein anderes Instrument wie z. B. das Tom-Tom ersetzt werden. Die Stimmung der modernen Pauken läßt sich mit Fußpedalen verändern, so daß man darauf ungefähr fünf

Kesselpauke

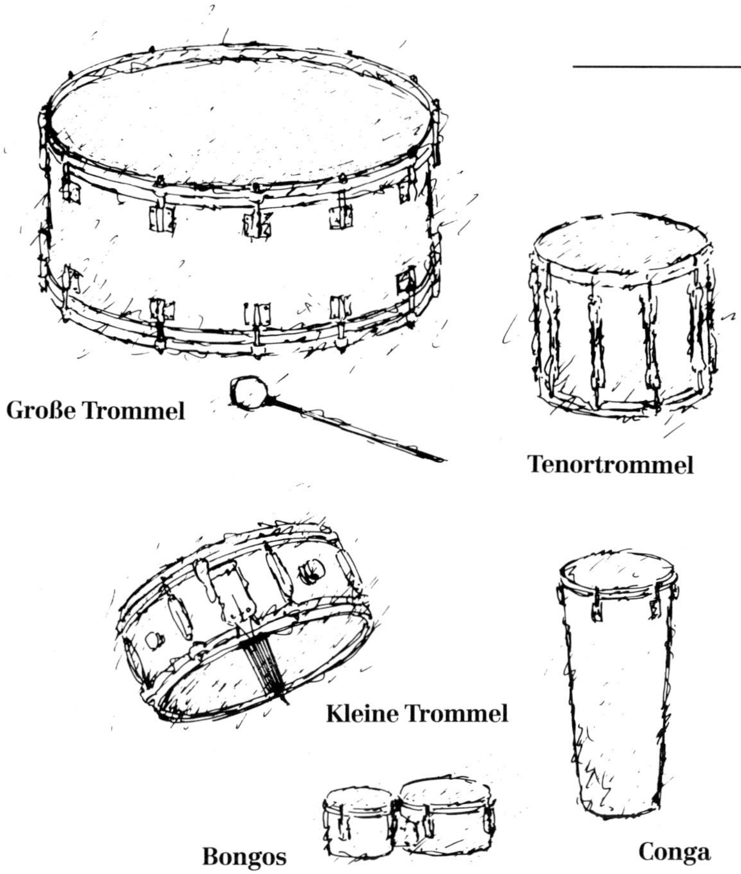

verschiedene Töne spielen kann. Das war eine gewaltige Verbesserung gegenüber den Pauken der klassischen Periode, die mit Schrauben am Rand des Fells gestimmt wurden.

Kleine Trommel
Die kleine Trommel stammt aus Militärkapellen und wurde dort seitlich am Körper getragen. Sie hat zwei Felle. Oben liegt das normale Schlagfell, das mit Holzschlägeln oder Drahtbesen geschlagen wird. Über dem unteren oder Resonanzfell liegen Saiten aus Darm, Draht oder Nylon, die beim Schlagen der Trommel vibrieren und einen trockenen, schnarrenden Klang erzeugen. Wenn diese Saiten nicht gebraucht werden, kann man sie lockern, so daß sie nicht mitschwingen.

Tenortrommel
Die Tenortrommel sieht aus wie eine größere Form der kleinen Trommel; das ist sie eigentlich auch, aber sie hat keine Saiten.

Große Trommel
Die große Trommel ist ein gewaltiges Instrument, das man hinten im Orchester nicht übersehen kann. Wie die kleine Trommel hat sie zwei Felle, aber wegen ihrer Größe ist sie gewöhnlich in einem Gestell befestigt. Sie wird mit großen, filzbespannten Schlägeln gespielt und bringt einen tiefen, dumpfen Schlag hervor. Man verwendet sie auch, um Donner nachzuahmen, denn ein leiser Wirbel klingt auf ihr dunkel und rumpelnd.

Bongos
Lateinamerikanische Trommeln mit einem Fell, die immer paarweise verwendet werden. Ursprünglich hielt man sie zwischen den Knien und spielte sie nicht mit Schlägeln, sondern mit der Hand. Im Orchester sind sie aber gewöhnlich an einem Ständer befestigt, und dann werden sie mit einem hölzernen Trommelschlägel gespielt.

Congatrommel
Eine lateinamerikanische Baßtrommel, die im modernen Symphonieorchester regelmäßig verwendet wird und, wie auch die Bongos, mit der Hand gespielt wurde.

Tamburin

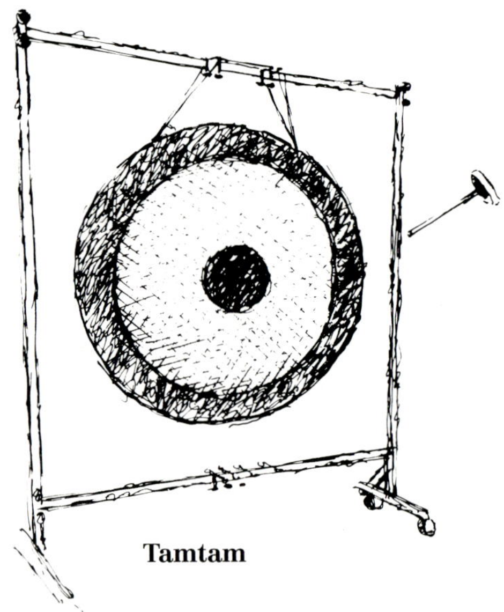

Tamtam

Becken

Tamburin

Eine „Trommel“ von 25 cm Durchmesser, die in der Hand gehalten wird; in ihrem Rahmen befinden sich Paare kleiner Metallscheiben, die beim Schlagen klappern. Das Tamburin wird gewöhnlich mit der Hand geschlagen oder geschüttelt, aber manchmal ist es auch an einem Ständer befestigt, so daß der Spieler Stöcke und Schlägel verwenden kann.

Tom-Tom

Eine kleine Trommel, die ungefähr auf einen gewünschten Ton gestimmt werden kann. Man verwendet sie paarweise, und sie werden normalerweise mit Händen und Fingern gespielt.

Tamtam

Ein großer Gong, der mit filzbespannten Schlägeln gespielt wird. Es ist eine große, in einem Rahmen aufgehängte Metallscheibe.

Becken

Die Becken, die ursprünglich aus der Türkei stammen, gibt es in drei Variationen: in der Hand gehalten, aufgehängt und als Hi-hat oder Fußbecken. Am größten und lautesten sind die in der Hand gehaltenen Becken, schalenförmige Metallscheiben mit einer ledernen Halteschlaufe in der Mitte. Die aufgehängten Becken sind an einem Ständer oder Rahmen befestigt, so daß der Spieler sie mit Stöcken oder Schlägeln spielen kann. Die Hi-hat-Becken findet man vor allem in Jazzkapellen, wo sie zum Schlagzeug gehören. Sie sind an einem Metallstab befestigt und können mit einem Pedal auf- und abbewegt werden.

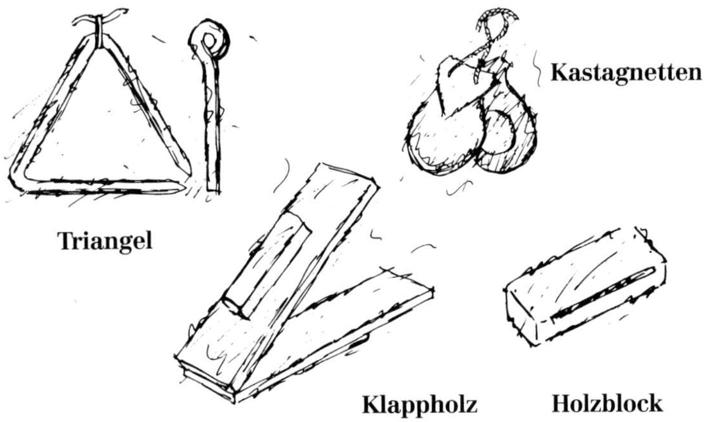

Das Triangel
Ein zum Dreieck gebogener Metallstab mit einer offenen Ecke; das Instrument ist in mehreren Größen in Gebrauch und wird mit verschiedenartigen kleinen Metallstäben angeschlagen. Zum Orchester gehört es als ständiger Bestandteil erst seit Beethovens Zeit.

Kastagnetten
Zwei ausgehöhlte Holzmuscheln, die in einer Hand gehalten werden und in Spanien beim Flamenco Verwendung finden. Im Orchester werden sie eingesetzt, wenn eine „spanische" Atmosphäre entstehen soll; sie sind dann gewöhnlich auf einem Holzbrett angebracht, damit der Schlagzeuger sie leichter bedienen kann.

Klappholz
Zwei Stäbe aus Weichholz, die zusammengeschlagen werden und dann ein Klappgeräusch hervorbringen. Es wird gewöhnlich eingesetzt, um einen plötzlichen lauten Akkord zu verstärken.

Holzblock
Holzblöcke, die in der Mitte ausgehöhlt sind. Es gibt fünf Größen, die verschieden klingen.

Guiro
Ovaler Holzgegenstand mit waschbrettartigen Rillen. Zum Spielen reibt man mit einem Holzstab oder einer Metallgabel darüber.

Ratsche
Eine Fußballratsche.

Rumbakugeln oder Maracas
Lateinamerikanische Instrumente, die gewöhnlich paarweise verwendet werden. Hohle Holzkugeln, die mit Samenkörnern gefüllt sind und beim Schütteln klappern.

Claves
Zwei hohle Stäbe, ebenfalls aus Lateinamerika, die zusammengeschlagen werden.

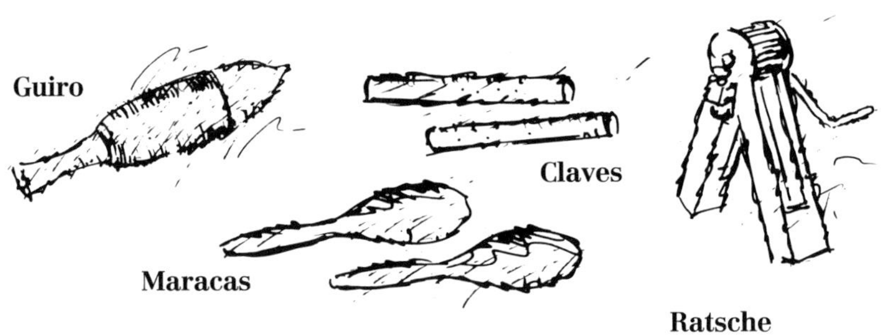

Röhrenglocken
Bis zu 18 unterschiedlich lange Metallröhren, die in einem Gestell aufgehängt sind. Sie werden mit einem Lederhammer geschlagen und klingen wie Kirchenglocken.

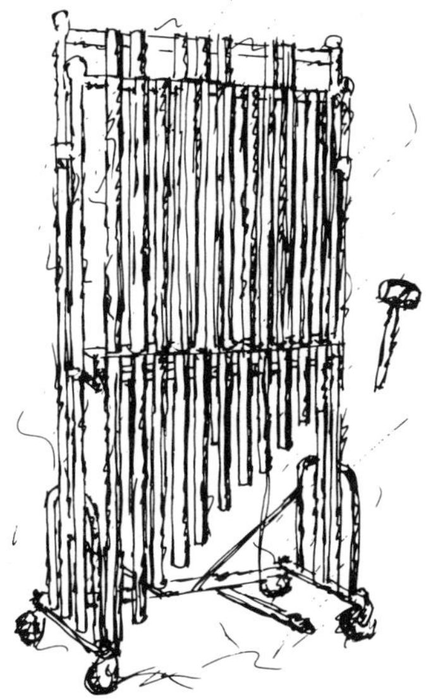

Röhrenglocken

Glockenspiel

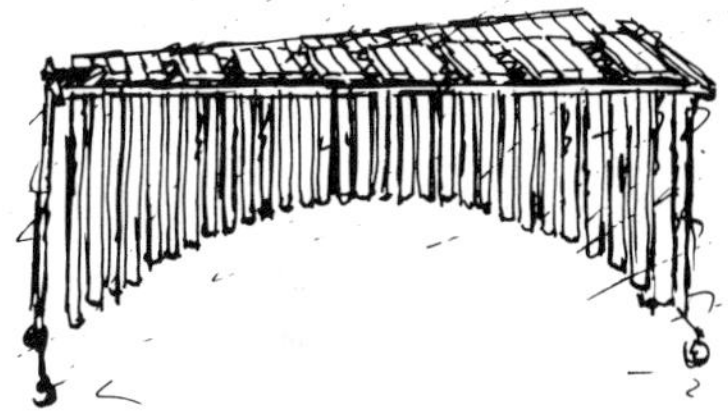

Xylophon

Celesta

Glockenspiel
Dreißig unterschiedlich große Metallplättchen, die wie eine Tastatur angeordnet sind und mit Holz- oder Metallschlägeln gespielt werden.

Celesta
Eine Tastaturversion des Glockenspiels, die 1886 von Mustel erfunden wurde. Die Celesta sieht aus wie ein kleines Klavier mit einem Pedal; sie enthält Metallplättchen, die von Filzhämmern angeschlagen werden.

Xylophon
Wie das Glockenspiel, so klingt auch dieses Instrument eine Oktave höher, als es geschrieben wird. Es ähnelt einem Glockenspiel, aber die Plättchen sind nicht aus Metall, sondern aus Holz; der Name kommt aus dem Griechischen und bedeutet „Holzklang“. Wegen des leisen Klangs sind unter den Holzstäben Metallröhren angebracht, die für eine stärkere Resonanz sorgen.

Marimbaphon
Ein direkter Abkömmling des Xylophons, der aber eine Oktave tiefer klingt. Seine Holzplättchen umfassen vier Oktaven und haben einen tiefen, sanften Klang. Das Instrument wurde ungefähr 1950 zum ersten Mal im Orchester benutzt.

Vibraphon
Dieses Instrument, das in Amerika erfunden wurde, sieht aus wie ein großes Glockenspiel, bei dem unter jedem Metallplättchen eine senkrechte Resonanzröhre angebracht ist. Am oberen Ende jedes Rohrs befindet sich ein elektrisches Gebläse, das den Ton vibrieren läßt. Das Instrument wird mit Gummihämmern gespielt und unterscheidet sich von Glockenspiel, Xylophon, Marimbaphon und Celesta, weil es Vibrato- und Tremoloklänge hervorbringen kann.

Das Klavier

Wir stellen jetzt ein Instrument vor, das normalerweise nicht zum Orchester gehört, außer in der modernen Zeit: das Klavier. Wir widmen ihm eine ganze Sendung, weil ich es gerne spiele.

Dudley Moore

Mit seinen 88 Tasten und mehr als sieben Oktaven hat das moderne Klavier einen größeren Tonumfang als jedes andere Orchesterinstrument. Der Piccoloflötenspieler kann zwar für sich in Anspruch nehmen, daß er höhere Töne spielen kann, und die Tuba kommt tiefer hinunter. Aber nur besonders befähigte Spieler können solche Töne erreichen, die den Umfang des Klaviers überschreiten, denn zum normalen Tonvorrat der Instrumente gehören sie nicht mehr.

Das Klavier hatte nicht immer einen so großen Tonumfang. Die ersten Klaviere klangen nicht so wie das heutige Instrument, und sie sahen auch nicht so aus. Erst seit etwa 150 Jahren gibt es Instrumente, die dem modernen Klavier ähneln.

Zur Entwicklung des Klaviers haben mehrere Faktoren beigetragen: Auf ihrer ständigen Suche nach neuen Klangfarben experimentierten die Instrumentenbauer im 18. Jahrhundert auch mit den damals existierenden Tasteninstrumenten; die Veränderungen in der musikalischen Mode erforderten ein lauteres Instrument – unter anderem deshalb, weil es nun größere Konzertsäle gab; dann war da die Romantik mit ihrer Vorliebe für starke Gefühlsausbrüche, und schließlich gab es Klaviervirtuosen und Komponisten, die das Instrument mit seinem immer schöneren Klang bis an die Grenzen seiner Ausdrucksmöglichkeiten führten.

Das erste funktionsfähige Klavier baute Bartolomeo Cristofori, ein italienischer Cembalohersteller und Instrumentenwart am Hofe der Medici ungefähr um 1700. Man wollte ein Tasteninstrument konstruieren, das laut oder leise spielen konnte, je nachdem, wie stark man die Tasten anschlägt; es sollte in sich die Ausdrucksmöglichkeiten des Clavichords (dessen Lautstärke sich durch den Anschlag verändern ließ) und des großartiger klingenden Cembalos vereinigen.

Anfangs war das Klavier etwa genauso groß wie ein Cembalo: Seine Tastatur umfaßte dreieinhalb Oktaven, und äußerlich hätte man die Instrumente verwechseln können. Es besaß das gleiche empfindliche, verzierte Holzgehäuse, in dessen Innern die Saiten auf einen hölzernen Rahmen gespannt waren, und die gleichen dünnen Beine. Auch die Farbe der Tasten war die

Oben Das Cembalo, ein Vorläufer des Klaviers *(unten)*

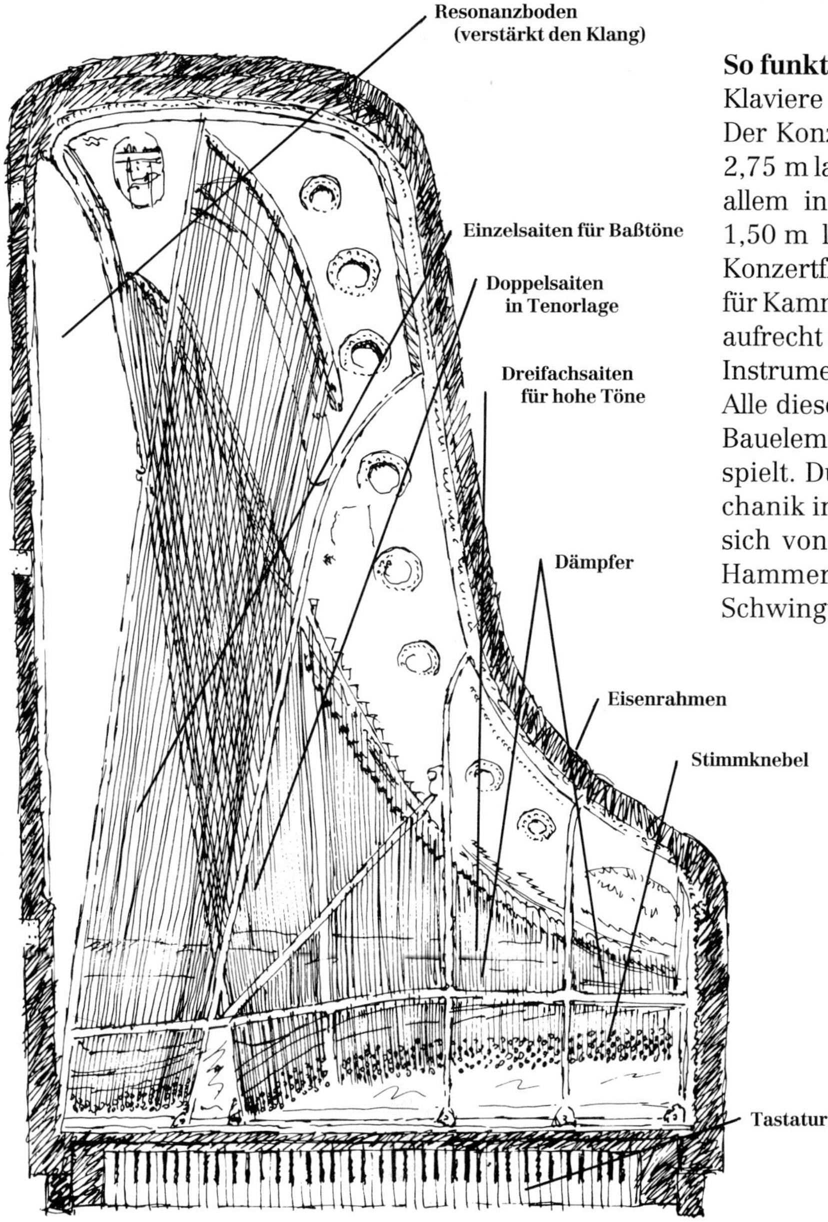

So funktioniert ein Klavier

Klaviere gibt es heute in verschiedenen Größen. Der Konzertflügel ist ein gewaltiges Instrument – 2,75 m lang und 500 kg schwer. Man findet ihn vor allem in Konzertsälen. Der Stutzflügel ist etwa 1,50 m lang, hat einen sanfteren Klang als der Konzertflügel und eignet sich deshalb besonders für Kammermusik und für den Hausgebrauch. Das aufrecht stehende Klavier ist praktisch das gleiche Instrument, nur in kompakterer Form.

Alle diese Instrumente bestehen aus den gleichen Bauelementen und werden in derselben Weise gespielt. Durch Betätigen einer Taste wird die Mechanik in Bewegung gesetzt: Die Dämpfer heben sich von den Saiten, die gleichzeitig mit einem Hammer angeschlagen werden und durch ihre Schwingung den Ton erzeugen.

Der Rahmen eines modernen Klaviers muß dickere Saiten aufnehmen und einen stärkeren Zug aushalten als je zuvor. In einem modernen Flügel befinden sich für die tiefsten Töne je eine, für die mittleren zwei und für die oberen drei Saiten. Der Zug beträgt etwa 80 bis 90 kg je Saite; das ergibt eine Gesamtspannung von ungefähr 18 Tonnen.

Der Preis für ein Klavier liegt heute zwischen etwa 1500 DM für ein gebrauchtes Kleinklavier und 120 000 DM für einen Steinway-Konzertflügel.

gleiche wie beim Cembalo – genau umgekehrt wie beim modernen Klavier. Tatsächlich bezeichnete man die ersten Klaviere auch als „Gravicembalo col piano e forte“ (Cembalo mit Leise und Laut), und damit war der Name des neuen Instruments geboren: Pianoforte. Der wichtigste Unterschied zwischen Cembalo und Klavier besteht in der Art, wie der Ton an den Saiten erzeugt wird: Während sie beim Cembalo angerissen werden, schlägt beim Klavier ein Hammer dagegen, und das macht den Ton stärker.

Wie Cristofori sofort erkannte, brauchte ein Instrument, das lautere Töne erzeugen soll, auch dickere Saiten. Während es beim Cembalo für jeden Ton nur eine Saite gibt, benutzte er jeweils zwei. Die Hämmer waren anfangs ziemlich hart, und der Mechanismus, über den sie gegen die Saiten schlugen, war recht einfach und nicht sehr genau. Es dauerte einige Zeit, bis der Hammer den Schlag vollendet hatte. Infolgedessen konnte man nicht besonders schnell spielen, und außerdem hörte man nach jedem Ton einen schwerfälligen Schlag, wenn der Hammer in seine Ruhestellung zurückkehrte.

Für virtuose Musikdarbietungen ist aber der „Anschlag“ unentbehrlich, und deshalb konstruierten die Instrumentenbauer den Mechanismus neu, um ihn leichter und schneller zu machen. Die Lösung fand Sebastian Erard mit seiner „doppelten Auslösung“ (auch Repetitionsmechanik genannt), bei der man eine Taste schnell hintereinander anschlagen kann, ohne daß der Hammer zwischendurch in seine Ruheposition zurückfallen muß.

Cristoforis Technik breitete sich über ganz Europa aus. Ein Italiener namens Maffei veröffentlichte eine Beschreibung, die 1722 ins Deutsche übersetzt wurde. Auf sie stützte sich der Orgelbauer Gottfried Silbermann, der 1726 zwei Klaviere nach Cristoforis Vorbild baute. Aber Maffei hatte seine Skizzen aus dem Gedächtnis gezeichnet, und deshalb waren sie ungenau. So wurden Silbermanns erste Versuche ein Mißerfolg – Bach, dem man eines der Instrumente vorführte, war wenig beeindruckt, er fand den Anschlag zu schwer und den Klang in der Höhe zu dünn. Silbermann erfand eigene Verbesserungen, und als eines

Im Orchester wurde das Klavier erstmals Ende des 19. Jahrhunderts in Frankreich benutzt. Dabei war es ein echtes Orchesterinstrument: Es stand nicht vor dem Orchester, sondern in seiner Mitte. Es kann im Orchester dazu dienen, Harmonien auszufüllen oder Solostellen zu spielen. Oder es kann als Schlaginstrument eingesetzt werden, welches das Xylophon, Marimbaphon oder Vibraphon ergänzt und in den tiefen Lagen zusammen mit den Pauken spielt. Da es so vielseitig ist, kann es aber auch Arpeggien spielen wie eine Harfe.

Die klassische Klaviertechnik wird nicht nur von Pianisten benutzt, die „ernste" Musik spielen. Auch viele Jazzpianisten haben eine klassische Ausbildung; allerdings gibt es für den Jazz eine besondere Technik. Oscar Peterson soll jeden Morgen zwei Stunden Bach spielen — Dudley Moore tut das gleiche. Für Jazz eignet sich am besten ein Klavier mit einem hellen Ton, und außerdem muß man dafür auch improvisieren können. Es gibt im Jazz ein paar technische Besonderheiten wie große Sprünge mit der linken Hand und die Benutzung des Daumens als eine Art Drehkolben zum Spielen von Harmonietönen in der Mittellage. Unabhängig von ihrer Stilrichtung müssen sich Pianisten-Finger wie kleine Sportler bewegen, und dazu muß man viel üben — langsam üben.

seiner neuen Instrumente am Hofe Friedrichs des Großen auftauchte, war Bach voll und ganz damit zufrieden.

Auf Cristofori und Silbermann folgten Instrumentenbauer in Wien und England und später in Frankreich und Amerika.

Nach England gelangte das Klavier im Jahr 1752; damals kaufte Samuel Crisp ein Instrument von einem Mönch in Rom und brachte es nach London. Ein Silbermann-Schüler namens Zumpe kam 1760 nach London und entwickelte das Tafelklavier, das zu einem beliebten Instrument für den Hausgebrauch wurde.

Den wichtigsten englischen Beitrag zur Entwicklung des Klavierbaus leistete John D. Broadwood zwischen 1772 und

1776. Immer noch kämpfte man mit dem Problem der Klaviermechanik; mit Unterstützung des Britischen Museums führte Broadwood Experimente durch, um zu ermitteln, an welchem Punkt man eine Saite mit einem Hammer anschlagen muß, damit ein gleichmäßiger Ton entsteht. Wie sich herausstellte, liegt dieser Punkt bei einem Neuntel der Saitenlänge.

Der erste öffentliche Auftritt mit einem Klavier in London fand 1767 im Theater von Covent Garden statt. Charles Dibdin begleitete auf einem solchen Instrument eine Sängerin. Die ersten öffentlichen Konzerte mit Soloklavier gab Henry Walsh 1768 in Dublin und J. C. Bach zwei Wochen später, am 2. Juni 1768, in London.

In Wien löste Stein (1728–1792) das Problem der leichtgängigen Klaviermechanik, und sein Instrument wurde von Mozart übernommen. Aber immer noch umfaßte das Klavier nur fünf Oktaven.

Überall in Nord- und Mitteleuropa wurde das Klavier nun zum beliebtesten Instrument für den Hausgebrauch. Für die Salons baute man es in verschiedenen Formen – rechteckig, aufrecht stehend, giraffen- und sogar pyramidenförmig. Die rechteckige Form (das Tafelklavier) büßte schließlich an Beliebtheit ein, als sich aufrecht stehende Klaviere einbürgerten; die ersten derartigen Instrumente wurden 1800 von den Amerikanern Hawkins in Philadelphia und 1811 in London von Robert Wornum gebaut.

Für die immer größeren Konzertsäle brauchte man ein lauteres Instrument. Die Instrumentenbauer benutzten nun dickere, stark gespannte Saiten, die man wiederum an einem stärkeren Rahmen befestigen mußte. Den ersten eisernen Rahmen verwendete Hawkins 1825 in Amerika, gefolgt von Broadwood in England.

Anfang des 19. Jahrhunderts kamen auch die Pedale hinzu. Das linke oder Piano-Pedal *(una corda)* dämpft den Klang, indem es Tasten und Hämmer seitlich verschiebt, so daß bei jedem Ton eine Saite nicht angeschlagen wird. Das rechte Pedal (oft fälschlicherweise „Laut-Pedal“ genannt) hebt die Dämpfer von den Saiten ab, so daß der Ton weiterklingt, wenn man den

Bis zu einem gewissen Punkt ist das Klavierspielen einfach – man muß nur die richtige Taste treffen, damit der richtige Ton erklingt. Entscheidend ist aber der richtige Anschlag. Nach einem Ausspruch von Vladimir Horowitz ist das Klavierspielen deshalb so schwer, weil man das Klavier zum Singen bringen muß, was es von Natur aus nicht tut. Einen schönen Ton hervorzubringen, ist das Schwierigste – alles andere ist Anwendung.

Oben rechts Das Klavierduo

Oben links Das Giraffenklavier

Finger von der Taste genommen hat. Und schließlich gibt es manchmal noch ein drittes (mittleres) Pedal, das sogenannte „Sostenuto-Pedal“; es ist eine geniale Erfindung, denn mit seiner Hilfe kann der Spieler ausgewählte Töne aushalten.

Ein wichtiger Klavierbauer in späterer Zeit war Heinrich Steinweg, der Mitte des 19. Jahrhunderts in New York die Firma Steinway & Sons gründete. Er erfand den „kreuzsaitigen Bezug“, eine Technik, bei der die Saiten über Kreuz auf den Resonanzboden gespannt werden und so einen lauteren Ton mit mehr Fülle hervorbringen. Neu war diese Erfindung eigentlich nicht – die gleiche Technik hatte man schon beim Clavichord angewandt –, aber beim Klavier wirkte sie sich besonders deutlich aus. Bis 1860 war der Umfang des Klaviers auf sieben Oktaven gewachsen und damit fast so groß wie heute.

Komponisten und das Klavier

Bevor das Klavier erfunden war, legten die Komponisten meist nicht genau fest, welches Tasteninstrument verwendet werden sollte, denn im Klang gab es kaum Unterschiede. Die ersten Stücke, bei denen es keine Zweifel über das Tasteninstrument gab, wurden 1732 in Florenz veröffentlicht. Sie trugen den Titel *Sonate da Cimbalo di piano e forte dello volgarmente di martelletti* („Martelletti" bedeutet „Hämmerchen").

Der Übergang vom Cembalo zum Klavier vollzog sich aber nicht von heute auf morgen – anfangs war das neue Instrument noch nicht überall zu haben, und die ersten Modelle litten, wie bereits erwähnt, an Kinderkrankheiten. Die Söhne von Johann Sebastian Bach setzten sich sehr für das Klavier ein, besonders C. P. E. Bach: Er schrieb 1780 Sonaten speziell für dieses Instrument, das damals höchstens fünfeinhalb Oktaven umfaßte. Seine Kompositionen brachten zum ersten Mal die besonderen Klangqualitäten des Klaviers zur Geltung. Wie zögernd er versuchte, einen eigenen Kompositionsstil für das neue Instrument zu finden, erkennt man an seinem Doppelkonzert für Cembalo und Klavier von 1788, in dem die beiden Instrumente in gleicher Weise eingesetzt werden.

Man kann das Klavier zu zweit, allein oder sogar mit nur einer Hand spielen. C. P. E. Bach schrieb Stücke nur für die linke oder rechte Hand. Der berühmteste einarmige Pianist war der Österreicher Paul Wittgenstein, der im ersten Weltkrieg seinen rechten Arm verloren hatte. Er wollte aber seine Karriere als Konzertpianist nicht aufgeben und teilte den Komponisten mit, daß er neue Stücke für die linke Hand brauche. Maurice Ravel schrieb 1930 ein Konzert für ihn.

Allmählich übernahm das Klavier vom Cembalo die Funktion des „Continuo". Haydn dirigierte 1794 vom Klavier aus seine Londoner Symphonien – in der gleichen Position vor dem Orchester, die früher der Dirigent am Cembalo innehatte. Er spielte zusätzliche Harmonien, und wo es nötig war, ersetzte er auch ein fehlendes Instrument. Aber einmal wurde ihm bei einer Aufführung klar, daß er das Instrument kein einziges Mal angerührt hatte. Deshalb spielte er am Ende der Symphonie auf einmal besonders viel, um sein Publikum nicht zu enttäuschen,

denn auf den Konzertplakaten war zu lesen gewesen: „Die Leitung hat Herr Haydn am Klavier".

Mozarts Klavierstücke erfordern nach Beethovens Meinung einen so leichten Anschlag, weil Mozart seine Spieltechnik auf dem Cembalo gelernt hatte und das Klavier in derselben Weise behandelte. Die englischen und französischen Instrumente hatten dagegen höhere Tasten, die einen stärkeren Anschlag erforderten.

Mozart schrieb viele wunderbare Klavierstücke, sowohl Sonaten als auch Konzerte. Sein Klavierkonzert in Es-Dur, KV 271, das er 1777 schrieb, war ursprünglich für Cembalo gedacht, aber ein Jahr später versuchte er es in München auf einem, wie er es nannte, „elenden Pianoforte". Das erste Klavier, das Mozart gefiel, baute Stein im gleichen Jahr in Wien. Es hatte einen besseren Ton und eine leichtgängigere Mechanik.

Im Vergleich dazu war Beethoven ein notorischer „Klavierzerschmetterer". Die Gründe dafür waren einerseits die Enttäuschung über seine Taubheit und andererseits der volle Klang, den seine Kompositionen verlangten. Er kannte in Wien alle Klavierbauer seiner Zeit, aber erst die Londoner Firma Broadwood's baute das richtige Instrument für ihn. Thomas Broadwood schrieb:

> Im August 1817 hatte ich das Vergnügen, Beethoven in Wien kennenzulernen. Es ging ihm damals schlecht, auf seinem Tisch befanden sich ebenso viele Medizinflaschen wie Notenblätter, und seine Kleider waren nach Art eines Invaliden über das Zimmer verteilt. Als ich ihn um eine Verabredung zum Abendessen im Prater bat, hätte es mich nicht überrascht, wenn er, schon mit einem Fuß in der Kutsche, erklärt hätte, es gehe ihm so schlecht, daß er nicht essen gehen könne, um sich dann wieder nach oben zurückzuziehen. Ich traf ihn später noch mehrmals in seinem Haus, und er war so freundlich, mit mir zu spielen, aber er war so taub und krank.

Als Thomas Broadwood nach London zurückkehrte, schickte er Beethoven ein Klavier – einen großen Flügel mit sechs Oktaven

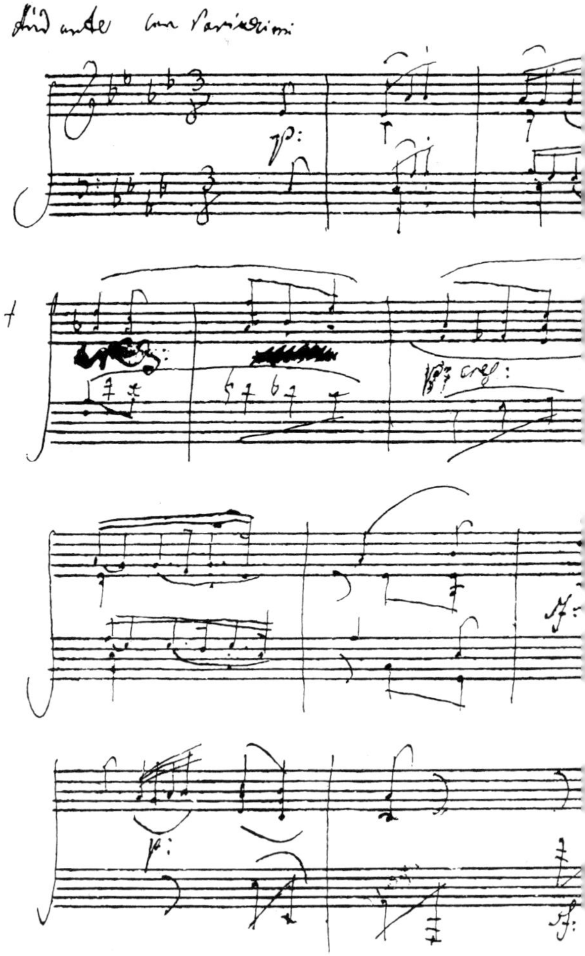

Auszug aus der Originalhandschrift der Klaviersonate Nr. 26 von Beethoven.

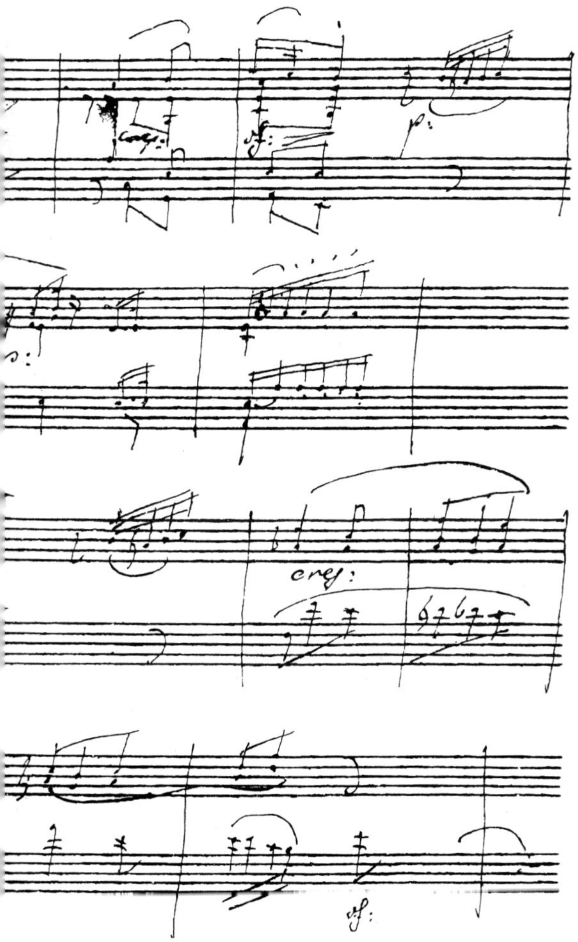

aus spanischem Mahagoni mit Einlegearbeiten aus Holz und Goldbronze und mit Messingtragegriffen in Form von Lorbeerkränzen. Das Instrument wurde im Januar 1818 auf dem Seeweg nach Triest abgesandt. Dann folgten noch 200 Meilen auf einem Pferdewagen nach Wien, wo es erst im Mai ankam: Die Zöllner hatten es festgehalten und verlangten Abgaben. Als es eintraf, hatte es noch die richtige Stimmung.

Beethoven war von dem Instrument so begeistert, daß er es sogar mit in die Ferien nahm. Die Familie Broadwood hatte in London beste Verbindungen, besonders zu Musikerkreisen, und da Beethoven für seinen Lebensunterhalt auf Aufträge von Londoner Orchestern angewiesen war, schrieb er einen äußerst freundlichen Dankesbrief, in dem er die Vorzüge des neuen Klaviers lobte und versprach, „die ersten Früchte" der darauf entstandenen Kompositionen nach London zu schicken. Es gibt aber keine Belege, daß dies jemals geschah.

Der Dichter Ludwig Rellstab besuchte Beethoven, kurz nachdem das Klavier geliefert worden war, und schrieb über das Treffen einen Bericht. Weil er hoffte, Beethoven würde für ihn spielen, ging er zu dem Broadwood-Flügel und schlug einen Akkord an:

> Leise schlug ich mit der linken Hand einen Akkord an; aber er schien ihn nicht zu hören. Nach ein oder zwei Minuten drehte er sich zu mir um und sagte: „Es ist ein schönes Klavier. Es wurde mir als Geschenk aus London geschickt. Es ist ein prächtiges Geschenk und hat einen schönen Ton." Dann sah er mich an und streckte seine Hand nach den Tasten aus, und ohne sich umzudrehen, schlug er leise einen Akkord an. Nie wieder wird mich jemand mit solcher Melancholie erfüllen. Er spielte C-Dur mit der rechten Hand und ein H im Baß, und während er mich ansah, wiederholte er den falschen Akkord mehrere Male, damit ich den süßen Ton des Instruments hören konnte; aber der größte Musiker der Welt nahm den Mißklang nicht wahr.

Aber Beethoven zerschlug auch dieses Klavier. Als sein Freund Stumpff im Jahr 1824 das zerstörte Instrument sah, sagte er: „In der Höhe war kein Ton mehr übrig, und die gerissenen Saiten waren wirr wie ein ausgerissener Strauch im Sturm."

Beethovens leidenschaftliche Klavierstücke zeigten, welche Möglichkeiten in dem sich entwickelnden Instrument steckten. Mit Beginn der Romantik und dem Auftauchen der großen komponierenden Virtuosen stiegen die Anforderungen noch weiter.

Der berühmteste und leidenschaftlichste romantische Klavierkomponist war Franz Liszt. Sein Vorbild war Paganinis virtuoses Geigenspiel. Liszt war nicht nur ein höchst kreativer Komponist, dessen Orchesterwerke Komponisten wie Wagner, Richard Strauss und Debussy beeinflußten, sondern auch ein dynamischer, erstaunlicher Pianist; wo er auftrat, erregte er Aufsehen und schockierte das Publikum.

Liszt wurde in Ungarn geboren, und wie Mozart war er ein Wunderkind. Mit elf Jahren trat er zum ersten Mal öffentlich auf, und ein Jahr später fand sein Debüt in London statt. Seiner Ansicht nach konnte jedes Musikstück auf dem Klavier ebensogut, wenn nicht sogar besser, klingen als in der Originalbesetzung. Mit seinem publikumswirksamen Auftreten lenkte er von vielen falschen Tönen ab, die die Zuhörer anscheinend überhaupt nicht bemerkten. Die *Musical World* schrieb 1841 über ihn:

> Wir wandern durch diese Welt inmitten so vieler Wunder, daß unsere Sinne unempfindlich für die reizvollsten Dinge werden: Licht und Leben, Ozean, Wald, Stimmen und Flug der kleinen Lerche sind unbeachtete Selbstverständlichkeiten; nur wenn ein Komet, ein Riese, ein Tigerdompteur, irgendein neuer Niagarafall oder etwas Geflügeltes erscheint, wird unser verstocktes Bewußtsein gewahr, daß es Wunder gibt. Zur Gattung der Wunder gehört Liszt, der Polyphem des Klaviers, die Morgenröte des musikalischen Glanzes, der Niagarafall der donnernden Harmonien!

Liszt behandelte das Klavier, als sei es ein ganzes Orchester. Viele Stücke, die er spielte, waren umgeschriebene Orchesterwerke zahlreicher Komponisten von Bach bis Berlioz. Das Publikum, insbesondere der weibliche Teil, betete ihn wegen seiner Feurigkeit an. Seine musikalischen Zeitgenossen waren manch-

Liszt kam im Jahr 1840 nach London und verwirrte das Publikum, indem er „Piano Recitals" („Klaviervorträge") ankündigte. Diesen vor allem in England heute durchaus geläufigen Begriff hatte damals noch niemand gehört. Man fragte sich, wie wohl jemand auf dem Klavier einen Vortrag halten könne. Die Lösung: Liszt spielte zunächst ein Stück, das im Programm angegeben war. Dann stieg er vom Podium und ging im Publikum auf und ab; dabei sprach er mit seinen Bekannten, und zwar einem Bericht zufolge „mit der huldvollen Herablassung eines Fürsten". Schließlich, wenn er die Zeit für gekommen hielt, spielte er das nächste Stück.

Oben und rechts Franz Liszt

mal beleidigt, wenn er ihre Werke benutzte, um sich in Szene zu setzen, aber bewundern mußten sie ihn dennoch.

Liszt war ein enger Freund von Robert Schumann (1810–1856), der ebenfalls einige der größten romantischen Klavierwerke schrieb.

Schumann, der Sohn eines Buchhändlers und Verlegers, begann schon in jungen Jahren mit dem Klavierspiel, und schon bevor er das 20. Lebensjahr erreichte, komponierte er auch. Aber sein Leben war ein Kampf und endete tragisch. Als er 16 Jahre alt war, beging seine Schwester Selbstmord. Dann wurde sein Vater krank und starb. Hin und her gerissen zwischen dem Leben als Verleger und Konzertpianist, komponierte er weiter und schrieb für eine von ihm gegründete Musikzeitschrift, die er zehn Jahre lang betreute.

Um seine Klaviertechnik zu verbessern, erfand Schumann ein Gerät mit einer Schlinge, das den vierten Finger seiner rechten Hand stärker strecken sollte. Aber die ständige Benutzung

Über das Klavierüben

Einige Anweisungen aus den *Musikalischen Haus- und Lebensregeln* von Robert Schumann (1848):

1 Du sollst Tonleitern und andere Fingerübungen fleißig spielen. Es gibt aber viele Leute, die meinen, damit alles zu erreichen, die bis in ihr hohes Alter täglich viele Stunden mit mechanischem Üben hinbringen. Das ist ungefähr so, als bemühe man sich täglich, das ABC möglichst schnell und immer schneller auszusprechen. Wende die Zeit besser an.

2 Man hat sogenannte „stumme Klaviaturen“ erfunden; versuche sie eine Weile lang, um zu sehen, daß sie zu nichts taugen. Von Stummen kann man nicht sprechen lernen.

3 Du sollst schlechte Kompositionen weder spielen noch, wenn du nicht dazu gezwungen bist, sie anhören.

4 Klimpere nie! Spiele immer frisch zu, und nie ein Stück halb.

5 Schleppen und Eilen sind gleich große Fehler.

6 Bemühe dich, leichte Stücke gut und schön zu spielen; es ist besser, als schwere mittelmäßig vorzutragen.

7 Spiele immer, als hörte dir ein Meister zu.

8 Laß dich durch den Beifall, den sogenannte große Virtuosen oft erringen, nicht irre machen. Der Beifall der Künstler sei dir mehr wert als der des großen Haufens.

9 Versäume keine Gelegenheit, dich auf der Orgel zu üben; es gibt kein Instrument, das am Unreinen und Unsauberen im Tonsatz wie im Spiel alsogleich Rache nähme, wie die Orgel.

10 Die Kunst ist nicht da, um Reichtümer zu erwerben. Werde nur ein immer größerer Künstler; alles andere fällt dir von selbst zu.

dieser Erfindung hatte katastrophale Folgen: Die Hand wurde dauerhaft geschädigt, so daß er schließlich das Virtuosentum aufgeben mußte. Dies war eines der vielen Anzeichen für seine Besessenheit.

Mit 25 Jahren verliebte sich Schumann in Clara Wieck, die Tochter seines Klavierlehrers. Sie war selbst eine angesehene Pianistin und Komponistin und gehörte zu den führenden Klavierspielern ihrer Zeit. Robert schrieb alle seine Stücke für sie. Ihr Vater aber mißbilligte die Verbindung aufs schärfste und verweigerte fünf Jahre lang die Einwilligung zur Heirat. Er brachte Schumann sogar vor Gericht: Zuerst beschuldigte er ihn, ein Trunkenbold und deshalb heiratsunfähig zu sein, und später führte er finanzielle Gründe an.

Es ist unmöglich, sich mit Schumann zu unterhalten. Der Mann ist hoffnungslos. Er spricht überhaupt nicht.

Richard Wagner

Schließlich heirateten Robert und Clara doch, und ihr Leben verlief zunächst vollkommen glücklich. Jeder von ihnen hatte ein eigenes Musikzimmer mit einem Klavier. Wenn sie nicht übten, lasen Schumann und seine Frau Goethe und Shakespeare, und gemeinsam studierten sie Bach. Im ersten Jahr ihrer Ehe schrieb er über 100 Lieder, die durch seine Liebe für Clara inspiriert waren, und sie gingen gemeinsam auf Tournee quer durch Europa: Clara spielte die Stücke, die Robert geschrieben hatte.

Liszt machte Schumanns Werke in Frankreich bekannt: Er spielte sie in Paris und veröffentlichte Presseberichte über Robert. Er schrieb auch über Clara und fragte sie einmal, ob ihr sein Artikel gefalle. Sie fragte ihn: „Warum haben Sie geschrieben, daß ich rechts und links eine schwarze Katze auf dem Klavier sitzen habe, wenn ich übe? Sie wissen doch, daß das nicht stimmt." „Liebe Dame", erwiderte Liszt, „damit ein solcher Artikel bei den Franzosen ankommt, muß etwas Pikantes darin sein."

Eines von Schumanns bekanntesten Werken, das Klavierkonzert in a-moll, wurde für Clara geschrieben. Sie spielte die Uraufführung am 4. Dezember 1845 in Dresden. Den ersten Satz hatte Schumann schon 1841 als eigenständiges Stück komponiert, und zwar als Konzertfantasie. Anders als die meisten leidenschaftlichen, ausgeklügelten Stücke der Romantik

Ich fing mit fünf Jahren an, Klavier zu lernen. Mein Klavierlehrer schlug mir immer auf die Finger. – Ich haßte ihn, und nach einem Jahr hatte ich genug. Die anderen Jungen spielten draußen Fußball, und ich mußte üben. Ich sagte zu meiner Mutter: „Ich spiele nicht mehr Klavier, Basta!" Ein Jahr später hatten wir in der Schule die erste Singstunde, und ein Junge begleitete uns sehr schlecht auf dem Klavier. Ich dachte, das kann ich besser. Da wurde mir klar, daß ich wieder spielen wollte. Mit sieben Jahren fing ich wieder an und habe seitdem nie mehr aufgehört. Diese Singstunde werde ich nie vergessen.

Sir Georg Solti

Ich fing an zu spielen, weil ein Klavier im Haus war. Mit drei Jahren kroch ich immer darauf herum. Ich spielte gerne vom Blatt, und bevor ich irgend etwas über Harmonie wußte, holte ich mir schon Noten aus der Bibliothek und versuchte, die schwarzen Punkte zu lesen, und ich fragte mich, was sie wohl bedeuteten. Ich quälte mich durch alle Noten meiner Schwester – eine Menge Chopin, den ich nicht leiden konnte, denn er war zu schwer für mich, ich konnte das nicht spielen. Dann begann ich, mich für Jazz zu interessieren, denn ich wollte dem anderen Geschlecht gefallen, und das schien mir die einzige Art, mein Ziel zu erreichen.

Dudley Moore

Ich liebe das Klavierkonzert von Schumann, und deshalb haben wir es für die Fernsehserie ausgewählt. Ich hörte es als Kind bei den Promenadenkonzerten im Radio. Es ist ein trügerisches Stück. Er hat diese ganzen schweren Arpeggien geschrieben, und die sind auf den Finger angewiesen, den er stärken wollte – doch dabei verkrüppelte seine Hand.

Dudley Moore

erscheint dieses Konzert stellenweise recht einfach. Aber es wurde von Clara inspiriert, und es gibt keinen Zweifel, daß es im Verborgenen äußerst gefühlvoll ist; deshalb gilt es heute als eines der schwierigsten Konzerte der Klavierliteratur.

Im Jahr 1850 wurde Schumann in Düsseldorf zum Musikdirektor ernannt, aber er hatte dort wenig Erfolg, denn ihm fehlte die Erfahrung als Dirigent. Er begann regelmäßig an Depressionsanfällen zu leiden; schon früher hatte es Zeichen von seelischer Labilität gegeben: Besonders nach Zeiten intensiven Komponierens hatte er sich monatelang in einen Zustand der nervösen Erschöpfung zurückgezogen.

Für mich ist Schumanns Gedächtnis heilig. Dieser edle, reine Künstler bleibt mein Ideal. Es wird mir kaum gelingen, einen besseren Menschen zu lieben.

Johannes Brahms

Im Jahr 1854 machte er einen Selbstmordversuch, indem er sich in den Rhein stürzte. Wenig später verschlechterte sich sein Zustand so, daß er in ein privates Heim eingewiesen wurde, wo er seine beiden letzten Lebensjahre verbrachte. Man erlaubte Clara nicht, ihn zu besuchen, denn er war unheilbar geisteskrank, aber die beiden schrieben sich die ganze Zeit über. Erst kurz vor seinem Tod wurde sie zu ihm gerufen.

Schumann schrieb viele Artikel, in denen er seine Komponistenkollegen unterstützte. Als er Frédéric Chopin (1810–1849) spielen hörte, sagte er: „Hut ab, meine Herren, ein Genie!"

Die Originalhandschrift des Klavierkonzerts von Schumann wurde kürzlich bei Sotheby's in London für umgerechnet 1,2 Millionen DM verkauft.

Chopin und Schumann wurden im gleichen Jahr geboren und trafen sich zum ersten Mal im Haus der Wiecks. Chopin stammte zwar aus Polen, aber er verbrachte den größten Teil seines kurzen Lebens in Paris und freundete sich dort mit Liszt und Berlioz an.

Chopin schrieb die meisten seiner Kompositionen für das Klavier. Er war ein begabter Pianist, hatte schon mit acht Jahren zum ersten Mal öffentlich gespielt und konnte mit Leichtigkeit improvisieren. Seinen Lebensunterhalt bestritt er zum größten Teil durch Klavierunterricht bei wohlhabenden jungen Damen und durch Auftritte in den Salons.

Liszt machte Chopin mit George Sand bekannt, einer äußerst umstrittenen Frau, die sich wie ein Mann kleidete und radikale Ansichten über menschliche Beziehungen vertrat. Ihre Bekanntschaft war für Chopin von zweifelhaftem Wert, denn als sie sich trennten, war er so unglücklich, daß er fast nichts mehr

Schumann schrieb kurz vor der Hochzeit an Clara:

> Ich hatte zuletzt die Gelegenheit, das wunderbare Spiel von Liszt zu hören, das zwischen feiner Raserei und höchster Zartheit wechselt. Aber das wäre nicht das Meine, liebes Klärchen. Kunst, wie wir sie kennen – Du, wenn Du spielst, ich, wenn ich komponiere – hat eine Vertrautheit und einen Charme, der mir mehr bedeutet als Liszts ganzer glänzender Flitter.

Vor seiner Hochzeit ging Schumann nach Wien; er suchte dort Arbeit, um seine finanziellen Verhältnisse zu verbessern und um in Erfahrung zu bringen, ob er mit Clara dort leben könne, denn in Wien hätte auch sie höhere Gagen verlangen können. Er besuchte den Bruder Schuberts, einen armen Schulmeister, und fand bei ihm viele unveröffentlichte Werke von Schubert. Er schickte die Manuskripte an einen Verleger, weil er hoffte, Schuberts Bruder auf diese Weise Geld zu verschaffen. Unter den Partituren war auch die „Große C-Dur-Symphonie". Schumann gab sie seinem Freund Mendelssohn, der 1839, elf Jahre nach Schuberts Tod, in Leipzig die Uraufführung dirigierte.

komponierte; zwei Jahre später, mit 39 Jahren, starb er. Berlioz sagte über den ständig kranken Chopin: „Er starb sein ganzes Leben lang."

Chopins Klaviermusik ist voll wunderschöner Melodien – einerseits lyrisch und romantisch, andererseits aber auch heftig und dramatisch. Unter seinen Stücken für Soloklavier sind Balladen, Etüden, Mazurkas, Polonaisen, Scherzi, Walzer, Impromptus, Nocturnes, Preludes und Sonaten; sie zeigen immer wieder, daß das Klavier zum vollkommenen Saloninstrument geworden war.

Einer von Schumanns letzten Artikeln – er trug den Titel „Neue Bahnen" – legte den Grundstein für die Karriere von Johannes Brahms:

> Am Klavier sitzend, fing er an, wunderbare Regionen zu enthüllen. Wir wurden in immer zauberische Kreise hineingezogen. Dazu kam ein ganz geniales Spiel, das aus dem Klavier ein Orchester von wehklagenden und lautjubelnden Stimmen machte.

Johannes Brahms auf dem Weg zum „Roten Igel", seinem Lieblingslokal

Brahms lernte Schumann zunächst durch den jungen Geiger Joseph Joachim kennen. Brahms war damals gerade 20 Jahre alt, und er kam, um Robert seine Kompositionen zu zeigen und ihn um Rat zu fragen. Er spielte Schumann seine Stücke vor, und der rief Clara ins Zimmer, damit sie ebenfalls zuhörte. Beide waren von dem jungen Genie sofort begeistert.

Man kann Brahms als „klassischen Romantiker" bezeichnen, denn er füllte die herkömmlichen Formen mit romantischem Gefühlsausdruck. Zu seinen Klavierwerken gehören zwei Konzerte, Balladen, die von seiner Liebe zur Volksmusik inspiriert waren, technisch brillante Variationszyklen und lyrische, verträumte Stücke, die nicht nur die vielfältigen Möglichkeiten des Klaviers zur Geltung bringen, sondern auch an den Pianisten große Anforderungen stellen.

Brahms wurde von Schumann sehr bewundert, aber ein anderer Komponist, der ebenfalls für Klavier schrieb, mochte ihn überhaupt nicht: Tschaikowsky. Er schrieb am 9. Oktober 1886 in sein Tagebuch:

Frédéric Chopin, 1849

> Habe wieder die Musik dieses Halunken Brahms gespielt. Was für ein unbegabter Bastard! Es macht mich ganz irre, daß diese selbstzufriedene Mittelmäßigkeit als Genie bezeichnet wird. Verglichen mit ihm war Raff ein Gigant, gar nicht zu reden von Rubinstein, einer viel größeren und vitaleren Persönlichkeit. Brahms ist so chaotisch, so trocken und belanglos.

Tschaikowsky war zwar von Jugend an als Pianist ausgebildet worden, aber er spielte nie so gut, daß er als Virtuose hätte auftreten können. Seine Familie interessierte sich nicht für Musik, sondern schickte ihn nach St. Petersburg, wo er im Justizministerium arbeiten sollte. Im Jahr 1863 schied er dort aber aus und begann bei Anton Rubinstein zu studieren. Antons Bruder Nikolai war damals der beste Pianist in Moskau, und deshalb brachte Tschaikowsky ihm 1874 sein erstes Klavierkonzert zur Begutachtung.

Rubinstein reagierte auf das Werk mit völligem Schweigen. Tschaikowsky spielte zu Ende, stand auf und fragte: „Nun?" Daraufhin platzte Rubinstein mit einem Schwall von Beschimpfungen heraus – das Stück sei voller Gemeinplätze, ungeschickt geschrieben und trivial. Dann wurde ihm klar, daß er zu weit gegangen war. Um Tschaikowsky zu beruhigen, bot er ihm an, das Konzert zu spielen, wenn er einige Änderungen vornehmen würde.

Tschaikowsky stürmte aus dem Zimmer und beschloß, nie mehr eine Note an dem Stück zu ändern – und dabei blieb es auch.

Die Uraufführung spielte schließlich Hans von Bülow am 25. Oktober 1875 auf einer Tournee in Boston; der Dirigent war der dort ansässige Amerikaner Benjamin Johnson Lang. Das Stück wurde seither zu einem der bekanntesten Klavierkonzerte überhaupt. Rubinstein gab später zu, er habe sich mit seiner Meinung über das Werk geirrt, und spielte es selbst mehrmals.

Im zwanzigsten Jahrhundert wurde weniger Klaviermusik geschrieben als in den beiden Jahrhunderten zuvor. Komponisten wie Debussy nutzten seine Resonanz aus, indem sie das mittlere Pedal zum Aushalten überlappender Harmonien benutzten. Andere haben sich seiner rhythmischen Möglichkeiten bedient, und schließlich wurde es auch elektrifiziert. Erik Satie war der erste, der im Innern des Klaviers herummanipulierte: Für eine Aufführung von *La Piege de Meduse* legte er 1914 Papier zwischen die Saiten. In neuerer Zeit veränderte John Cage den Klang mit seinem „präparierten Klavier", in dem Gegenstände wie Papier, Nägel, Löffel, Schrauben und sogar Milchflaschen an den Saiten befestigt werden. Und der Komponist David Bedford verlangt in seiner *Music for Albion Moonlight* (1956), daß eine Sopranistin das Wort „Hell" in das Klavier hineinruft, um so die Saiten zum Schwingen zu bringen.

Den Gipfel in der Sorge um das Klavier erreicht Lamonte Young; in seinem *Piano Piece for David Tudor No. 1* (1960) verlangt er vom Pianisten: „Bringen Sie einen Ballen Heu und einen Eimer Wasser mit auf die Bühne, damit das Klavier essen und trinken kann. Der Musiker kann dann das Klavier füttern oder er kann es selbst fressen lassen. Im ersten Fall ist das Stück vorbei, wenn das Klavier gefüttert ist. Im zweiten Fall ist es zu Ende, wenn das Klavier sich entschlossen hat, zu fressen oder nicht zu fressen."

Brahms hatte das Schumann-Klavierkonzert gespielt und dabei eine ganze Menge Noten ausgelassen. Deshalb ging er am Morgen des Konzerttages in den Saal, um zu üben. Als ich dort ankam, war er ganz allein und arbeitete mit aller Kraft am Schumann-Konzert . . . Er war ganz rot im Gesicht . . . Als er mich sah, sagte er: „Es ist wirklich schrecklich. Die Leute erwarten heute abend etwas besonders Gutes von mir, und ich werde ihnen wahrscheinlich einen Schweinkram bieten. Diese einfachen diatonischen Läufe sind zum Verzweifeln. Ich sage mir immer, Johannes, reiß' dich zusammen, spiele anständig, aber es nützt nichts, es ist wirklich schrecklich.

Sir George Henschel,
Musings and Memories,
1918

Die Kunst des Großen Klavierspiels
oder
Wenn ich doch hier wäre
Dudley Moore

Vor Jahren besaß ich die Frechheit,
Arthur Rubinstein zu fragen:
WAS IST DAS GEHEIMNIS EINER GUTEN TECHNIK?
Er sagte erfreulich abweisend:
„Oh – Sie haben eine Technik – spielen Sie einfach!"

Man muß also, so glaube ich, sich gewissermaßen
SEINE EIGENE TECHNIK ZUSAMMENBASTELN
Liszt war seltsamerweise der gleichen Meinung:
Er legte mehr Wert auf den Ton
als auf rein technische Bemühungen

Begeben Sie sich am Klavier in eine
ENTSPANNTE HALTUNG,
die Arme ein wenig ausgestreckt,
Finger und Handgelenke hängen ein wenig in Richtung der Tasten.

Wichtiger ist es, nicht stark, sondern
GESCHMEIDIG ZU SEIN.
Die Kraft kommt von selbst, wenn Sie
WINZIGE MUSIKSTÜCKE LANGSAM ÜBEN.

Suchen Sie sich die
BEQUEMSTE POSITION
für Hände und Finger
und für jedes winzige Stück Musik,
das Sie sich vorgenommen haben.
Üben Sie jede Hand einzeln,
und zwar langsam.

HABEN SIE GEDULD.
Üben Sie
MIT EINEM GESPÜR FÜR DAS SCHÖNE
und langsam.

GLAUBEN SIE NICHT, SIE KÖNNTEN ÜBEN
UND DABEI FERNSEHEN
(selbst dann nicht, wenn „Orchester"
mit Solti und Moore läuft!)
Der Geist hat ein erstaunliches
Durchhaltevermögen, wenn er beteiligt und
BEGEISTERT
ist.
Der große Pianist Josef Hoffmann sagte einmal,
der Schlüssel zur Schnelligkeit sei
LANGSAMES ÜBEN.
Gut – ich glaube, ich sollte jetzt gehen und
SO ÜBEN, WIE ICH ES GEPREDIGT HABE!
L A N G S A M
L A N G S A M

Der Dirigent

Wie man dirigiert, weiß ich nicht genau. Es ist zum Teil bewußt und zum Teil unbewußt, aber die grundlegende Frage ist einfach: Hat man das Talent zu führen oder hat man es nicht? Wenn man es nicht hat, kann es einem auch niemand beibringen. Wenn man einen jungen Dirigenten fünf Minuten lang beobachtet, dann weiß man, ob er das Orchester leitet oder ob er schwimmt. Wer schwimmt, der schafft es nie, und der Orchesterleiter leitet immer. Das ist das erste Kriterium.

Sir Georg Solti

Wie die meisten schwierigen Tätigkeiten, so kann auch das Dirigieren einfach aussehen, wenn es gut gemacht wird. Aber wenn Sie glauben, es gehe nur darum, mit den Armen eine halbe Stunde lang in der Luft herumzufuchteln, dann versuchen Sie einmal, die Hände gerade vor sich auszustrecken, und beobachten Sie, wie lange Sie das aushalten können! Es ermüdet schon nach fünf Minuten. Zumindest die frühen Orchesterwerke sind recht kurz, sie dauern nur 15 oder 20 Minuten; aber Stücke aus der Mitte des 19. Jahrhunderts und aus späterer Zeit können eine Stunde oder noch länger dauern – Mahlers achte Symphonie beispielsweise ist eineinhalb Stunden lang – und Opern nehmen sogar drei Stunden oder noch mehr in Anspruch.

Der Dirigent ist deshalb zunächst einmal ein Athlet. Aber er ist auch viel mehr. Während eines Konzerts muß er folgende Dinge gleichzeitig tun:

- die Noten lesen
- über 100 Musiker gleichzeitig im Auge haben
- sich erinnern, wo welche Musiker sitzen
- das Ganze zusammenhalten
- den Takt schlagen und das Tempo bestimmen
- sich erinnern, wie es weitergeht
- die Einsätze für alle Solostimmen geben
- auf den entstehenden Klang hören
- den entstehenden Klang korrigieren
- nach unten auf die Partitur und nach oben zu den Musikern blicken, ohne den Faden zu verlieren
- den Musikern mit Handzeichen und Gesichtsausdruck zeigen, welche Interpretation er wünscht.

Das Handwerk des Dirigierens hat sich über Jahrtausende hinweg entwickelt; es ist hervorgegangen aus verschiedenartigen Methoden, den Takt zu schlagen und eine Gruppe von Instrumentalisten oder Sängern zu leiten. Die Gestalt des Orchesterdirigenten mit Taktstock, wie wir ihn heute kennen, ist noch nicht einmal 200 Jahre alt; sie entstand in einer Zeit, als die Orchester größer und die Stücke komplizierter wurden: Man brauchte nun eine Person, die nicht mit dem Spielen eines Instruments beschäftigt war, sondern den Takt schlagen und die Musik interpretieren konnte.

Einer der ersten Hinweise, daß Musik dirigiert wurde, findet sich in einer griechischen Inschrift aus dem Jahr 709 v. Chr. Dort heißt es: „Der Zeitgeber schlägt mit seinem Stab in gleichmäßiger Bewegung auf und nieder, so daß alle zusammenbleiben können." Marcus Fabius Quintilianus schrieb im Jahr 95 v. Chr.: „Musikalische Leiter geben (Zeit)abstände an, indem sie mit den Füßen aufstampfen oder mit den Zehen wippen." Die Chordirigenten des 15. und 16. Jahrhunderts schwenkten ein zusammengerolltes Notenblatt in der Luft oder klopften mit einem Stock auf den Boden.

In der Barockzeit war der „Musikdirektor" ein Komponist, der Musik für Kirche, Hofkapelle, Theater oder Fürstenhof schreiben mußte. Gewöhnlich dirigierte er auch, am Cembalo sitzend, seine eigenen Stücke.

C. P. E. Bach schrieb im Jahr 1753: „Der Ton des Flügels, der ganz recht von den Mitmusizierenden umgeben stehet, fällt allen deutlich ins Gehör . . . Die hinter oder neben dem Flügel sich befindenden Musici haben einen in beiden Händen gleichen, durchdringenden und folglich den merklichsten Schlag des Takts vor Augen." In Frankreich war es Mode, daß der erste Geiger „dirigierte", indem er durch die Bewegungen seines Bogens den Takt für die übrige Instrumentalgruppe angab. Diese Einteilung war sehr sinnvoll, denn die Gruppe bestand vorwiegend aus Streichinstrumenten, und der erste Geiger konnte die Technik und Interpretation so vorführen, daß alle anderen Musiker sie verstanden.

Etwa seit 1790 war das Klavier regelmäßig in Gebrauch; Haydn dirigierte seine Londoner Symphonien von dem Tasteninstrument aus und teilte sich die Verantwortung dabei mit Salomon, der vom ersten Geigenpult aus ebenfalls „leitete". Auch Mozart dirigierte einige seiner Opern vom Klavier aus. Johann Stamitz soll dagegen in Mannheim sein Orchester „nur mit einem Nicken seines Kopfes und der Bewegung seiner Ellbogen" geleitet haben.

Mehrere Faktoren trugen dazu bei, daß man zusätzlich zur Instrumentalgruppe einen Dirigenten brauchte. Seit Mozarts Zeit wurde die Kompositionsstruktur immer komplizierter; sie erforderte nun eine sorgfältige Ausführung der dynamischen Zeichen, und jede Instrumentengruppe hatte mehr eigene Solostimmen zu spielen; so wurde jemand benötigt, der unabhängig vom Orchester stand und die richtige Klangbalance herstellen konnte. Mit zunehmender Größe der Orchester wurde es mehr und mehr unmöglich, ein Instrument zu spielen und gleichzeitig bis zu 70 Musiker zu lenken.

Carl Maria von Weber wird oft als einer der ersten genannt, die in der heute üblichen Art mit einem Taktstock dirigierten. Das war im Jahr 1817. Drei Jahre danach kam der deutsche Geiger und Dirigent Louis Spohr nach London, um vier Monate lang beim Philharmonic Orchestra zu spielen. Der dortige Pianist und Dirigent bot Spohr seinen Platz am Klavier an, aber der lehnte ab und stellte sich statt dessen vor das Orchester, wie es die Dirigenten auch heute tun.

Das Auftreten eines Dirigenten mit erhobenem Taktstock provozierte bei den Orchestermusikern anfangs einigen Widerstand, denn sie wollten lieber vom ersten Geigenpult oder vom Klavier aus geführt werden. Sie bemängelten, es sei für das Publikum verwirrend und unattraktiv, jemanden von hinten zu sehen, der mit den Armen herumfuchtelt. Andere stimmten aber dieser Methode zu, denn anders als bei dem Dirigenten, der mit einem Stock auf den Boden klopfte und so die Musik begleitete, machte sie keinen Lärm.

In Frankreich behielten die ersten Dirigenten die Geige griffbereit, wenn sie vor dem Orchester standen: Sie legten das Instrument auf den Notenständer; vermutlich benutzten sie es auch, um klarzumachen, wie das Stück klingen sollte, oder um technische Feinheiten zu zeigen. Den Bogen verwendeten sie nicht nur zum Spielen, sondern auch, um den Takt zu schlagen.

Schließlich tauchten Taktstöcke auf, anfangs oft dicke Stäbe, die mit Roßhaar gefüllt waren. Später gab es manchmal kunstvoll verzierte Taktstäbe, die viel länger und schwerer waren als die unaufdringliche heutige Form. Der Dirigent wurde zu einer

Der feurige Dirigent Jullien

romantischen Virtuosenpersönlichkeit, und man übernahm den italienischen Ausdruck Maestro für einen glänzenden Dirigenten.

Der Maestro war in Italien ursprünglich derjenige gewesen, der das Tasteninstrument spielte; schließlich begann er, mit einem Taktstock zu dirigieren, vermutlich unter dem Einfluß der italienischen Oper; für den Komponisten und Pianisten war es nämlich leichter, Sänger und Orchester zu leiten, weil er an einer zentraleren Stelle saß als die erste Geige.

Einige der ersten Dirigenten nutzten ihre Stellung vor dem Orchester gründlich aus und gaben aufsehenerregende Virtuosenvorstellungen. Der Franzose Jullien, ein großer Unterhaltungskünstler, trug dabei angeblich weiße Handschuhe und benutzte einen großen, edelsteinbesetzten Taktstock. Die Frauen beteten den gutaussehenden und hervorragend gekleideten Mann an, und das wußte er. Seine größten Erfolge hatte Jullien in England von 1840 bis 1859. Zeitungsberichten zufolge gingen die Menschen mehr in seine Konzerte, um ihn zu sehen als um die Musik zu hören, denn sie waren fasziniert von seinen romantisch langen Locken und seinen dunklen Augen. Er wußte seinerseits diese Aufmerksamkeit durchaus zu nutzen: Er kleidete sich elegant und schenkte den Damen im ersten Rang seine Porträts. Er war aber nicht nur exzentrisch, sondern den Berichten nach auch ein guter Dirigent; leider wurde er geisteskrank und starb mit 48 Jahren in einer Nervenheilanstalt.

Ungefähr von 1800 an betrachtete man das Dirigieren als eigenständigen Beruf. Komponisten und ausübende Musiker ergriffen den Taktstock und nahmen ihre neue Rolle ebenso ernst wie das Komponieren oder Spielen. Spontini, Spohr, Mendelssohn, Weber, Hans von Bülow, Liszt, Wagner, Berlioz, Strauss, Furtwängler, Toscanini – das sind nur einige der berühmten Persönlichkeiten, welche die Funktion des Dirigenten begründet und weiterentwickelt haben.

Die Komponisten schrieben sogar Bücher über das Dirigieren. Berlioz nahm Anleitungen dazu in seinen *Traité d'orchestration* auf. Richard Wagner drückte so seine ersten festen Vorstellungen aus; und etwa 1922 schrieb Richard Strauss die *Zehn Goldenen Regeln. Einem jungen Kapellmeister ins Stammbuch geschrieben:*

1 Bedenke, daß du nicht zu deinem Vergnügen musizierst, sondern zur Freude deiner Zuhörer.

2 Du sollst beim Dirigieren nicht schwitzen, nur das Publikum soll warm werden.

3 Dirigiere „Salome“ und „Elektra“ als seien sie von Mendelssohn: Elfenmusik.

4 Schau niemals aufmunternd das Blech an, außer mit einem kurzen Blick, um einen wichtigen Einsatz zu geben.

Karikatur von Berlioz beim Dirigieren eines seiner „monströsen" Konzerte

5 Dagegen lasse niemals Hörner und Holzbläser aus dem Auge: wenn du sie überhaupt hörst, sind sie schon zu stark.

6 Wenn du glaubst, das Blech blase nicht stark genug, so dämpfe es nochmals um zwei Grade herab.

7 Es genügt nicht, daß du jedes Wort des Sängers, das du auswendig weißt, selber hörest, das *Publikum* muß mühelos folgen können. Versteht es keinen Text, so schläft es.

8 Begleite den Sänger stets so, daß er ohne Anstrengung singen kann.

9 Wenn du glaubst, das äußerste Prestissimo erreicht zu haben, so nimm das Tempo noch einmal so schnell.

10 Wenn du dies alles freundlich bedenkst, wirst du bei deiner schönen Begabung und deinem großen Können stets das ungetrübte Entzücken deiner Hörer sein.

Seine erste symphonische Dichtung mit dem Titel *Don Juan* vollendete Strauss als 25jähriger im Jahr 1889.

Don Juan war eine volkstümliche Legendenfigur, aber Strauss gründete sein Werk auf ein Gedicht des Österreichers Nikolaus Lenau, das im Jahr 1854, drei Jahre nach dem Tod des Dichters, in unvollendeter Form erschienen war.

Don Juan besteht aus einem Satz und dauert etwa 15 Minuten. Das Stück beginnt damit, daß Don Juan zahlreichen Frauen nachstellt. Die springenden Melodieteile stellen das Gefühl männlicher Stärke und Energie dar, das Streben nach neuen Eroberungen. Dann gibt es zärtliche Liebesszenen, aber immer stärker holen ihn einige seiner Opfer ein, und sein Gewissen tut das gleiche. Nun wird Don Juan von den Geistern der Frauen gejagt, die er verletzt und verstoßen hat. Er verzweifelt darüber, daß er mit seiner Leidenschaft anderen Schmerz zugefügt hat. Schließlich reißt er sich noch einmal zusammen und geht zum Karneval, wo er von Don Pedro, den er früher einmal beleidigt hat, zum Duell herausgefordert wird. Als ihm klar wird, daß nur der Tod einen Ausweg bietet, nimmt er dieses Schicksal gerne an und stürzt sich selbst in Don Pedros Schwert. Er stirbt zu den letzten unheilvollen Tönen des Stücks.

Anders, als man heute denkt, war Strauss bei seinen Zeitgenossen nicht immer beliebt. Cesar Cui urteilte über ihn: „Seine absurden Kakophonien werden auch im dreißigsten Jahrhundert noch keine Musik sein", und Strawinsky bezeichnete den *Rosenkavalier* als „billig und ärmlich".

Zwei Monate nach der Uraufführung dirigierte Hans von Bülow, der Lehrer von Strauss, den *Don Juan,* aber Strauss war wenig beeindruckt: „Also Bülow hat mein Werk in Tempi, in allem total vergriffen, von dem poetischen Inhalt keine Ahnung . . . Er hat dem Publikum ein sehr interessantes Musikstück, aber nicht meinen *Don Juan* vorgeführt."

Wie bereitet sich ein Dirigent heute mit einer Partitur wie *Don Juan* auf die Aufführung vor?

Der Komponist gibt auf der Titelseite an, was er mit dem Stück beabsichtigt: Er bezeichnet es als Symphonie, Ouvertüre, Konzert, symphonische Dichtung usw. Er stellt eine Liste der erforderlichen Instrumente auf, und im Fall des *Don Juan* wird

Das folgende Gedicht steht auf der Titelseite der Partitur des *Don Juan:*

Den Zauberkreis, den unermeßlich weiten,
Von vielfach reizend schönen Weiblichkeiten
Möcht' ich durchziehn im Sturme des Genusses,
Am Mund der letzten sterben eines Kusses.
O Freund,durch alle Räume möcht' ich fliegen,
Wo eine Schönheit blüht, hinknien vor jede
Und, wär's auch nur für Augenblicke, siegen.

Ich fliehe Überdruß und Lustermattung,
Erhalte frisch im Dienste mich des Schönen,
Die Einzle kränkend schwärm' ich für
die Gattung.
Der Odem einer Frau, heut Frühlingsduft,
Drückt morgen mich vielleicht wie Kerkerluft.
Wenn wechselnd ich mit meiner Liebe wandre
Im weiten Kreis der schönen Frauen,
Ist meine Lieb' an jeder eine andre;
Nicht aus Ruinen will ich Tempel bauen.
Ja! Leidenschaft ist immer nur die neue;
Sie läßt sich nicht von der zu jener bringen,
Sie kann nur sterben hier, dort neu entspringen,
Und kennt sie sich, so weiß sie nichts von Reue.
Wie jede Schönheit einzig in der Welt,
So ist es auch die Lieb', der sie gefällt.
Hinaus und fort nach immer neuen Siegen,
So lang der Jugend Feuerpulse fliegen!

Es war ein schöner Sturm, der mich getrieben,
Er hat vertobt und Stille ist geblieben.
Scheintod ist alles Wünschen, alles Hoffen;
Vielleicht ein Blitz aus Höh'n, die ich verachtet,
Hat tödlich meine Liebeskraft getroffen,
Und plötzlich ward die Welt mir wüst, umnachtet;
Vielleicht auch nicht; – der Brennstoff
ist verzehrt,
und kalt und dunkel ward es auf dem Herd.

Nicolaus Lenau

Die linke Hand hat mit dem Dirigieren nichts zu tun. Sie gehört am besten in die Westentasche, um höchstens einmal einen leisen Wink zur Abdämpfung oder ein unbedeutendes Zeichen zu geben, aber dafür genügt ein unmerklicher Blick. Statt mit dem Arm dirigiert man am besten mit dem Ohr: daraus ergibt sich dann automatisch das übrige.

Richard Strauss

der Dirigent außerdem durch das zugrundeliegende Gedicht eingestimmt.

Weitere Informationen stammen vom Verleger: Einzelheiten über den Komponisten, die Opuszahl des Werkes (die Werke eines Komponisten sind normalerweise numeriert, und zwar, soweit man es weiß, in der Reihenfolge, in der sie geschrieben wurden) sowie die Bedeutung bestimmter musikalischer Zeichen.

Für den Dirigenten ist es wichtig, zwischen den Absichten des Komponisten und den später vom Verleger oder Herausgeber hinzugefügten Anweisungen zu unterscheiden. Oft betreibt der Dirigent eigene Forschungen, um den wahren Absichten des Komponisten auf die Spur zu kommen, und sieht sich dabei, soweit das möglich ist, das Originalmanuskript des Stückes an.

Heute ist es modern, Stücke mit einem „originalgetreuen" Orchester aufzuführen, also mit der Zahl an Musikern und den Instrumenten, die auch der Komponist benutzt hätte.

Die Zahl der Streicher bestimmt sich danach, was der Dirigent für die Interpretation des jeweiligen Stücks als angemessen erachtet. Oft findet man folgende Standardbesetzungen:

Für ein Werk der Klassik	**Für ein Werk der Spätromantik oder Moderne**
14 erste Violinen	18 erste Violinen
12 zweite Violinen	16 zweite Violinen
10 Bratschen	14 Bratschen
8 Celli	12 Celli
6 Kontrabässe.	10 Kontrabässe.

Außerdem gibt es in einem modernen Symphonieorchester in der Standardbesetzung folgende Instrumente: 2 Flöten, 2 Oboen, 2 Klarinetten, 2 Fagotte, 4 Hörner, 4 Trompeten, 3 Posaunen, Tuba, Pauken und Schlagzeug. Hinzukommen können noch 2 Harfen, Klavier, Englischhorn, Piccoloflöte und je zwei weitere Musiker bei den Holz- und Blechblasinstrumenten.

Dirigierstile werden wie alles andere von Moden beeinflußt. Ohne Partitur zu dirigieren, wurde vielleicht durch Toscanini modern, der so schlechte Augen hatte, daß er die Noten auf dem Pult nicht lesen konnte und deshalb ohne sie zurechtkommen mußte. Das führte zu dem falschen Eindruck, ein großer Dirigent sei nur derjenige, der ohne Partitur arbeitet.

Rechts Toscanini in einigen typischen Posen

Unten Leonard Bernstein

Den *Don Juan* schrieb Strauss für Streicher, 3 Flöten und Piccolo, 2 Oboen und Englischhorn, 2 Klarinetten, 2 Fagotte, Kontrafagott, 4 Hörner, 2 Trompeten, 3 Posaunen, Tuba, Harfe und eine Schlagzeuggruppe mit 3 Pauken, Glockenspiel, Triangel und Becken. Heute werden meist die Holz- und Blechbläser sowie die Harfe verdoppelt.

Für die Einzelstimmen der Orchesterpartitur gibt es heute eine Standardanordnung. Oben stehen die Holzbläser, darunter die Blechbläser, in der Mitte das Schlagzeug und unten die Streicher. Durch diesen immer gleichen Aufbau kann der Dirigent jede Stimme mit einem Blick finden.

Bevor der Dirigent mit dem Orchester zu proben beginnt, muß er sich die Partitur einprägen und sie analysieren; dieses sorgfältige Durcharbeiten ist nötig, damit er die Anweisungen über Dynamik, Interpretation und anderes richtig versteht.

Sir Georg Solti sagt: „Ich pflegte Partituren am Klavier zu lernen, aber das wurde so, als ob man Morphium nimmt. Man spielt und findet es wunderbar, aber man weiß, daß man es nicht im Kopf hört . . . Man muß die langsame Prozedur auf sich nehmen, sich an den Schreibtisch setzen und die Partitur lesen . . . Zuerst lese ich sie Note für Note, Takt für Takt. Weiter nichts. Ich mache mir noch nicht einmal ein geistiges Bild davon. Nur lesen. Ich muß sehr methodisch vorgehen, denn wenn ich weiß, daß ich 200 Seiten zu lernen habe, dann fange ich gar nicht erst an! Aber wenn ich mir vorstelle, daß ich 20 Seiten am Tag lernen muß, und das zehn Tage lang, dann geht es. Wenn ich 20 Seiten durchgearbeitet habe, muß ich aufstehen und mich bewegen, denn es ist höchste, schwierigste Konzentration. Ich habe kein photographisches Gedächtnis, und ich beneide Leute, die darüber verfügen, denn man kann dann schneller lernen.

Dann lese ich wieder und wieder, vielleicht vier- oder fünfmal. Danach fange ich an, mir ein Bild von dem Stück zu machen, wie es klingen sollte. Dann lese ich es noch einmal, und dabei fange ich an zu singen, zu dirigieren, Lärm zu machen und mir das Tempo und die Dynamik vorzustellen. Erst wenn ich das Gefühl habe, es zu kennen, höre ich mir eine Schallplatte an.

Rechts Ausschnitt aus Sir Georg Soltis Dirigierpartitur des *Don Juan*

In einer Partitur gibt es eine ganze Reihe von Zeichen, oft auf italienisch, die angeben, wie das Stück klingen soll. Einige Beispiele:

ff	*fortissimo*	sehr laut
f	*forte*	laut
mf	*mezzoforte*	mäßig laut
p	*piano*	leise
pp	*pianissimo*	sehr leise
mp	*mezzopiano*	mäßig leise
cresc	*crescendo*	lauter werdend
dim	*diminuendo*	leiser werdend
sf	*sforzando*	plötzlich laut
Allegro		lebhaft und fröhlich
Allegretto		nicht so schnell wie Allegro
Agitato		erregt
Andante		freundlich
Cantabile		gesanglich
Amoroso		zärtlich
Giocoso		lustig
Largo		langsam
Legato		weich
Lento		langsam
Maestoso		majestätisch
Marcato		deutlich
Rallentando		nach und nach langsamer
Ritenuto		zurückhalten
Sostenuto		ausgehalten
Vivace		lebhaft

DON JUAN

Richard Strauss, Op.20

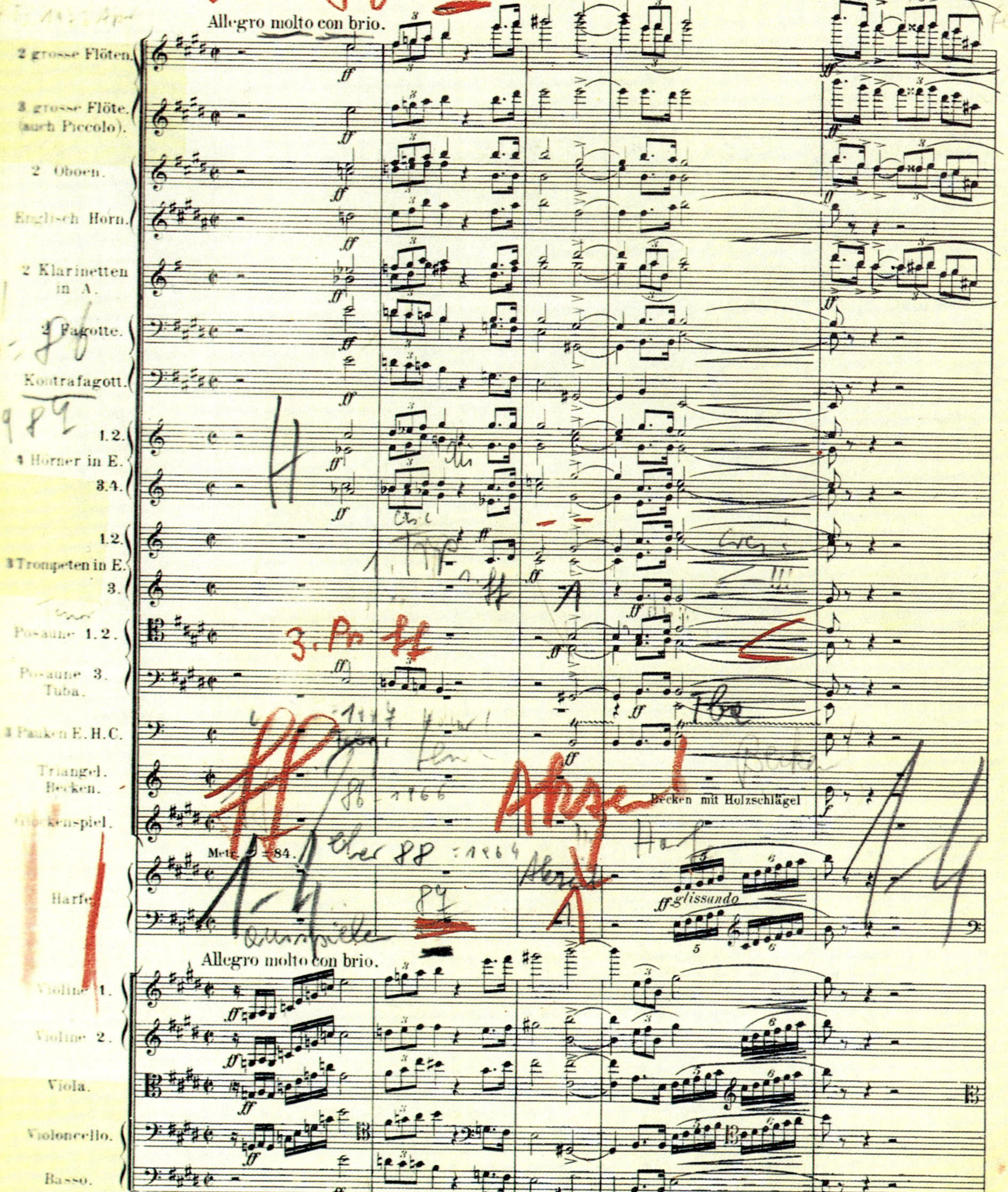

Edition Peters.

Oben Fünf der größten Dirigenten der Welt. Von links nach rechts: Bruno Walter, Arturo Toscanini, Erich Kleiber, Otto Klemperer, Wilhelm Furtwängler

Große Dirigenten der Vergangenheit

Gustav Mahler	1860–1911	Ernest Ansermet	1883–1969
Richard Strauss	1864–1949	Wilhelm Furtwängler	1886–1954
Arthur Nikisch	1855–1922	Arturo Toscanini	1887–1957
Felix Weingartner	1863–1942	Fritz Reiner	1888–1963
Sir Henry Wood	1869–1944	Sir Adrian Boult	1889–1983
Willem Mengelberg	1871–1951	Erich Kleiber	1890–1956
Serge Koussevitsky	1874–1951	Georg Szell	1897–1970
Pierre Monteux	1875–1964	Sir John Barbirolli	1899–1970
Bruno Walter	1876–1962	Antal Dorati	1906–1989
Sir Thomas Beecham	1879–1961	Herbert von Karajan	1908–1989
Leopold Stokowski	1882–1977	Leonard Bernstein	1918–1990
Otto Klemperer	1885–1973		

Ich habe zwei Berufe, Konzert und Oper, und in letzter Zeit wieder das Klavierspiel; dazwischen gibt es ein riesengroßes Musikrepertoire. Wenn ich nach vielleicht zehn Jahren eine Partitur wiedersehe, muß ich sie neu lernen, als ob ich sie noch gar nicht kenne. Da ich kein photographisches Gedächtnis habe, bleibt in meinem Kopf meist nur gewissermaßen eine verblichene Photokopie übrig. Ich muß wieder von vorn anfangen und intensiv lernen. Das ist manchmal ein Nachteil, aber meistens ist es gut, denn so muß ich das Stück von der Pike auf neu studieren, und wenn zehn Jahre dazwischenliegen, kann ich dabei ein paar neue Erfahrungen einbringen."

Es gibt keine Aufführung ohne Probe. Aber Proben sind teuer, und deshalb ist es nicht ungewöhnlich, daß Dirigent und Orchester vor einem Konzert nur wenige Male miteinander arbeiten. Das erste Zusammentreffen mit einem Orchester ist für den Dirigenten ein wichtiger Augenblick; die Musiker könnten argwöhnisch sein; kennen sie den Dirigenten schon aufgrund seines Rufs? Wie ist er? Ist er gut?

Sir Georg Solti sagt: „Ein Orchester wird nicht mit Ihnen zusammenarbeiten, weil Sie reich oder arm sind oder weil Sie gut aussehen. Das Orchester mag Sie nur dann, wenn Sie ein guter Dirigent sind und das beweisen. Wenn die Musiker einen nicht mögen, wenn sie einen hassen, dann kommt man zu keinem Ergebnis. Das ist eine üble Sache."

Entscheidend ist die Verständigung zwischen Musikern und Dirigent. Sie müssen einander sehen und in Gefühlskontakt treten können – nur dann wird es eine gute Aufführung. Die Orchesteraufstellung muß einheitlich sein, damit der Dirigent ohne Zögern weiß, wo ein bestimmter Spieler sitzt.

Wie Strauss, so hat auch Sir Georg Solti seine eigene Liste mit Geboten und Verboten für Dirigenten:

1 Das erste, was man als Dirigent braucht, ist Besessenheit. Man muß zutiefst an das glauben, was man tut. Mit Hemmungen kann man nicht dirigieren.

2 Man muß in die Musik eintauchen können, besonders bei einer so leidenschaftlichen Partitur wie *Don Juan*.

3 Bevor Du beginnst, schließe die Augen und stell Dir das Tempo vor. Stehe still, bewege weder Hände noch Arme, sonst verwirrst Du die Musiker.

4 Ein guter Auftakt ist die halbe Musik, aber behalte immer das Tempo im Kopf. Wenn Du einen Zweiertakt schlägst, ist die Eins Luxus, die Zwei ist Pflichtaufgabe.

5 Den Takt kannst Du mit den Fingern, Handgelenken, Augen oder Füßen schlagen, das spielt keine Rolle, solange Du eine Vorstellung hast und weißt, was Du willst.

6 Erwarte keine Wunder. Es gibt keine Abkürzungen. Ich habe 45 Jahre um den richtigen Auf- und Abschlag am Anfang des *Don Juan* gekämpft.

7 Das Metronom gehört zu den besten Freunden des Dirigenten. Das Tempo muß stimmen. Zu langsam klingt schwerfällig, und wenn es zu schnell ist, sind manche Teile nicht mehr spielbar.

8 Kontrolliere das Tempo. Es zu halten, ist äußerst wichtig. Du mußt eine Uhr in Dir haben – in Deinem Körper.

9 Du mußt das Stück in- und auswendig kennen, sonst vergräbst Du Deinen Kopf in der Partitur, und das ist nicht gut.

10 Wenn Du mit einem Orchester arbeitest, das Du nicht kennst, mußt Du Dich als erstes umsehen und fragen, wer die erste und wer die zweite Stimme spielt. Du mußt wissen, wo die einzelnen Leute sitzen.

11 Denke daran, daß wir in einem großen Studio arbeiten, wo das Orchester sehr weit auseinandergezogen ist. Wenn Dich der Klang von hinten erreicht, ist es schon zu spät. Du mußt dafür sorgen, daß sie nach Deinem Schlag spielen, damit sie nicht hinterherhinken.

12 Wisse, wann Du beobachten und wann Du zuhören mußt. Sei „innerhalb“ oder „außerhalb“ der Musik.

Sobald Solti zur Tür hereinkommt, ist das ganze Theater wie elektrisch geladen. Alles steht unter Spannung. Und ich kann mir nicht helfen, ich glaube, wenn wir ihn an das allgemeine Stromnetz anschließen würden, könnte man die Sicherungen herausdrehen, und er würde das ganze Haus mit seiner eigenen Elektrizität erhellen.

Ein Bühnentechniker im Königlichen Opernhaus, London

13 Wenn es nicht klappt, mußt Du sagen können, was verkehrt ist. Und sage auch, wie man es besser macht. Eine Kleinigkeit, die nicht klappt, kann das ganze Orchester aus dem Tritt bringen. Du mußt wissen, was im Kopf eines Musikers vorgeht und wie die einzelnen Instrumente reagieren, wenn die Spieler ihnen bestimmte technische Anforderungen abverlangen.

14 Zwischen Orchester und Dirigent herrscht die gleiche Beziehung wie zwischen Löwe und Dompteur. Solange der Dompteur sicher ist, frißt der Löwe ihn nicht auf. Ich ziehe es vor, wenn man mich als Freund respektiert.

15 Vorbereitung ist alles. Wenn Du alles vorbereitet hast und ordentlich probst, solltest Du das Konzert genießen können, denn die Arbeit ist dann getan.

Mit zwölf Jahren ging ich in Budapest in ein Konzert. Erich Kleiber dirigierte – ein großes Talent, ein hervorragender Dirigent. Es war ein Beethoven-Konzert, und sie spielten die fünfte Symphonie. Ich saß wie in magische Trance versunken. Hinterher ging ich hinaus und sagte: „Das ist mein Leben." Ich ging nach Hause zu meiner Mutter, die mich musikalisch betreute, und sagte: „Mutter, ich will Dirigent werden!" Sie aber machte die absolut klassische, philosophische Bemerkung einer jüdischen Mutter: „In Ordnung, aber jetzt gehst du erst Klavier üben."

Sir Georg Solti

Ich wollte nie Dirigent werden, denn das liegt mir nicht; aber bei Dir (Solti) spüre ich, daß es ein Teil von Dir ist. Vielleicht liegt es daran, daß ich einfach zu viel Musik im Radio gehört und in jungen Jahren nie, wie Du, einen Dirigenten im Konzert erlebt habe.

Dudley Moore

Anhang

Empfehlungen zum Hören

Die genannten Stücke kommen in der Fernsehserie vor und dienen zur Einführung der Werke des jeweiligen Komponisten.

Barockzeit
Johann Sebastian Bach, *Die Brandenburgischen Konzerte, Doppelkonzert d-Moll für zwei Violinen*
Georg Friedrich Händel, *Concerti grossi op. 6*

Klassik
Joseph Haydn, *Symphonie Nr. 99 („Londoner")*
Wolfgang Amadeus Mozart, *Ouvertüre zu „Die Hochzeit des Figaro"*
Ludwig van Beethoven, *Symphonie Nr. 9*
Franz Schubert, *Symphonie Nr. 8 („Unvollendete")*

Romantik
Hector Berlioz, *Symphonie fantastique*
Robert Schumann, *Klavierkonzert a-Moll*
Johannes Brahms, *Variationen über ein Thema von Haydn (Zwei Fassungen – für Orchester und für zwei Klaviere)*
Richard Wagner, *Vorspiel zu „Die Meistersinger"*
Richard Strauss, *Don Juan*
Peter Iljitsch Tschaikowsky, *Klavierkonzert Nr. 1*

20. Jahrhundert
Igor Strawinsky, *Le Sacre du Printemps*
Maurice Ravel, *La Valse*
Béla Bartók, *Musik für Streicher, Schlaginstrumente und Celesta*
Witold Lutoslawski, *Symphonie Nr. 3*

Empfehlungen zum Lesen

A Dictionary of Musical Quotations, Ian Crotton und Donald Fraser (Routledge)
A History of Western Music, Donald J. Grout (Dent)
An Illustrated History of Musical Instruments, Mary Remnant (Batsford)
A Study of Orchestra, Samuel Adler (Musikalische Beispiele auch auf CD erhältlich) (Norton)
Beecham Stories, (Hrsg.) Atkins and Newman (Robson)
Beethoven und seine Welt, Alan Kendall (Österr. Bundesverlag)
Broadwood By Appointment, David Wainwright (Quiller Press)
'Classical Music Lists, Herbert Kupfenberg (Ward Lock)
Conversations with Witold Lutoslawski, Bàlint Andràs Varga (Chester)
Die Musik in Geschichte und Gegenwart. Allgemeine Enzyklopädie der Musik (16 Bde.), (Hrsg.) Friedrich Blume (Bärenreiter)
Galina, Galina Wischnewskaja (Lübbe)
Geschichte der Musik, Karl H. Wörner (Vandenhoek und Ruprecht)
Good Music Guide, Neville Garden (Bloomsbury)
Guinness Book of Musik, Robert and Celia Deavling (Guiness Books)
Gustav Mahler: Briefe (1879–1911), (Hrsg.) Alma M. Mahler (Olms)
Gustav Mahler: Unbekannte Briefe, (Hrsg.) Herta Blaukopf (Zsolnay)
Händel, Christopher Hogwood (Thames & Hudson)
Haydn, His Life and Music, H. C. Robbins Landon (Thames & Hudson)
Hector Berlioz, Groteske Musikantengeschichten (Insel)
Instruments of the Orchestra, John Hosier (Oxford University Press)
Johann Sebastian Bach, Karl Glininger (Beck)

Joseph Haydn: Gesammelte Briefe und Aufzeichnungen, (Hrsg.) D. Bartha (Bärenreiter)
Kobbe's Complete Opera Book, (Hrsg.) The Earl of Harwod (Bodley Head)
Lexikon Orchestermusik (Piper)
Lexikon Orchestermusik Romantik (Piper)
Mozart: Briefe, Bd. 1–7 (Bärenreiter)
Mozart: Die Wiener Jahre, H. C. Robbins Landon (Droemer Knaur)
Mozart in Wien, Volkmar Braunbehrens (Piper)
Mozarts letztes Jahr, H. C. Robbins Landon (Claassen)
Mozart, Wolfgang Hildesheimer (Suhrkamp)
Musical Bumps, Dudley Moore (Robson)
Musikgeschichte in Geschichten, Norman Lebrecht (DVA)
Musikinstrumente. Die Geschichte ihrer Entwicklung und ihrer Formen, (Hrsg.) Anthony Baines (Prestel)
Muskinstrumente in Einzeldarstellungen (2 Bände) (Bärenreiter)
Orchestermusik von 1870–1920, (Hrsg.) E. Schwarzmaier/ J. Zilch (Diesterweg)
Orchestral Performance Practice, Daniel Koury (U. M. I. Research Press)
Orchestration: Beethoven to Berlioz, Adam Carse (C. U. P.)
Orchestration of the Eighteenth Century, Adam Carse (C. U. P.)
Reclams Konzertführer (Reclam)
Reclams Operführer (Reclam)
Strawinsky, Schriften und Gespräche (Schott)
The Cambridge Musik Guide, (Hrsg.) Stanley Sadie (Cambridge University Press)
The Musician's World: Letters of the Great Composers, (Hrsg.) Hans Gal
The New Grove Dictionary of Music, (Hrsg.) Stanley Sadie (20 vols, but there is also the condensed version, The Grove, Concise Dictionary of Music) (Macmillan)
The New Harvard Dictionary of Music, (Hrsg.) Don Randel (Belknap Harvard)
The New Musik, the Avant Garde since 1945, Reginald Smith Brindle (Oxford University Press)
Words about Music, John Amis and Michael Rose (Faber)

Museen für Musikinstrumente

Musikinstrumentensammlung
Tiergartenstraße 1
D-1000 Berlin 30
Tel. 030/25 48 10

Germanisches Nationalmuseum
Kornmarkt
D-8500 Nürnberg
Tel. 09 11/13 31-0
(große Abteilung für Instrumente aller Art)

Deutsches Museum
Auf der Isarinsel
D-8000 München 1
Tel.: 089/21 79-1
(u. a. mechanische Musikinstrumente)

Fitzwilliam Museum
Trumpington Street
Cambridge CB2 1RB
Tel.: 02 23/33 29 00
(Streich- und Tasteninstrumente)

National Museum of Wales
Cathays Park
Cardiff CF1 3NP
Tel.: 02 22/56 94 41

The Musical Museum
368 High Street
Brentford
Middx TW 8 0EF
Tel.: 081-560/81 08
(Tasteninstrumente)

Victoria & Albert Museum
Cromwell Road
London SW7
Tel.: 071-938/85 00
(umfassende Sammlung)

Edinburgh University
Reid Concert Hall
Bristol Square
Edinburgh EH8 9AG
Tel.: 031-667/10 11

Royal Museum of Scotland
Chambers Street
Edinburgh EH1 1JF
Tel.: 031-225/75 34

Glasgow Art Gallery & Museum
Kelvingrove
Glasgow G3 8AG
Tel.: 041-357/39 29

Tolson Museum
Ravensknowle Park
Wakefield Road
Huddersfield HD5 8DJ
Tel.: 04 84/53 05 91

The Ashmolean Museum
Beaumont Street
Oxford OX1 2PH
Tel.: 08 65/27 80 00
(Saiteninstrumente)

Liverpool Museum
William Brown Street
Liverpool L3 8EN
Tel.: 051-207/00 01

Fenton House
Hampstead Grove
London NW3
Tel.: 081-435/34 71
(alte Tasteninstrumente)

Horniman Museum & Library
London Road
London SE23
Tel.: 081-699/18 72
(große Sammlung von Instrumenten aus aller Welt)

Komponisten-Geburtshäuser und Museen

USA
Smithsonian Museum, Washington DC (Instrumente)
The Shrine to Music Museum, Vermillion, Dakota
The Metropolitan Museum, New York (Instrumente)
Percy Grainger's House, New York (auch in Sidney, Australien)
Morgan Library, New York
Museum of the American Piano, New York
UCLA Collection, Los Angeles

Österreich
Beethoven-Erinnerungsräume, Wien
Mozarteum, Salzburg

England
Elgar Birthplace Museum, Broadheath
Benjamin Britten, The Aldeburgh Foundation, The Maltings, Snape, Suffolk
Beecham Archive, Denton, Norfolk
Handel Collection, The British Library, London

Finnland
Sibelius' Haus, Turku

Frankreich
Bibliothèque Nationale, Department de la Musique, Paris
Bibliothèque Nationale du Conservatoire, Paris
Bibliothèque Municipale, Palace of Versailles
Ravel's Haus, Belvedere, Monfort l'Amaury, nr Paris

Deutschland
Händelhaus, Halle
Beethovenhaus, Bonn
Haus Wahnfried (Wagner), Bayreuth
Bach-Archiv, Leipzig
Thomasschule (Bach), Leipzig

Ungarn
Liszt-Akademie, Budapest
Ungarisches Nationalmuseum Budapest (Liszt & Beethoven)
Esterhazy-Palast

Italien
Monteverdi's Grab, Kirche Santa Maria Gloriosa Dei Frari, Venedig
Casa Goldoni, Venedig
Stradivari-Museum, Cremona
Conservattoire di Musica Luigi Cherubini, Florenz (Instrumente)
Verdi's Haus, Sant' Agata, nr Palma

Schweiz
Strawinski-Archiv, Basel

Danksagungen

An diesem Buch haben viele Personen mitgewirkt, denen ich zu großem Dank verpflichtet bin. Ich persönlich wurde von Jonathan Hewes und Susanna Yager inspiriert, die mir stets volles Vertrauen entgegenbrachten sowie durch die Musik der einzelnen Komponisten, die von Dud, Sir Georg und dem Orchester gespielt wurde; sie begleiteten uns mit ihrem ausgezeichneten Spiel während der Aufnahmen zu der Fernsehserie. Ich möchte mich bei den vielen Menschen bedanken, die mich unterstützt haben und mir mit Ratschlägen und Ermutigung zur Seite standen: Susanna Yager, Jonathan Hewes und Rupert Lancaster gaben mir als neuer Autorin diese wichtige Gelegenheit. Zafer Baran, David Farell, Amanda Horton, Dudley Moore, Charles Kaye, Kate Poole und Sir Georg Solti halfen mir, das Buch zu erstellen. Dank schulde ich auch Jonathan Burton, Nobby Clark, John Goodwin, Martin Hayes Associates, Bill Hogan, Han Huang, Nicholas John, Geoffrey und Helen Keating, Declan Lowney, Avril MacRory, Professor Rosamond McGuinness, Peter McInderney (S. J. Berwins), Sylvia Morris, Rachel Portman, der Leitung des Schleswig-Holstein-Orchesters mit Phillippa Thomson, Elaine Walmsley und den Familien Younghusband und Dibnah, insbesondere meinen Eltern, die mich immer dazu angehalten haben, Musik zu lieben. Besonders dankbar bin ich Sue Sutherley für ihre Unterstützung und ihre Ratschläge beim Zusammenstellen der musikalischen Information.

Ich danke folgenden Institutionen für Hilfe und das Bereitstellen von Forschungsmaterial: John D. Broadwood and Sons, The British Library, The British Museum Information Centre, The American Music Centre (New York), The City of Westminster and Barbican Libraries und Steinway and Sons (London).

Das Orchester des Schleswig-Holstein-Festivals
Violinen Jonas Alber, Ralph Allen, Annedore Hein, Dorisz Batka, Roswitha Devrient, Benedikt Fischer-Bruedern, Dionisia Fernandez, Uta Heidemann, Laura Hilgemann, Susan Hytken, Maarten Jansen, Inna Kogan, Dorit Koepping, Tarras Krysa, Peter Krysa, Laurie Landers, Barbara Littman, Kotowa Machida, Volker Moeller, Witali Nedin, Marina Reshetowa, Regina Sarkissowa, Melinda Scott, Anne-Katrin Seidel, Olaf Spies, Susanne Scholz, Armin Schubert, Brigitte Stoeppler, Linda Wang, Grace Wang, Marina Waletowa, Bing Wang, Lin Wang, Johannes Watzel, Bagus Wiswakarma.

Bratschen Viktor Chen, Dirk Hegemann, Sebastian Herberg, Chen-Hung Ho, Arthur Holdys, Jone Kaliunaite, Antje Kaufmann, Richard Kessler, Ilze Klishane, John Largess, Mercedes Leon, Alisa Meves, Anne-Marie Miller, Lothar Weiche.

Celli Alexander Bagrinzew, Reinis Birznieks, Pansy Chang, Sanne DeGraaf, Lars Kristiansson, Andrea Laszlo, Susan Lerner, Ringela Riemke, Joanna Sachryn, Alexander Snatschjenok, Tim Stolzenburg, Sofia Zappi.

Kontrabässe Ekkehard Beringer, Ruediger Dierks, Todd Doty, Anthony Leon Manzo, Claus Peter Nebelung, Cornelia Roth, Michael Sandronow, Axel Scherka, Waldemar Schweirtz, Andrej Teplov, Raymond Vargas.

Flöten Ulrike Gaetzner, Constanze Knoefel, Ingo Nelken, Iris Wimmer, Dorothee Wulle.

Oboen Helen Devilleneuve, Olivier Doise, Markus Goetzinger, Christoph Hartmann, Thomas Hipper.

Klarinetten Peter Landers, Andreas Lehnert, Staffan Martensson, Bernhard Nusser, Albert Osterhammer.

Fagotte Lucius Hemmer, Annet Karsten, David Petersen, Bernhard Straub, Jiping Tan.

Hörner Eric Borninkhof, Suzanne George, Thomas Hauschild, Guido Hendriks, René Pagen, Claudia Strenkert, Viesturs Vardaunis, Christian Wagner.

Trompeten Britta Corell, Martin Friess, Hub Nikkel, Cyrille van Poucke, Volker Siepelt.

Posaunen Stefan Geiger, Heinrich Goelzenleuchter, Martin Hofmeyer, Bjoern Koschmieder.

Tuben Edwin Diefes, Herbert Waldner.

Schlagzeug Thomas Hoefs, Herbert von Reibnitz, Stefan Rapp, Thomas Siahaan, Adam Weisman, Dirk Wucherpfennig.

Pianisten Ellen Braslavsky, Emiko Hori.

Harfen Heike Bergmann, Valeria Madini-Moretti.

Verwaltung des Schleswig-Holstein-Festivals Ruediger Schramm (Managing Director), Frank Horx, Cathrin Rehder, Evelyne Ferry, Helen Kindermann, Inga Hildebrand, Marjorie Elickson, Kerstin Ulrich, Karin Frieling, Silke Dittmann, Thomas Hanelt, Stefan Fink, Olaf Grulke, Axel Petrick, Joachim Krause, Henrik Schueler.
Dirigenten Stefan Malzew, Gilbert Varga.

Büro Sir Georg Solti Charles Kaye (Sekretariat), Deborah Jones

Stab der Firma Initial Film and Television für die Serie „Orchester" Executive Producer, Malcolm Gerrie; Producer, Jonathan Hewes; Director, Declan Lowney; Director of Photography and Lighting Designer, Nic Knowland; Lighting Designer, Patrick Marks; Design, Michael Minas; Editor, Tim Wadell, Sound Director, Roy Drysdale; Production Manager, Jenny King.

Produktionsteam Großbritannien Mike Amos, Jeff Baynes, Susie Boyle, Eddie Bramfitt, James Brown, Susannah Buxton, Peter Cavaciutti, Dave Chapman, Lee Cleary, Monica Cowley, Pamela Cummins, Andy Curling, Roger Dawson, John Dunkerley, Bob Eames, David Farrell, Bob Freeman, Clive Freeth, Marcia Gay, Erik Gibbons, Donal Gilligan, Peter Harris, Chris Hazell, Miec Heggett, Ian Howard, Han Huang, Gerard Johnson, Jenny King, Brogan Lane, Colm Lowney, Avril MacRory, Kay Mander, Mira Minas, Andy Moore, Jane Moorfoot, Brian Morris, Trevor Murphy, Eugene O'Connor, Nick Palmer, Chris Plevin, Elmer Postle, Robert Pye, Luke Rainey, Klevin Richard, Mike Rickard, Adam Rickets, Andy Rose, Julie Sheppard, Simon Smith, Peter Soole, Bobby Stagg, Adam Stevenson, Tim Wadell, Elaine Walmsley, Grace Wells, John Whitby, Jeff Woolbridge, Susan Young, Michael Zimbrich.

Produktionsteam Deutschland Andrea Domizlaff, Peter Fink, Tanya Franke, Petra Gaffke, Beatrice Hanke, Manfred Hanke, Susanne Kaiser, Tommy Kroepels, Manfred Lenert, Brigitta Luettge, Nabil Ali Moghib, Karl Petrie, Ole Reuss, Anna-Carina Schonn, Uli Schroder, Stephanie Stocker, Corinna Trimborn, Gunnar Windelband, Thomas Zastko.

Bildquellen:

Autorin und Verlag danken den folgenden Institutionen für die Genehmigung zum Abdruck der Abbildungen auf den genannten Seiten. Besonders danken wir Leon Meyer (The Hulton Picture Company) und Paul Collen (The Royal College of Music).

Archiv für Kunst und Geschichte Berlin 109; Biblioteca Apostolica Vaticana 17; Chicago Symphony Orchestra 155; The Hulton Picture Company 13 a, 14, 15, 16, 27ab, 33, 34, 49, 52, 61ab, 65, 69, 70, 84, 87, 89b, 95b, 102, 109bc, 126, 127, 140, 141ab, 142, 143, 145, 171b, 177a, 183a, 193, 199, 202; Hulton Picture Company/Bettmann Archive 99, 129, 146, 148; Mansell Collection 7, 22, 25, 46, 48, 75, 89a, 94, 104, 132, 135, 183b, 197; Mary Evans Picture Library 6, 13b, 20ab, 39, 50, 62, 66, 68, 95a, 136, 174, 177, 184, 195, 199; Peters Edition Ltd., 149, 150b, 154; Roger Viollet Paris 171b; Royal College of Music 24, 54, 91, 100, 107, 131, 138, 139, 150a, 185.

Line illustrations: Zafer Baran

Register

Abschiedssymphonie
(Symphonie No. 45) 44
aleatorische Musikstücke 151
Amati, Andrea 28, 30
Amati, Nicolo 16, 28
Anschlag, Der 168
Ansermet, Ernest 202
Aristoteles 74
Auden, W. H. 141
Aulos, Der 77
Auric, Georges 134

Babbitt, Milton 147
Bach, C. P. E. 39, 40, 172, 191
Bach, J. C. 170
Bach, Johann Sebastian 20 ff., 49
Balakirew, Milij A. 135
Barbirolli, Sir John 202
Barockzeit 4, 7, 9 ff.
Bartók, Bela 136, 143
Baß, bezifferter 12
Baßklarinette 72, 83
Baßposaune 118
basso continuo (bezifferter Baß) 12, 26
Becken 83, 156, 160
Bedford, David 186
Beecham, Sir Thomas 202
Beethoven, Ludwig van 34, 38, 58 ff.,
87, 174
Berberian, Cathy 151
Berg, Alban 148
Berio, Luciano 151
Berkeley, Michael 152
Berlioz, Hector 33, 78, 81, 86, 87, 194
Bernstein, Leonard 66, 146, 199, 202
Blechbläser 112 ff.
Blühmel, Friedrich 112
Bogen 31
Bongos 159
Borodin, Aleksandr 135
Boulanger, Nadia 144, 146, 151
Boulez, Pierre 149
Boult, Sir Adrian 202
Bourgeois, Derek 119
Brahms, Johannes 87, 94, 182, 184
Brandenburgische Konzerte 4, 22
Bratsche 28, 32
Breaks 35
Britten, Benjamin 122, 140
Broadwood, John D. 169
Broadwood, Thomas 174
Brown, Earle 147
Bruckner, Anton 86, 87, 103
Buffet, Louis 77
Burton, Robert 3
Buxtehude, Dietrich 19

Cage, John 123, 147, 154, 186
Carl Theodor, Kurfürst 43
Carter, Elliott 146
Casals, Pablo 35
Cavalli, Francesco 13
Celesta 156, 163
Cello 34
Cembalo, Das 12, 26, 172
Chalumeau-Register 78
Chapel Royal 15
Charles II. (England) 15
Chopin, Frédéric 86, 182
Chung, Chou Wen 123
Clarintrompete 117
Claves 156, 162
Clementi, Muzio 66
Coda 42
col legno 31
Concertino 26
Concerto grosso 17, 26
Congatrommel 159
Copland, Aaron 143, 144
Corelli, Arcangelo 17
Corpus 32
Crisp, Samuel 169
Cristofori, Bartolomeo 166
Cui, Cesar 135, 196
da Ponte, Lorenzo 51
Da-capo-Arie 40
Dallapiccola, 17
Dämpfer 117
Debussy, Claude 129, 130, 133,
176
Denner, J. C. 78
Diaghilew, Sergej 124 ff., 132
Dibdin, Charles 170
Dickens, Charles 32
Dirigent 189 ff.
Divertimenti 47
Dolmetsch, Arnold 155
Doppelrohrblatt 77
Dorati, Antal 202
Dragonetti, Domenico 35
Durchführung 42
Dvořák, Anton 83, 134, 143

Elgar, Edward 138
Englischhorn 72, 77, 83
Esterhazy, Fürst 44
Exposition 42
Expressionismus 148
Fagott 72
Faust 82
Feldmann, Morton 147
Flageolette 72
Florentiner Camerata 11
Flöte, Die 72, 76
Friedrich der Große 75
Furtwängler, Wilhelm 194, 202

Gambe 12
Geige 28
Georg I. (England) 24, 27
George III. (England) 39
Gershwin, George 123, 145
Gesamtkunstwerk 108
Giraffenklavier 171
Glass, Philip 152
Glockenspiel 123, 156, 163

Gluck, Christoph Willibald 40
Goethe, J. W. 61, 82
Goyer, John 35
Grainger, Percy 147
graphische Notation 152
Gray, John 24
Große Trommel 159
Guarneri, Giuseppe Bartolomeo 16, 28, 30
Guiro 162

Händel, Georg Friedrich 20 ff., 84
Harfe 12, 82, 83, 123
Hawes, Hugh Reginald 94
Haydn, Franz Joseph 27, 44 ff., 54 ff., 172
Heiligenstädter Testament 60, 63
Henschel, Sir George 186
Holst 139, 143
Holzbläser 72 ff.
Holzblock 156, 163
Honegger, Arthur 134
Horn 114
Hotteterre, Jean 14, 74, 77
Hüttenbrenner, Anselm und Josef 69, 70

Ichiyanagi, Toshi 123
idée fixe 88
Impressionismus 134
Intermedien 11
Ives, Charles 143, 144

Joseph II. (Österreich) 51

Kastagnetten 156, 162
Kaye, Danny 119
Klanglandschaften 152
Klappholz 162
Klarinette 72, 78
Klassik 7, 37 ff.
Klavier 83, 123, 165 ff.
Kleiber, Erich 202
Kleine Trommel 159
Kleinsinger, George 119
Klemperer, Otto 136, 202
Köchel-Verzeichnis 54
Kontrabaß 28, 35
Kontrafagott 79
Kontrapunkt 20
Konzert 3, 17, 38
Konzertflügel 167
Kornette 117
Kortholte 72
Koussevitsky, Serge 202
kreuzsaitiger Bezug 171
Krummhorn 14

Lang, Benjamin Johnson 186
Laute 12
Leitmotiv 108
Lenau, Nicolaus 197
Les Six 134
Ligeti, György 152
Lira da braccio 28
Liszt, Franz (Ferenc) 87, 176, 194
Ludwig II. von Bayern 107
Ludwig XIV. (Frankreich) 13, 74
Lully, Jean-Baptiste 13 f., 74, 76
Luther, Martin 10, 19
Lutoslawski, Witold 154
Maestro 193
Maggini, Giovanni Paolo 28
Mahler, Gustav 86, 100 ff., 202
Mälzel, J. N. 62
Mannheimer Orchester 43
Maracas siehe Rumbakugeln
Marimbaphon, Das 123, 156, 163
Matsudairas 123
Mayuzumi, Toshiro 123
Melodie 11
Mendelssohn-Bartholdy, Felix 87, 91 f., 194
Mengelberg, Willem 202
Messiaen, Olivier 150
Meyerbeer, Giacomo 110
Milhaud, Darius 134
Miller, Henry 4
Mittelalter 7
Moke, Camille 89
Monteux, Pierre 127, 128, 202
Monteverdi, Claudio 12
Moore, Dudley VI
Moritz, Johann Gottfried 118
Mozart, Leopold 51, 53
Mozart, W. A. 27, 39, 44, 49 ff., 79, 174
Musikdirektor 191
Musikdrama 106 f.
Mussorgsky, Modest 135

Napoleon Bonaparte 58
Naturhorn 114
Nijinsky, Vaclav 127
Nikisch, Arthus 202

Oboe 72, 76
Oboe d'amore 18, 77
Oboe da caccia 77
Oper 11
Ophikleide 119
Oratorium 25
Orchester 6
Orchesteraufstellung (bei Werken der Romantik) 115
Orchesteraufstellung (für ein Werk der Klassik) 75

Orgel 19
Ouvertüre 41, 79

Paganini, Niccolo 30, 33, 90
Panufnik, Andrej 154
Pärt, Arvo 152
Partiturzeichen 200
Pauke 83, 158
Pears, Peter 140
Pedalharfe 83
Philidor, Michel 14
Piano-Pedal 170
Piccoloflöte 72, 76
Piccolotrompete 117
Pizzicato 35, 40
Posaune 118
Poulenc, Francis 88, 134
Probe 203
Promenadenkonzert 83
Puchberg, Johann 54
Pumpventil 117
Purcell, Henry 16, 77
Pythagoras 28

Quantz, J. J. 38, 40, 76
Querflöte 76
Quintilianus, Fabius 191

Rankette 72
Ratsche 162
Ravel, Maurice 130 f.
Rebec 28
Reich, Steve 152
Reiner, Fritz 202
Rellstab, Ludwig
Renaissance 7
Reprise 42
Riley, Terry 152
Rimsky-Korsakow, Nikolaj 135
Ripieno 26
Röhrenglocken 156, 162
Romantik 7, 81 ff., 134
Rose, Billy 129
Rossini, Gioacchino Antonio 83, 111
Rostropowitsch, Mstislav 34
Rousseau, Henri 38
Rubinstein, Anton 185, 187
Rumbakugeln 156, 162

Sacre du Printemps 124, 127 ff.
Saint-Saëns, Charles-Camille 35
Salieri, Antonio 53, 68
Salonkonzert 87
Saqueboute 118
Satie, Erik 186
Saxophon 83
Schaeffer, Pierre 150
Schalmei 14

Schindler, Anton 64
Schlaginstrumente 83
Schlagzeug 156
Schönberg, Arnold 122, 143, 145, 147 f.
Schostakowitsch, Dimitrij 142
Schubert, Franz 67 ff., 87
Schumann, Clara 183
Schumann, Robert 7, 87, 92, 177, 178
Schütz, Heinrich 19
Serenaden 47
serielle Musik 148
Serpent 25
Sibelius, Jean 128, 135
Sidwell, Edith 140
Silbermann, Gottfried 168
Sinfonia concertante KV 364 33, 54
Smithson, Harriet 88, 90
Snittke, Arthus 152
Solokonzert 17, 41
Solti, Sir Georg VI.
Sonate 17
Sonatenhauptsatzform 42
Sostenuto-Pedal 171
Spohr, Louis 84, 194
Spontini, Gaspare 194
Sprechgesang 108
Stamitz, Johann 43, 49
Standardbesetzung 198
Steinweg, Heinrich 171
Stokowski, Leopold 202
Stölzel, Heinrich 112
Stradivari, Antonio 16, 28, 30
Strauss, Richard 83, 87, 96 f., 122, 176, 194, 197, 202
Strawinsky, Igor 79, 122, 124, 126 ff., 143
Streicher 28 ff.
Streichquartett 48, 65
Sturm und Drang 47
Stutzflügel 167
sul ponticello 31
Symphonie 41
Symphonische Dichtung 87
Szell, Georg 202

Takemitsu, Toro 123
Taktstock 190
Tamburin 156, 160
Tamtam 160
Tenortrommel 159
Textpartitur 152
Thema 42, 87
Tippett, Sir Michael 59, 123, 140 f.
Tom-Tom 160
Toncluster 152
Tondichtung 87
Toscanini 194, 199, 202
Tremolo 40
Triangel 83, 156, 158, 162
Tripp, Paul 119
Trombone 118
Trommeln 83, 156
Trompete 114 f.
Tschaikowsky, Peter Iljitsch 83, 98, 100, 185
Tuba 118

Überleitung 42
Unendliche Melodie 108

Varese, Edgar 145
Ventil 112
Verdi, Giuseppe 103, 104
Verzierung 11
Vibraphon 123, 156, 163
Viola 28, 32, 83
Viola d'amore 18
Violine 28, 83
Violinenfamilie 4
Violoncello 28
siehe auch Cello
Violone 35
Vivaldi, Antonio 16, 17, 34
von Bülow, Hans 96 f., 107, 194, 196
von Karajan, Herbert 202
von Schober, Franz 67 f.
von Swieten, Baron Gottfried 53
von Weber, Carl Maria 87, 192

Wagner, Cosima 107 f.
Wagner, Richard 33, 86 f., 96, 104 ff., 176, 179, 194
Wagner-Tuba 110
Walsh, Henry 170
Walter, Bruno 147, 202
Walton, William 140
Weber, Konstanze 52
Webern, Anton 148
Weingartner, Felix 202
Wieck, Clara 179
Williams, Vaughan 119, 123, 138, 139
Williamson, Malcolm 147
Wilson, Colin 62
Wittgenstein, Paul 172
Wolff, Christian 147
Wood, Sir Henry 202
Wortmalerei 11, 23

Xenakis, Iannis 152
Xylophon, Das 123, 156, 163

Yun, Isang 123

20. Jahrhundert 121